諸葛亮

智謀過人的大謀略家

羅志仲【編著】

好讀出版

序文

談諸葛亮的人太多了，但根據什麼來談，才是最關鍵的問題。羅貫中的小說《三國演義》影響太大，據此來談諸葛亮，當然失之毫釐，差之千里。後人假造的《諸葛亮兵法》，除了少數幾則頗有根據，其他多屬荒誕不經，也不能拿來當信史看。陳壽寫的《三國志》雖然資料不多，但經過裴松之的補充，卻是最可靠的第一手資料，再配合其他史料，勉強能勾勒出諸葛亮的形象。諸葛亮並非不可批評，不過如果連基本史料都沒熟讀，就想妄議前賢，豈不顯得螳臂當車呢？

偏偏有人喜歡這樣。曾看過以「諸葛村夫一生十大敗跡葬送蜀國」爲題者，文中痛斥諸葛亮，很有翻案的氣勢，只是缺乏常識和知識，令人啼笑皆非。該文作者列舉諸葛亮的「十大敗跡」中，有罵他「窮兵黷武，禍國殃民」的，說他在執政期間，僅爲完成「先主心願」和自己「隆中對」的策略，不顧國力民力，六出祁山，由於力量相差太遠，無法收復中原，反令國家背上大包袱，直接影響繼承人姜維，令百姓生活在水深火熱之中。這種論調錯誤百出，除了對諸葛亮北伐的原因不瞭解，還弄錯北伐的次數，也不曉得姜維並非繼承人。此外，該文又批評諸葛亮「處理內部矛盾不恰當」用兩邊安撫的方法來處理內部將士的矛盾，還舉例說，劉備在世時，封關羽、趙雲、張飛、馬超、黃忠爲五虎大將，關羽不接受，諸葛亮派費詩拍關羽馬屁，使關羽更加驕橫，埋下失荊州的禍根。這種論調也錯誤百出，殊不知調和鼎鼐是領導人的必備功力，諸葛亮何錯之有？還有，費詩根本是劉備叫去罵關羽的，與馬屁何干？又與諸葛亮何干？歷史讀成這樣，還敢出來翻案，是不是有點「那個」？

由此看來，充分掌握史料，乃是評論歷史人物的基本條件。基本條件具備了，再來才是觀點是否合情合理，角度是否一針見血，以及其他種種。本書在史料收集上，力求精確無誤，「唯二」要自首的是在引用〈後出師表〉和「空城計」上，有必要解釋一下。前者眞假莫辨，學界迄今未有確論，因此現在斷言該文是眞是假，尙嫌太早，本書認爲該文與諸葛亮的言論思想並無抵觸，因此加以引證。至於空城計，由於內容穿幫之處太多，已可斷定是郭沖杜撰出來的，只因情節實在發人省思，敵我雙方套招求生的例證古今皆有，應該大書特書一番，因此專章處理。

本書的目的在挖掘諸葛亮的智慧，因此與一般傳記有異，不跟著年代走，而是依照主題需要，適時穿插諸葛亮的生平事蹟，乃至於時代背景。有時爲了對照處理，不免把羅貫中的大作拿出來罵一罵，但是他寫三顧茅廬那段，我認爲很能發揮諸葛亮「欲擒故縱」的智慧，引用不少。書後附上諸葛亮的年表，或可讓讀者更有時間概念，以免深陷五里霧中。

在寫作的過程中，兩個研究所老同學給我不少意見。黃偉修曾親訪山東數月，有不少眞實見聞，足可印證本書中的某些說法；老同學陳一弘好學不倦，博洽多聞，除了提供若干數據資料，也對我的三國觀點有所糾正。兩人亦師亦友，惠我良多，特此感謝。

寫完諸葛亮，最大的感想是，人的成功不僅在於他的才氣，更在於「充分的社會化」。空有才華是不夠的，多少人因此長吁短嘆，抱怨懷才不遇，他們都搞錯了。人要成功，還必須具備「帶得走的能力」，例如口若懸河、長袖善舞、八面玲瓏，偶爾要心狠手辣，玩點權謀。這些社會化的行爲，配合上優越的才能，才是成功保證。

第一篇

自我栽培的方法

第二篇

平步青雲的秘密

第三篇

壯大人生的藝術

第四篇

縱橫沙場的訣竅

【第一篇】

自我栽培的方法

智慧開門——從山東談起

■琅邪今昔

諸葛亮字孔明，是琅邪陽都人。

琅邪在今天山東省東南部的沂水縣，是個歷史悠久的古城，並且靠海。琅玡是秦朝設置的一個郡，西漢延續這種用法，東漢時爲「侯國」，轄今山東半島東南部，治所在今臨沂縣北。琅邪有琅邪山，面臨黃海，下有港灣，秦始皇曾登臨此山，「大樂之」，逗留了三個月，命人用石頭設計一座琅邪台，「高顯出於眾山之上」，上面刻著秦始皇自以爲的豐功偉業。傳說琅邪台上有個神淵，只有齋戒後前往，才有神水冒出來。

至於陽都，則是漢代縣名，隸屬琅玡郡，漢滅即廢，其故城遺址在山東沂南縣磚埠鄉之東的黃村一帶。據《三國志·諸葛瑾傳》注引《吳書》說：諸葛亮的遠祖「葛氏，本琅玡諸縣人，後徙陽都。陽都先有姓葛者，時人謂之諸葛，因此爲氏焉」。由此而知，諸葛亮的遠祖本姓葛，原爲諸縣（今山東諸城縣）人，後遷往陽都，而陽都當時已有葛姓者，爲了加以區別，來自諸縣葛姓的人，一律取其縣名加一個「諸」字，遂成爲複姓。

陽都故城也叫做諸葛城，東漢靈帝光和四年（西元一八一年）四月，諸葛亮誕生在這裏。那正是個動盪不安的年代，烽煙四起、戰火不熄，他與哥哥諸葛瑾、弟弟諸葛均和兩位姐姐，在家鄉度過了童年時期。據《泰山志》、《泰山道里記》和《泰山述記》等方志資料的記載，諸葛亮幼年時期，母親章氏就病死了，父親諸葛珪當時在泰山郡的梁父縣出任「縣尉」（負責治安、捕盜的官吏），繼而又升遷爲「泰山郡函」（泰山郡郡守的助手）。梁父縣和泰山郡均在今山東省泰安市，諸葛亮曾隨父親在那一帶生活過幾年，很熟悉那裡的一草一木。父親過世時，諸葛亮年僅十三歲，兄弟姊妹年幼無依，只好靠叔父諸葛玄撫養。西元一九四年，諸葛玄應揚州軍閥袁術之邀，出任豫章（今江西南昌市）太守，諸葛亮與弟弟諸葛均和兩個姐姐都一起跟去，只留諸葛瑾在陽都看守家業。次年，曹操的軍隊血洗琅玡郡一帶，諸葛瑾被迫去長江東避難，後來遂在孫權手下爲官。

在三國鼎足時期，琅玡陽都一帶均屬於曹魏轄地，諸葛亮一家人或在東吳，或在蜀漢，再也沒有回過琅玡陽都故里，其舊居因此荒廢無考。今日的陽都故城遺址地勢平坦、土肥水美，沂水傍城而下，一望無垠，東靠沂水，北臨東汶河，東西的沂水河岸上，露出了原石砌成的古城牆基，北面河岸上殘存有約一千五百公尺長的城牆遺跡。據考古調查和歷史資料顯示，陽都城在東漢時是個很繁華的城市。由於滄桑多變，到了明代的嘉靖年間（十六世紀），居然到處瓦礫，無異廢墟。現在除了僅存古城牆基與殘垣斷壁，隨地皆可俯拾漢代的殘磚碎瓦及陶器殘片。一九八二年，沂南縣人民政府下令，將陽都故城遺址公布爲重點文物保護單位，至此，諸葛亮的故里總算得到了眞正的保護。

由於歷史上的原因，陽都縣其地曾爲沂水、沂南和臨沂共有，所以在很多史料中，不但稱諸葛亮爲沂水縣人或沂南縣人，甚至在臨沂也出現了「諸葛祖墓」、「諸葛城」、「武侯祠」和「五賢柄」（祭祀諸葛亮、晉代的王祥、王覽、唐代的顏眞卿、顏杲卿，主祀諸葛亮。這五人都是沂水之濱的歷史名人），令人眞假難辨。時至今日，儘管「諸葛堤」等歷史紀念建築和遺跡早已無存，但據史料記載，諸葛氏在這裡曾是世家望族。諸葛亮與其兄弟姊妹五人出走後，始終未歸故里，然而諸葛家族中仍有不少人留在故土，一直到現在。就其祖籍諸城縣西南三十里的枳溝鄉而言，至今仍有「葛坡」、「孔明里」等稱謂；周圍數十里內，「諸」姓人家居多，他們都自稱是諸葛亮的同族後裔。如今，時過境遷，年湮代遠，陽都故城早已失去當年的繁盛，只成了懷古欽英的舊址。

■務實的幻想

諸葛亮人生的大部分時間都不在故鄉，而是在南方發展，因此歷來鮮少有人研究山東對他的影響。事實上，諸葛亮十多歲後才離開山東，他的童年和青少年早期，都是在這裡度過的。山東深厚的人文背景與開闊的地理景觀，對他日後的人生極有幫助。我們可以說，他的身體雖然離開了故鄉，心裡卻不曾離開過，反而時時受到滋潤。從頭到腳，從裡到外，他徹徹底底是個山東人，甚至連智慧也與優秀的山東先人分不開。

琅邪靠海，而海可以給人無限想像與創造力。歷史小說家陳舜臣曾提到，山東以琅邪文人輩出而聞名，繼三國之後的六朝時代，其文化擔子是由琅邪出身的王氏一肩挑起。他又指出，「琅邪孕育出這樣的文化，可能與它面臨一望無際的海洋有所關連。海洋彼岸讓人勾編各種各樣的夢想……」。山東的海洋特別突出，尤其它占了全中國六分之一的海岸線，比例之高，令人驚嘆，可說是得天獨厚。它的東北岸與遼東半島遙遙相望，自古以來不知開啓多少文人雅士的想望：如果能用大橋將山東和遼東連接起來，縮短彼此的交通距離，那不知有多方便！如果能把黃河的巨量泥沙填平山東和遼東之間的渤海，成爲新的良田沃土，不知能嘉惠多少居民！這些還算是「務實的想像」，終有一天，人類的力量能做到這種地步。

務實的想像之外，山東也給予當地人「浪漫的想像」。古人想像世界有三個中心，一個是西極崑崙，一個是東嶽泰山，一個是蓬萊仙島。崑崙山不在山東，姑且不論；泰山另有含意，容後再談。至於蓬萊仙島，本是人們在天氣陰晴莫辨的情況下看到的海市蜃樓，純粹是光線由不同空氣層折射出的一種視覺幻象，卻刺激了古人澎湃的想像力，創造出一個遠離人間苦難的神仙世界，尤其在戰亂頻仍的時代，這種浪漫的想像，似乎也有其務實的一面吧。

跟每個山東人一樣，諸葛亮也有過浪漫的幻想，但比較起來，這裡的海帶給他的，卻是更為務實的想像，像是如何讓現實世界更加美好？在曹操、孫權、劉表、劉璋等龐大的割據勢力之外，能否出現另一種可能？這種可能，需要具備哪些條件才能做到？在戰場之上，能否出現更有殺傷力的武器？這種武器的誕生，會早日終結戰爭嗎？為了早日結束戰亂，決定勝負的運輸工具也可以改進吧？來自海的種種想像，間接促成了他在日後成為大發明家。這才不是巧合，從魯班開始，山東的發明家輩出，從不間斷，諸葛亮便是其中的佼佼者。這種深刻的影響，值得我們重視。

此外，山東人給人第一個印象是個子高大。和西方人相比，中國人在身高上是比較矮小的，但山東則是例外。山東人多半很高很壯，從古至今皆然。目前活躍在大陸甲級籃球聯賽的山東金斯頓隊，便是一個重要的觀察指標。他們的球技也許不是最好的，但其他各省球隊都不喜歡遇到這支人高馬大、球風剽悍的隊伍，這是不爭的事實。十幾年前，曾在國際上揚威的大陸籃球健將鞏曉彬，也是山東人，他身高超過兩公尺，這不是巧合吧。

因此，「居高臨下」的優勢，帶給山東人一種自信。孔子能吸引三千個學生，本身的學養、品格固然都是重要因素，但他那超過一米八的身高，恐怕也是讓他看起來更有威嚴的原因之一，學生更能對他「仰之彌高，鑽之彌堅」。一米八在中國古代是八尺，是不得了的身高，古人寫傳記時，對於這種人總會特別標明，以示與眾不同。《史記》記孔子八尺高，《三國志》也說諸葛亮「身長八尺」，他們都屬於長人一族。諸葛亮日後「走跳江湖」時，無論在心理上或視覺效果上，「身高優勢」都帶給他十足的裨益。現代的醫學更告訴我們，體質會影響身高，心理因素也會影響身高，因此身材矮小者最好儘早請醫師進行仔細檢查，以了解身體是否有任何潛在病因，或是心理苦悶影響發育。美國一項研究也發現，少女的情緒與身材的高矮之間有關，憂慮尤其會影響她們成年後的身高，使她們比一般健康的少女來得矮小。

對山東人來說，這當然不是巧合，一方面身高讓他們更有自信，一方面也是自信讓他們更開朗，進而對身高又有正面幫助，兩者互相影響，相得益彰。最有趣的是，《三國志》記諸葛亮「身長八尺，每自比於管仲、樂毅，時人莫之許也」。這種寫法也不是巧合，在聲明諸葛亮的身高後，緊接著便提及他的絕對自信：自比管仲、樂毅。儘管其他人不以為然，他對自己還是充滿信心。也許陳壽早在有意無意間，就已洞悉身高與自信之間的密切關連了。這種深刻的影響，值得我們重視。

■齊魯文化

除了身高，諸葛亮在個性上也是典型的山東人，先從一個清代的故事談起。西元一七〇一年三月，六十八歲的刑部尚書王士禎請假回籍，辦理遷墳一事。清朝康熙皇帝御覽了他的奏摺，對在場的大學士們說：「山東人偏執，逞強好勝，只有王士禎不這樣。他的詩寫得很好，平時除了看書，沒有什麼別的愛好，就給他五個月假期吧。」山東人的粗獷剽悍，連滿族皇帝都知道。

在一般人眼裡，山東人的個性是粗魯、豪爽、好鬥、重義氣、好交友、能吃苦，其實這只是大概的分法。比較精確的說，山東應該分成齊、魯兩部份，齊文化和魯文化的差異很大，齊人和魯人的個性也大部分相同。諸葛亮屬於齊人，但兼具某些魯人的個性，這是很特別的現象，值得深入探討。

山東會有齊、魯之分，應該追溯到周朝。周朝以前，山東是少數民族東夷的地盤，他們有很高的文化水準，因此能和商朝抗衡。周朝成立後，將全國土地分封給皇親國戚和文武功臣，周朝皇室只做間接管理。分封到山東的主要有兩人，周武王姬發的弟弟姬旦分到內陸的魯，大軍師姜子牙分到臨海的齊。兩人的行政能力都極強，但統治風格不同，久而久之，山東便出現齊、魯兩種不同的文化環境。《通典》這部古書中談到，周武王伐紂時，曾遇到一些不尋常的現象，姜子牙不以爲意，只說：「用兵者，順天之道未必吉，逆之未必凶，若失人事，則三軍覆亡。」表明人事才是最重要的。但周公則不以爲然，他占卜後發現「不吉」，要求還師，結果被憤怒的姜子牙痛斥一頓。最後，軍隊繼續前進，打敗了紂王。這個故事也見於《太平御覽》，說討伐紂王途中，周武王的馬被雷打死了，周公很害怕：「老天爺降下災禍，表示不保佑我們啊！」姜子牙加以駁斥。由這兩個例子可以看出，周公是個比較保守、拘謹的人，姜子牙則顯得開放、變通。另外，《淮南子・齊俗訓》與《漢書・地理志》都曾說過一個故事：周初大分封之後，姜子牙問周公姬旦：「您怎樣治理魯國？」周公回答：「尊尊而親親。」意思是，尊敬尊長，親愛親人。周公反問姜子牙：「您又如何來治理齊國的？」姜子牙直言相告：「尊賢而尚功。」意思是，尊敬賢人，推崇功業。這個故事眞實說出了齊、魯兩國在建國方針上，明顯走兩條不同的道路。

「尊尊而親親」，意即以禮治國。但禮到底是什麼？這是個婦孺皆知卻又非常模糊的概念。古往今來的中國人，大多是從他們言談所需要的某個層面或角度來定義禮，而最爲他們所津津樂道的，是尊卑貴賤的等級區分。其實，這只是膚淺的講法，禮的內在特質有二：神祕性和倫理性。禮最初的作用，是事神以祈福消災，這是禮的神祕性。商朝的時候，人統治人的世界被歪曲成神統治人的世界。商朝人在子虛烏有的鬼神面前誠惶誠恐，戰戰兢兢，然而，最終還是被人推翻了。他們自詡天之驕子，爲什麼上天卻一改初衷，讓虔誠的信徒敗亡？從這些思考中，周人悟出一個道理：事神敬天之外，更要注重人的力量。於是，在周禮中，倫理性被強化，這個劃時代的轉變，主要歸功於周公姬旦，正是在他的主持下，完成了周禮的修訂，這便是受儒家稱道的周公「制禮作樂」。魯國的「尊尊而親親」治國方針，正是禮治。「尊尊」，就是尊敬應尊敬的人，講的是尊卑貴賤有序；「親親」，即親愛應親愛的人，講的是父慈子孝、兄友弟悌之類的倫理道德。「尊尊而親親」是禮治的另一種說法。

周公制禮作樂，是中國古代的道德模範，在他的影響下，魯人好道義，講倫理，出過不少道德聖賢和文章高手，如孔子、孟子等等。周禮是周公姬旦修訂的，子循父道，以禮治國，對周公長子伯禽來說，那是一種必然。伯禽在魯，全力推行周禮。後世子孫，亦不遺餘力。於是茫茫神州、千百諸侯，魯國成了禮治的樣板。及至春秋，禮崩樂壞，周禮冰消瓦解，當此之時，唯獨魯堅持禮治，令萬邦矚目。外地人至魯，不去觀看禮樂典籍，就不算眞正到過魯國。

當然，魯人重禮的結果，不免給人走火入魔、矯揉做作的印象。二〇〇二年年底，友人黃偉修隻身到山東習武，路過魯地，與當地人飲酒時便見識到了他們繁文縟節的一面。魯人擎杯喝酒前，要先敬酒，敬酒時酒杯要拿得比對方低，以示恭敬。只是這樣一來，你比我低，我要比你更低，不知什麼時候才能喝到酒？偉修告訴我，他這輩子第一次覺得喝酒是這麼辛苦的一件事。

與魯國的周公不同的是，姜子牙向百姓灌輸男子應當報效國家、贏得功名的思想，使齊人較好功利，喜歡馳騁沙場，建功立業，或外出冒險尋找出路，因此齊國誕生過很多了不起的政治家和軍事家，如管仲、晏嬰、韓信、戚繼光等人。而從歷史上來看，剛烈的山東人大都居住在齊地。齊人在政治、軍事和經濟活動中，鍛鍊出特有的好戰、健談、靈活等特質。

再進一步談，齊人魯人在性格上的差異，與地理位置有關。魯國是內陸國，偏居在魯西魯南，視野受到極大的侷限，特色是封閉。雖沒有齊國那樣發展海上捕撈、煮海水爲鹽的條件，所幸土壤肥沃，洙水、泗水足資灌溉。再者，重稼穡、尙耕織，也是魯人的傳統。在傳統與自然條件的雙重驅動下，魯人男耕種，女紡織，走向自給自足的小農經濟。商業活動也是有的，但開國三四百年間，一直微不足道。自春秋中葉以後，行商坐賈才漸漸多了起來。不過，直到社稷傾覆，魯國的商業始終未能在經濟生活中舉足輕重，與齊相比，更是黯然失色。齊國各種樣式的刀幣，迄今仍在大量出土，而魯國是否鑄過貨幣，至今仍令人懷疑，這是以禮治國必然的態勢。男耕女織，自給自足，如此一來，聯結人際關係的，就只有禮這一條輸紐帶了。否則，像齊國那樣工商立國，逐利賺錢，禮義勢必要淹沒於「銅臭」之中。禮治與耕織，成功地塑造了「道德型」的魯人。

反觀齊國，它們佔有濟南以東到膠東半島的富庶地區，不僅四通八達，還有泰山和大海，眼界開闊，胸襟寬廣，特色是開放。齊地的商業文化肇始於商、周，形成於春秋、戰國，成熟於兩漢。這裡的人擅長煮鹽、經商與捕魚，具有商人性格和冒險精神，想像力與創造力也是一級棒的。在飲食方面，魯人只吃五穀雜糧，而齊人不時大魚大肉、海鮮螃蟹，營養極佳，當然比魯人更聰明更靈活。因此可以說，齊魯人的區別在於機智與固執、開闊與狹隘、靈動與呆板。

■齊人性格

從以上種種來看，諸葛亮很明顯是齊人，他好戰、健談、靈活、聰明，眼界開闊，胸襟寬廣，富有冒險精神，喜歡建功立業，還是個充滿創意的發明家！可以說，齊人的所有特質他都具備了。但他也兼有魯人「崇尚道德」特質，這是他唯一與魯人相似之處。大陸著名文史學者唐長孺說：「諸葛亮可以說是封建社會裡的一個完人。從當時一直到後來，從來沒有人對諸葛亮有貶辭的。」所謂「完人」，當然是指道德上的完美。很顯然地，諸葛亮將魯人的道德特質發揮得淋漓盡致，在人品上幾乎毫無瑕疵。

值得注意的是，齊、魯在某些地方則頗為一致。齊人追求功名，僅限於當個臣子；魯國的道德觀念，使他們僅限於輔佐君王，因此山東在中國歷史上沒有出過任何皇帝。齊人要當的是體制內的豪傑，魯人要追求的是傳統中的聖賢。諸葛亮後來有機會篡位而不這麼做，這是重要原因。

此外，戰國時代，齊魯的學術是中國最鼎盛的地方，有所謂稷下學派；秦漢之際，劉邦打到山東，發現這裡依然講誦禮樂，弦歌之聲不絕。所以有人猜想，如果戰國末期統一中國的不是秦國，而是齊國，爾後整個中華文化就有完全不同的面貌了。漢武帝晚年曾說：「生子當置於齊魯禮義之鄉。」這種感慨不是沒有道理的。

諸葛亮投效劉備後，天下局勢不時出乎他的意料之外。關羽大意失荊州，劉備為逞一時之快而兵敗東吳，這些負面影響，都沒有挫折諸葛亮對北伐魏國的執著，反而越挫越勇，屢敗屢戰，「明知不可而爲之」。這種勇氣和膽量，正好都是齊人的性格，值得我們重視。

學者對齊文化有此一說：「齊國崇武尚勇，堪稱諸侯國之最。」齊國的君主大都尚勇，且如齊閔王，他選用官吏的辦法只有一條：敢不敢在眾目睽睽之中與人搏鬥。齊人在日常生活中，也喜歡以比武取樂。他們乘車上路時，喜歡以車轂相互撞擊來逗樂，「砰」地一聲車轂相碰，落敗的一方有人仰車翻之危，沒有勇氣和膽量是不敢玩這種把戲的。尚勇的齊人特別注重武藝。有文字記載說：「齊人隆技擊。」（《荀子‧議兵》）「隆」有尊崇的意思，技擊是指格鬥的技巧。在那個時候，人們重視的還是力氣，「力能扛鼎」讓人嘆爲觀止，但齊人卻已走出了純粹尚力的窠臼，步入以技巧取勝的新領域，實乃中國武術之濫觴。（友人黃偉修選擇到山東習武，與此不謀而合。）在「技擊」上，齊人講求的是個人技能與單兵格鬥的本領。司馬遷在《史記》中評論齊人「怯於眾鬥，勇於持刺」，也就是說，齊人不喜歡打群架或以爲淩寡，而是慣於逞個人之勇。因此，劍也成爲齊人的寵物，人人身上都佩上一柄。就連那位窮困潦倒的馮諼去投奔孟嘗君時，身上也懸著一把利劍，只是劍把沒什麼包裝，僅用草纏著。一旦武藝在身，齊人膽氣更壯，性子更烈，可殺不可辱，絕不會也不肯在拳頭面前屈從。當他們要爲某事而與人抗爭時，便置生死於度外。在這方面，他們留下了大量的震世駭俗的事蹟，「東郭和西郭勇士」、「二桃殺三士」、「荊軻刺秦王」、「田橫五百壯士」等故事，都反映出齊人身上那種粗獷剛烈之風，而這種現象迄今在齊地猶有遺存。諸葛亮的勇氣、膽量，可說是其來有自。

諸葛亮不但是一位政治家，也是著名的軍事家。說巧不巧，山東恰好又是中國軍事戰略與戰術

（或者說是兵學文化）的發源地。齊魯文化的特別之處在於它的「允文允武」，不僅誕生了博大恢弘的孔孟儒學，而且孕育了絢麗奪目的兵學文化，曾出現過管仲、司馬穰苴、孫武、吳起、孫臏等眾多著名的兵家。宋代官修《武經七書》，成爲兵家的必讀經典，其中《孫子》、《吳子》、《司馬法》等三部兵書的作者，都出自齊魯之地，比例之高，充分說明兵家文化是齊魯文化中的一朵美麗奇葩，同時也是齊魯文化獨具的魅力和風采。有了這麼優越的先天條件，諸葛亮在耳濡目染之下，最後成爲偉大的軍事家，乃是合情合理的事，一點也不令人意外。

一山一水一聖人

如果你問山東人：如何用一句話來概括山東？他們多半會告訴你：「一山一水一聖人。」山是泰山，水是黃河，聖人指的是孔子。諸葛亮曾隨父親到泰安，理所當然見識過泰山的偉大，而孔子的故鄉曲阜就在南方七十公里處，更巧的是黃河就在泰安的西邊而已。以他的聰慧與好學，自然能感受到這些深厚文化傳統代表的意義。

泰安是中國華東地區重要的旅遊城市，北依山東省會濟南，南臨儒家文化創始人孔子故里曲阜，東連瓷都淄博，西瀕黃河，是華夏文明重要的發祥地。由於古人對太陽和大山的崇拜，自上古至秦漢，直至明清，延綿幾千年，泰山成爲歷代帝王封禪祭天的神山。隨著帝王封禪，泰山被神化，佛道兩家和文人名人紛至沓來，給泰山與泰安留下眾多的名勝古蹟。泰安也因山而得名，從古語「泰山安則四海皆安」而來，寓意「國泰民安」。諸葛亮年幼的時代，東漢已經相當衰弱，「國泰民安」成爲所有知識份子的夢，希望自己能爲這樣的理想貢獻一份心力。旅居泰安的諸葛亮，也正在慢慢醞釀經世濟民的能量中。

在中國的名山崇岳中，似乎沒有哪一座山像泰山一樣，跟人的關係是那樣密切，又那樣悠遠。在漫長的歲月裏，泰山不僅給了華夏先民賴以生存的庇護，而且還帶來了廣闊的精神領域，中華民族從這裏由蒙昧走向文明。它位於華北大平原東側的山東省中部，拔起於山東丘陵之上，有如鶴立雞群，十分雄偉，主峰玉皇頂海拔一五四五公尺。泰山是一座神山，早在遠古時期，泰山就被視爲「天」的象徵。泰山封禪，是古代帝王在泰山舉行的祭祀天神地祇的儀式，其儀式包括「封」和「禪」兩部分。所謂「封」，就是在泰山之頂聚土築圓臺，以祭天帝，增泰山之高，以表功歸於天；所謂「禪」，就是在泰山之下的小山丘上積土築方壇，以祭地神，增大地之厚，以報福廣恩厚。古人相信，帝王一定是受命於天，而且必須國泰民安，才有資格封禪泰山。綿延幾千年的泰山封禪，已經不再是簡單的山川崇拜，而是包含對泰山神靈的極端崇拜，且有宏大政治背景的文化奇觀。自秦皇、漢武、唐宗、宋祖至明朝歷代帝王，先後有十二位皇帝，都親臨泰山封禪祭祀，其中漢武帝曾八至泰山。泰山還是一座聖山，在帝王封禪的同時，泰山也以它博大的胸懷陶冶著人們眞正的人文精神。如春秋時期，以孔孟爲代表的思想家，政治家就曾直接受到過泰山的巨大影響。孔子「登泰山而小天下」的名言，便充分反映了兩千年前中國聖賢們「以天下爲己任」，站在泰山般高度上觀察社會與人生，以實現自己理想的崇高精神追求。偉人的思想閃現泰山的靈光，泰山又折射出優秀民族文化精神的璀璨光芒，這也是中國其他山岳無法與之相提並論的。古人在泰山的活動，爲泰山留下眾多的歷史遺跡，因此，泰山的自然景觀具有更多的文化內涵，具有至高無尚的歷史地位。一九八七年，泰山被聯合國教科文組織世界遺跡委員會正式列入世界自然文化遺跡目錄，成爲全人類的珍貴遺跡。

住在泰安，仰望泰山，這是古代中國世人的夢想。諸葛亮因爲父親在此當官的緣故，因緣際會，來到這最崇高的地方，對他人品的陶冶，自然不在話下。而孔子的故鄉曲阜，更是中國的「道德之鄉」，只在泰安不遠處而已。曲阜的孔氏家族在漢朝建立後，開始走紅，逐漸奠定中國第一家族的地位，歷久不衰。諸葛亮在這樣的環境下成長，奠定日後成爲「道德完人」的基礎，這也不是巧合吧。

山東，是我們探索諸葛亮智慧的第一站。

讀好書——諸葛亮的必讀書目

《湖濱散記》的作者亨利・梭羅曾說：「多少人因爲一本書而開始他的人生。」諸葛亮的成功，很大的部份是得自於他的用功讀書。對他來說，讀書不是用來應付考試的，而是爲了壯大自己的視野與智慧。

明朝天順年間《襄陽郡志》記載：「在襄陽城西二十里有隆中山，其下有隆中書院，基址即諸葛孔明隱居讀書處所。」這則記載告訴我們，諸葛亮在隆中躬耕的同時，還刻苦讀書，博覽群籍。到底哪些書能夠讓他獲益良多呢？史書上的記載實在太少，我們很難一一估量。但他是個博覽群書的書生，在青少年時期讀了儒家的經典，又廣泛閱讀了法家、兵家、道家、農家等百家的書籍，接受了諸子百家的思想，等於是那個時代中最高的極限了。

東漢前期，在思想界是「罷黜百家，獨尊儒術」。但到東漢末年，黃巾之亂的爆發，軍閥間的混戰，衝擊著思想界，蕩滌著污泥濁水，儒學再也不能「獨尊」。這時，法家、名家、兵家、道家、縱橫家等百家思想，在社會上都活躍起來了，思想界出現一種自由解放的趨勢。這種背景，有利於諸葛亮在青年時期閱讀各家的書籍、接觸各家的思想，有機會從專才變成通才。

■好為〈梁父吟〉

據史書記載，諸葛亮的青少年讀物中，有的是書籍，有的是歌謠。〈梁父吟〉是單篇作品，屬山東民謠，是他最早接觸的「讀物」，伴他終生。《三國志》說諸葛亮從小就「好爲梁父吟」，到隆中後，在勞動間歇之餘，或在吟誦經書之後，或從襄陽城返回山村的路途之中，或耳聞軍閥間新近發生的戰爭，或目睹人民的饑餓死亡，總要把〈梁父吟〉拿來吟唱一番。《水經・沔水注》記載：「沔水，東經樂山北。昔諸葛亮好爲〈梁父吟〉，每所登游，故俗以樂山爲名。」現在隆中十景中有「梁父岩」一處，相傳就是當年諸葛亮歌〈梁父吟〉處，當然那是不可信的。只是這樣一來，不少人開始以訛傳訛，誤會那是他的作品。《李太白全集》卷之三〈梁父吟〉引《蜀志》曰：「諸葛亮好爲梁父吟，然則不起於亮矣。」證明〈梁父吟〉這種曲調不是諸葛亮所作，而是一首古曲，在東漢時很流行，諸葛亮只是喜歡吟唱而已。

類似這樣張冠李戴的烏龍事件很多，古今皆然。美國麥克阿瑟將軍在演說時，引用了當時的軍中流行歌曲的歌詞：「老兵不死，只是逐漸凋零。」台灣人張冠李戴，誤以爲那是他的名言而頻頻引用。這種困擾也發生在胡適身上，他曾引用《晏子春秋》「爲者常成，行者常至」、范仲淹「寧鳴而死，不默而生」和美國布爾教授「容忍比自由重要」等名言，卻被不讀書亂引證的人誤以爲是他本人所說，這也算是「盛名之累」吧。

諸葛亮熟悉〈梁父吟〉，並不令人意外，因爲他在山東的梁父住過。古代皇帝常到山東的泰山封禪，而梁父就是泰山底下的一處小山崗。皇帝通常在泰山祭天，在梁父祭地。在山頂堆土，便是所謂的「封」，使高處變得更高，古人認爲在這種地方祭拜，可將自己的願望傳達給上天知道。至於掃除梁父崗的土，以祭祀地神，應該就是古人和地下神靈溝通的儀式。

諸葛亮爲什麼喜歡吟唱這種曲調呢？以往有三種不同的看法：一種認爲這是諸葛亮感嘆自己在建

功立業道路上的艱難與險阻。但這種看法不妥，因爲這時的諸葛亮還是風華正茂的年輕人，思想還未完全成熟，才能還未顯露，選擇誰當老闆也還未確定，怎可能會有這種感嘆？第二種看法認爲，這是諸葛亮思念故鄉，故時時詠唱。諸葛亮出生於山東，遠離家鄉後，有時哼哼家鄉曲調，來表達對故鄉風土人情的依戀，這不但可能，也是合情合理的。但如果他吟唱〈梁父吟〉只是思念故鄉，未免情趣低下，陳壽爲什麼要記錄在史書中呢？我們只能說，的確是故鄉之思的流露，但那不是最主要的。第三種看法，認爲諸葛亮不過是一般的吟唱，沒有其他任何意義。這種說法就很偏頗了，如果說諸葛亮吟唱〈梁父吟〉只是一種消遣，陳壽爲何要寫進諸葛亮傳中，並加上「好爲」兩個字呢？足見不是無意，而是意義深遠。陳壽在《諸葛亮傳》中，把「好爲梁父吟」和「每自比管仲、樂毅」並列在一起，來表現諸葛亮的情操、志向、抱負和才華。裴松之在作注時，對陳壽的這種筆法極爲讚賞：「夫其高吟俟時，情見乎言，志氣所存，既已定於其始矣。」

排除了以上三種原因，我們回到〈梁父吟〉的歌詞來看。梁父崗是古代墳地，據說在很久以前，這裡埋葬了善良的靈魂，因爲故事太動人，遂衍生出〈梁父吟〉這首淒涼的輓歌：

步出齊城門，遙望蕩陰里。
里中有三墳，累累正相似。
問是誰家塚？田疆古冶子。
力能排南山，文能絕地紀。
一朝被讒言，二桃殺三士。
誰能爲此謀，國相齊晏子。

〈梁父吟〉描寫的是春秋時代齊國「二桃殺三士」的故事。故事出自《晏子春秋》，流傳很廣：春秋時代，齊景公身邊有三勇士，分別叫公孫接、田開疆和古冶長。有一次齊國宰相晏嬰從三勇士身邊走過，三勇士坐著文風不動，只聊自己的，晏嬰很惱火，認爲三勇士不懂禮義，乃「危國之器」，居然建議齊景公把他們幹掉，以免三人聯手，後患無窮。景公覺得這件事很棘手，因爲三勇士勇武絕倫，弄不好要出亂子。晏嬰出了一個點子，讓景公賜給三勇士兩個桃子，叫三勇士自己去比功勞，功大者便可吃桃子，景公當即照辦。面對兩個桃子，三勇士傻了眼，是禮讓呢？還是爭奪？公孫接尋思：若論功得不到桃子，就顯得自己沒有勇力，那還如何下台？下不了台可不是一件好玩的事。想到這裡，他開口了，說自己接連與兩頭猛獸搏鬥，都大獲全勝，這樣的功勞應該吃桃。說罷，便拿了一個桃子在手。田開疆接著說：「在下隨主君出征，一人殺退敵人三軍，這樣的功勞也應該吃桃。」說完，伸手搶去剩下的一個桃子。「慢著！」古冶長站了起來：「在下有一次隨主君渡黃河，河裏的大鱉咬住了馬的馬腿，馬一驚，就把車拖向深水激流，我潛水逆行了百步，又順水追了九里，才把大鱉宰了。然後我左手牽著馬，右手提了鱉頭，護著主君渡過了河。我的功勞最大，你們把桃子放下！」他越說越激動，撥出劍來準備格鬥。此時，公孫接、田開疆悔恨地說：「我倆論勇力沒你強，論功勞沒你大，我們取桃不讓是貪，再不去死更是無勇。」兩人放回桃子，雙雙以劍自刎。古冶長後悔了：「你們倆死了，而我獨活，這是不仁；貶低別人，誇耀自己，這是不義；痛恨自己的行爲而不去死，這是無勇。」說完，舉劍向脖子抹去，也死了。齊景公雖然斬除了可能的禍患，但也「惋惜」三位勇士曾對國家的功勞，因此加以厚葬。一般認爲，厚葬的地點便在梁父崗。用兩個桃子就能消滅三個可怕的勢力，這純粹是靠智慧取勝，完全沒有折損一兵一卒，後人遂將「二桃殺三士」的成語用來形容出奇計殺人奏效。

《晏子春秋》一書不是晏子本人寫的，而是戰國到漢初的人假借晏子名義所作。但我們必須體諒一點：古人沒有很好的辨僞能力，一般依然認爲「二桃殺三士」是眞實的故事，而且還敷陳成歌，成爲漢朝山東一帶很紅的流行歌曲。諸葛亮耳濡目染，當然也信之不疑。以諸葛亮的智慧，他當然可從這首流行歌曲中，看出現實世界的可怕之處：智慧的力量，往往比武力更爲強大。誰掌握了智慧，誰就可以掌握這個世界。如果是邪惡或心術不正的人掌握了智慧呢？那麼，這種人想害人於無形，想殺人如草不聞聲，智慧不如他的人也只能乖乖地被宰了。此外，三士對齊景公有救命之恩，爲何齊景公還要痛下殺手？誠如晏子所說，要是這三人聯手起來，足可毀滅齊國。但這只是假設性的問題，並沒有任何蛛絲馬跡或證據。要說權力大到足以毀滅齊國，身爲宰相的晏子，豈不是更該殺掉？很明顯地，這其中有太多矛盾之處，與權力的濫用。

諸葛亮喜歡〈梁父吟〉，必然從中得到很大的人生啓示：他必須掌握智慧，但智慧只能用來行善，而不能作惡。他必須謙卑地使用權力，畢竟「絕對的權力造成絕對的腐化」。後來諸葛亮在蜀國大權在握，並沒有因此而迷失、腐化，〈梁父吟〉對他的影響力由此可見。

最有趣的一點是：諸葛亮因此不喜歡晏子。晏子是齊國兩大名相之一，另一個是管仲，後人習慣合稱兩人爲管、晏，以示尊敬。諸葛亮對於這兩個山東老鄉的態度很有趣，他只佩服管仲，不喜歡晏子，這顯然與〈梁父吟〉脫不了關係，否則，以諸葛亮的作風，應該是會比較欣賞晏子的。《史記》中說晏子「以節儉力行重於齊。既相齊，食不重肉，妾不衣帛。」；而管仲則是個奢侈成性的人，「富擬於公室」。諸葛亮主張節儉，並且身體力行，但他絕口不談晏子，這不是很耐人尋味嗎？

■開給劉禪的必讀書目

除了〈梁父吟〉，諸葛亮還常閱讀什麼？劉備臨死前，有一篇遺詔敕劉禪說：「朕初疾但下痢耳，後轉雜他病，殆不自濟。人五十不稱夭，年已六十有餘，何所復恨，不復自傷，但以卿兄弟爲念。射君到，說丞相歎卿智量，甚大增脩，過於所望，審能如此，吾復何憂！勉之，勉之！勿以惡小而爲之，勿以善小而不爲。惟賢惟德，能服於人。汝父德薄，勿效之。可讀漢書、禮記，閒暇歷觀諸子及六韜、商君書，益人意智。聞丞相爲寫申、韓、管子、六韜一通已畢，未送，道亡，可自更求聞達。」在這段話的後半段，劉備希望劉禪讀讀《漢書》、《禮記》、《六韜》、《商君書》和先秦諸子的著作。這表示劉備自己讀過這些書，覺得內容很不錯，盼望劉禪也能從中受益。好玩的是，劉備也提到諸葛亮爲劉禪抄寫了《申子》、《韓非子》、《管子》、《六韜》等書，可惜在路上弄丟了。大概諸葛亮是國家宰相，日理萬機，如果還能撥冗爲劉禪抄寫這些書籍，則充分表現他的用心良苦。大概在抄寫的過程中，他也會加入自己的看法或眉批，期待劉禪在閱讀的時候能特別留意。如果這些書不是諸葛亮親手抄寫，也很可看出他對這些書的熟悉、重視與肯定。他開的這些「必讀書目」，一定是他認定的好書，他自己也曾獲益良多。由此看來，瞭解這些書的內容，必然也有助於我們洞悉諸葛亮的智慧來源。

關於《申子》、《韓非子》、《管子》、《六韜》這幾本書，民國初年的張心澂在《僞書通考》中曾加以考證。《申子》太短，幾乎不能說是一本書，張氏未論及。在此之外，張氏懷疑《韓非子》可能有部分內容不是韓非本人寫的；而《管子》不是管仲所寫，但內容很能反映管仲的思想與作風；

至於《六韜》，則顯然是後人假託姜子牙名義寫的兵法書。但不管是不是本人所寫，重要的是內容好不好，這應該也是諸葛亮閱讀時考量的重點。値得注意的是，《晏子春秋》並不在諸葛亮開的書單中，正可證實前文說的：諸葛亮不喜歡晏子。而他和劉備開的書單中，唯一相同的是《六韜》，可看出這本書對兩人的重要性。

《申子》、《韓非子》、《管子》、《六韜》這四本書的共同點在於，它們都是黃老思想的產物，這恰可反應諸葛亮的思想淵源。道家思想由老子創立後，發展爲兩條思想路線，一派以莊子爲主，強調「無爲而治」的心靈境界；一派以黃老學派爲主，強調「無爲而治」的政治、軍事層面。黃老學派雖然標榜黃帝、老子，但就理論來看，黃帝只是他們託古改制的招牌，而老子思想也遭改造過。黃老學派以老子道論思想爲主軸，結合法家「法」的思想，具有很高的法家色彩，已不全然是原始道家成分，這可從法家都很推崇老子略窺一二。

黃老或法家的最基本主張都是「不別親疏，不疏貴賤，一斷於法」，強調是法律之前人人平等，主張強化君主專制，以嚴刑峻法來治國。這種「法治」觀念，在講求「人治」、「親疏差別」的儒家中是沒有的。有人問孟子：「你當縣長，要是你爸爸在你的轄區內犯罪了，你怎麼辦？」如果在法家，結局當然是大義滅親，但孟子的回答很好玩：「我會背著老爸棄官潛逃。」這正可說明兩者之間的根本差異。諸葛亮很顯然不是儒家，而是傾向黃老學派或法家，他的得意門生馬謖犯罪，他照殺不誤；劉備的養子劉封犯罪，他也照殺不誤。黃老思想和法家思想的先驅是春秋時代的管仲和子產，而前期的代表人物是吳起、商鞅和申不害，戰國晚期的韓非則爲集大成的人物。有了這些基本認識，我們對諸葛亮的四本書單，就能有初步的瞭解了。

《申子》的作者申不害，是戰國時期的思想家，也是法家的早期代表人物之一，史稱申子。他原本是鄭國的小老百姓，後來以學說遊說韓國，成了韓昭侯的相國，執政十五年，「內修政教，外應諸侯」。在他任期內，「國治兵彊，無侵韓者」，可見他很有治國的本事。這樣一個了不起的人物，照理說，是有必要將他的學說完整流傳下來的，但到漢朝時，只剩下《申子》兩篇。諸葛亮讀的，大概也僅於如此而已，而他居然推崇備至，足見《申子》對他的影響之大。可惜的是，流傳到現代的《申子》，只剩殘篇斷簡，寥寥數百字，認眞一讀的話，大概兩個小時內便可透徹。

司馬遷說申不害的學說「本於黃老而主刑名」，「刑」就是嚴刑峻法，「名」就是名位、官位。他主張國君要「因任而授官，循名而責實，操生殺之權，課群臣之能」，意即要經常對臣子進行考核，不許越職辦事，並根據考核之情作爲對臣子進行獎懲升遷。申不害的這種見解，建立了法治的思想體系和理論學說，開創了法家學派，被後世尊爲法家之祖。

申不害雖是法家，但從僅存的《申子》來看，他特別重視「術」。所謂「術」，就是國君治國的手段。申不害認爲，君臣關係很像有錢人和盜賊的關係，盜賊時時刻刻想偷盜有錢人的財產，大臣也分分秒秒想竊據國君的權位，因此國君自己要小心翼翼、高深莫測，不要凡事想一手攬下，相反地，要裝作無爲而治的樣子，寧可自己輕鬆一點，只負督導、監視之責，而將工作都交給大臣去做，這樣才能保住權位。

諸葛亮要劉禪讀《申子》，顯然也有相同的用意。他希望劉禪能無爲而治，而從他以下的每位大臣，都戰戰兢兢，累個半死。諸葛亮當宰相後，事必躬親，「鞠躬盡瘁，死而後已」，不是沒有原因的。影響所及，他特別欣賞勇於任事的大臣，最痛恨會偷懶或忙裡偷閒的傢伙。

《韓非子》是先秦法家集大成者韓非的著作，共五十五篇。韓非出身於戰國末期韓國的貴族世家，是韓國的公子。他意識到韓國在當時的國際中最爲弱小，還面臨被秦國消滅的威脅，於是上書韓王，建議變法圖強。他的建議未受採用，遂退而著書立說，順便發發牢騷。他的文章〈孤憤〉、〈五蠹〉流傳到秦國後，被秦始皇賞識。韓非的同學李斯爲了拍馬屁，向秦始皇出主意，要求韓國派韓非出使秦國。韓非到韓國後，與秦始皇相談甚歡，卻被嫉妒的李斯陷害，死於獄中。

《韓非子》從先秦流傳到現在，都沒有佚失，這在先秦哲學典籍中是不多見的。《韓非子》本名《韓子》，後因唐代韓愈的名氣太大，後人爲了加以區別，故改名爲《韓非子》。《韓非子》一書，重點宣揚了韓非法、術、勢相結合的法治理論，主要反映在〈難勢〉、〈難三〉、〈定法〉、〈揚權〉、〈有度〉等篇中。在韓非看來，商鞅只講「法」不講「術」，申不害只講「術」不擅「法」，愼到片面強調「勢」，都不全面，「皆未盡善」。只有把「法」、「術」、「勢」三者結合起來，才切實可行。在「法」、「術」、「勢」三者之間，「法」是根本，「勢」是基本前提，「術」是執行「法」的必要方法。

諸葛亮日後的作爲，得力於《韓非子》之處甚多，最明顯的是在賞罰分明上。諸葛亮在〈出師表〉中苦勸劉禪：「宮中府中俱爲一體，陟罰臧否，不宜異同。若有作姦犯科及爲忠善者，宜付有司論其刑賞，以昭陛下平明之理，不宜偏私，使內外異法也。」他不只拿來要劉禪奉行而已，自己也劍及履及，陳壽特別讚美他：「賞罰必信，無惡不懲，無善不顯。」這與《韓非子》告誡的「言賞則不與，言罰則不行，賞罰不信，故士民不死也」，簡直如出一轍。

此外，《韓非子》在〈主道〉篇中大談當國君的祕訣，要求國君隱藏自己的慾望、想法，「大不可量，深不可測」，則臣下猜不透國君，便不會有不良的企圖。又要求國君「無為於上」，「靜退以為寶」，凡事丟給臣下去幹，則「臣有其勞，君有其成功」，這就是明君之道。諸葛亮將國家大事一肩扛下，讓劉禪躲在幕後，做出政績了便歸劉禪所有，做錯了則諸葛亮自己請罪，以確保劉禪的權威，這種搞法，眞是深得《韓非子》的精髓。這樣一來，劉禪雖然昏庸無能，但享有盛名，甚至有人將他比擬為齊桓公。

司空張華問之曰：「安樂公何如？」密曰：「可次齊桓。」華問其故，對曰：「齊桓得管仲而霸，用豎刁而蟲流；安樂公得諸葛亮而抗魏，任黃皓而喪國，是知成敗一也。」

這是《晉書》〈李密傳〉裡的記載。在一般人的認知中，齊桓公是春秋五霸之首，何其偉大？劉禪只是個「扶不起的阿斗」，何其窩囊？兩人居然被李密相提並論，何其不倫？但李密不是隨便說說，他也振振有詞。他認為，齊桓公和劉禪同樣任用了一個了不起的人當宰相，因此創造不朽的霸業；兩人也同樣在那個了不起的宰相死後，開始重用小人，最後將國家搞得江河日下。因為管仲和諸葛亮的緣故，齊桓公和劉禪才有機會變成不錯的國君，這不正是「臣有其勞，君有其成功」？

現存《管子》一書是西漢人劉向編寫的，其絕大部分的思想資料屬於管仲學派。管仲是春秋時著名的政治家。管仲相齊時，「作內政而寄軍令」，通貨積財，富國強兵，改革行政，編練軍隊，使齊國強盛起來。他幫助齊桓公用「尊王攘夷」當號召，「九合諸侯，一匡天下」，成為春秋第一位霸主。不少人學習他的思想，形成管仲學派，最後形成《管子》這本書。

管仲學派的哲學思想有兩個基本範疇——天道與人情。《管子》在談到王天下時指出，如果具備地大國富、人眾兵強這些稱王稱霸的條件時，若不掌握自然發展和人心變化的規律，國家也就接近危亡的邊緣。因此，只有根據「天道之數，人心之變」辦事，才能防止事物向反面轉化。遵循天道並得人心，戰爭一旦爆發，「戰可以必勝，而守可以必固」，「此正天下之道也」。《管子》的社會經濟政治思想是「作內政而寄軍令」，這一思想是管仲輔助齊桓公創立霸業時首先提出來的，基本精神就是寓兵於農，把百姓的鄉里組織和軍隊的編制結合起來。這樣既不同於儒家的那種模式，又與法家那種全是軍隊編制的社會結構區別開來。在《管子》一書的〈立政〉、〈乘馬〉、〈小匡〉等篇中，都談論過這種社會編制。《管子》的政治思想，還體現在它主張禮法並用的統治術。管仲學派設想出一種不同於儒法兩家的統治方術，而把中央集權與宗法制度結合起來。與此同時，管仲學派也極力強調法的作用，指出立法的是君上，執法的是臣下，遵守法令的是老百姓。爲了達到天下大治，必須君臣上下不分貴賤，都要遵從法令。爾後諸葛亮執政，受此啓發甚多。

《六韜》是中國古代著名的兵書，包括〈文韜〉、〈武韜〉、〈龍韜〉、〈虎韜〉、〈豹韜〉和〈犬韜〉六部份，是以周文王、武王和姜太公對話的形式寫成的一部兵書。一九七二年山東臨沂銀雀山漢墓竹簡本《六韜》出土後，學者們多認爲《六韜》成書於戰國，盛行於西漢前期，而不是出於秦以後人的僞造。

《六韜》是一部很有價値的軍事經典著作，在戰國和秦漢時即已廣泛流傳，影響很大。幫助漢高祖劉邦謀取天下的張良，就曾得利於它。三國時期的孫權曾告誡呂蒙和蔣欽要好好讀《六韜》，呂蒙照著做之後，遂產生「士別三日，當刮目相看」的佳話。北宋元豐年間（一〇七八至一〇八五年），《六韜》被定爲武學必讀之書，位居《武經七書》之首。自此以後，歷代統治者進行武學教育、武舉考試，都會把《六韜》列爲基本教材。長期以來，它一直是中國古代兵家學習、研究和不斷引用的軍事經典。

〈文韜〉包括十二篇文字，主要闡述政治和軍事的關係。〈文韜〉認爲，政治先於軍事。政治是軍事的基礎，軍事則是政治的另一種手段的繼續。它指出，戰爭本乎道義，要想奪取戰爭的勝利，取得天下的統治權，就必須運用「文韜」，即通過政治收攬天下人心。收攬人心的關鍵在於愛民，在於按照爲君之道施政行事，處理好君臣關係，推行相應的內外政策和發展經濟。天下不是一個人的天下，而是天下人的天下。只有和天下人利益一致，休戚與共，才能取得天下。反之，就會被天下人唾棄。而要做到與天下人利益一致，就必須實行「仁」、「義」、「道」、「德」，與人民一齊順從天時，共用土地所爲生的財富，免除人之死，替人排憂解難，與人民憂樂好惡相共，給人民以種種利益。君主只要實行愛民之道，自然就能取得人民的擁護，從而取得天下。所以，君主應抑制自己的私欲，無爲而治。官吏要忠貞愛民，廉潔奉公。國家要努力發展農業、手工業和商業，實現富足的目標。對外應安撫近鄰，控制四方。發動戰爭前，要事先祕密地做好充分的準備，一旦時機成熟，就應公開聲討敵人，號召天下人一齊征討。在這點上，諸葛亮日後做得很好，他北伐魏國前，總先「厲兵講武」，充實好了內政再出征。《六韜》對他的影響，不言可喻。

〈武韜〉包括五篇文字，主要從戰略的角度出發，主張在使用武力、進行戰爭的同時，還要採取「修德」、「安民」等政治手段爭取民心，瓦解敵人，加速其崩潰，以最小的代價換取戰爭的勝利，甚至做到不戰而勝。要奪取戰爭的勝利，首先要做到名正言順，師出有名，進行戰爭是爲了弔民伐罪。戰前應祕密做好充分的準備，然後看準時機，發動進攻。其次，是力求不戰而屈人之兵。天下之人都歡迎給自己好處的人，而不歡迎損害自己利益的人。不掠奪人民，就是給人民好處；不侵犯別國的利益，就是使各國獲益；不壟斷天下的利益，就是使天下之人都得利。所以，只要不侵奪人民和各國的利益，不獨占天下之利，就能得到人民和各國以及天下之人的擁護，從而在不知不覺中不戰而勝。再次，是運用「文伐」，即發動政治攻勢，用各種權謀詭詐，去利用、擴大、加劇敵人的內部矛盾，以分化、瓦解和削弱對方，爲軍事進攻鋪平道路，創造有利條件，這也是不戰而屈人之兵的一種手段。最後，行事要合乎用兵之道，按照戰爭的基本規律採取行動，才能取得勝利。爾後，諸葛亮身體力行，他首次北伐時，「戎陳整齊，賞罰肅而號令明，南安、天水、安定三郡叛魏應亮，關中響震」，這正是做到師出有名，不戰而屈人之兵。他多次出征後，「每患糧不繼，使己志不申，是以分兵屯田，爲久駐之基。耕者雜於渭濱居民之間，而百姓安堵，軍無私焉」。能讓自己的士兵和敵國的百姓打成一片，和樂融融，這是很不簡單的。本書各章節對這些均有著墨，這裡不再多說。

〈龍韜〉包括十三篇文字，主要論述軍隊的統帥和指揮等問題。如怎樣遴選將領，拜將立帥，編組統帥部署，樹立將帥的威信，鼓舞士氣，祕密通訊和臨敵致勝等。它將「智」、「信」、「仁」、「勇」、「忠」作爲選擇將帥的標準。

〈虎韜〉包括十二篇文字，分別論述了兵器、軍用器材的種類及其性能，以及突圍、渡河、對陣、迂迴、伏擊和反伏擊、攻城、反火攻等各種作戰形式和戰術問題。〈豹韜〉包括八篇文字，分別論述了在森林、山地、江河水澤地帶和險阻地形下的作戰方法，並對特種地形和特殊情況下的作戰原則，如抗擊突然襲擊、夜襲和以寡擊眾，以弱擊強等原則進行了總結。〈犬韜〉包括十篇文字，分別論述軍隊的分合集結，如何按標準選拔勇猛有力、武藝高強嫻熟的步兵、車兵和騎兵，充當軍隊的基層軍官和常備兵，如何訓練軍隊。此外，還逐一論述步兵、車兵和騎兵諸兵種的性能、戰鬥力、陣法和作戰方式，並結合地形條件和敵情的變化，指出步兵貴在知變化，車兵貴在明曉地形，騎兵貴在瞭解別徑奇道，揭示了使用各種不同兵種的原則和方法，開創了對諸兵種聯合作戰的研究。這些都是很實用的作戰技巧，對諸葛亮日後北伐，啓發甚大。

《六韜》涉及的內容十分廣泛，大至戰爭與政治、經濟、民心向背的關係，小到物資的準備、將領的選拔、軍隊的操練，以至於各種細膩而具體的作戰方法，凡是與軍事戰略、戰術有關的各方面，書中幾乎都談到了。《六韜》的某些論述來自《孫子兵法》，但較爲詳細豐富，這也是它受到重視的原因之一。書中也談到宰相的責任，說：「相不能富國強兵，調和陰陽，以安萬乘之主，正群臣，定名實，明賞罰，樂萬民，非吾相也。」如果我們詳細觀察諸葛亮日後擔任蜀漢丞相的作爲，他在富國強兵上的貢獻，在協調人際關係上的手腕，在撰文告誡大臣是非上的辛勞，在確定名實、規定賞罰上的用心，最後使百姓都對他心懷感激，全都符合《六韜》對宰相一職的嚴格要求。這也是他除了自己熟讀此書，爲何還要劉禪卯起來讀的原因了。

綜合以上所說，諸葛亮執政時，大體都是以黃老和法家思想爲依歸，史書上記他「科教嚴明，賞罰必信」，正是最好的證明。但這並不是說他對其他各家的思想排斥，只是色彩沒有那樣濃厚而已。

■汲取各家精髓

他從不輕忽儒家經典，例如長水校尉廖立，自命不凡，不可一世，他上表後主劉禪的奏摺中說廖立「奉先帝無忠孝之心」。劉備妻子甘皇后去世後，他上表追尊甘夫人爲昭烈皇后，說：「《禮記》曰：『立愛自親始，教民孝也；立敬自長始，教民顧也』。不忘其親，所由生也。《春秋》之義，母以子貴。」曹操死後不久，曹丕稱帝，諸葛亮在致孫權的信中說：「漢室不幸，王綱失紀，曹賊篡逆。」街亭之役，馬謖違亮節度，招致大敗，諸葛亮一面處決馬謖，一面又嚴於律己，在上奏劉禪表中說：「臣以弱才……不能訓章明法……《春秋》責帥，臣職是當。請自貶三等，以督厥咎。」這些事例可看出，諸葛亮是一位崇尚《春秋》，恪守「忠孝」、「三綱」、「六紀」經義，又懷體恤仁愛之心的儒者。反映在用刑上，他雖然賞罰有度，卻無傳統法家的殘酷，特別是在他任內，從來沒動用過連坐法和族刑（殺掉整個家族）。馬謖犯罪，兒子被諸葛亮收養；李嚴犯罪，兒子受諸葛亮栽培；黃權投降魏國，家人受到諸葛亮寬待（因爲黃權是遭劉備「害」到走投無路的）。與用刑嚴厲的魏國、吳國相比，諸葛亮在執法上帶有儒家的色彩，這也讓他得到人民的愛戴。

諸葛亮也重視道家學說，在〈誡子書〉中，他說：「夫君子之行，靜以修身，儉以養德，非淡泊無以明志，非寧靜無以致遠。」「淡泊」、「寧靜」這是道家老子的思想。在〈誡外甥書〉一文中，諸葛亮提出「絕情欲」、「忍屈伸」，儼然又是《道德經》的正解，表明諸葛亮用道家思想去教育和陶冶後一代。

諸葛亮在去世前，曾「遺命葬漢中定軍山，因山爲墳，冢足容棺，斂以時服，不須器物。」他給後主劉禪的上表中說：「若臣死之日，不使內有餘帛，外有贏財。」這些思想，又和墨家「節葬」、「節用」的主張完全相似。

由此看來，要確定諸葛亮的思想屬於哪一家，是很困難的。他對諸子百家的學說也有他自己的獨特見解。在〈論諸子〉一文中，他說：「老子長於養性，不可以臨危難。商鞅長於理法，不可以從教化。蘇、張長於馳辭，不可以結盟誓。白起長於攻取，不可以廣爲。子胥長於圖敵，不可以謀身。尾生長於守信，不可以應變。王嘉長於迂明君，不可以事暗主。許子將長於明臧否，不可以養人物，此任長之術者也。」這段話表明諸葛亮對諸子百家思想的態度，是取各家之長，以達經世致用，這從他後來治蜀的政績也可以看得很清楚。

■讀書方法

大凡一個有作爲的人，都不是拘泥於讀一家之書、得一家之術而取得成功的，只有按古索今，審時度勢，集各家之長，才能達到知變治世的目的。而諸葛亮不只常讀書，也重視讀書方法，他的讀書方法有三種。

第一，「觀其大略」。東漢時期讀書風氣很不好，一些經師大儒喜歡鑽牛角尖，做學問時往往爲了——字的訓釋，連篇累牘，做煩瑣的考證，使知識支離破碎，而這種學風支配了整個東漢近二百年的治學風尚。諸葛亮認爲，這種學習方法不足以掌握文章的精華，得其要領，更得不到安邦治國的方略。裴松之在註解《三國志》時，曾引用《魏略》：「亮在荊州，以建安初與潁川石廣元、徐元直、汝南孟公威等俱游學，三人務於精熟，而亮獨觀其大略。」諸葛亮「觀其大略」，可知是一種快速瀏覽法，著重在理解內容大要，能靈活運用、舉一反三，而不是熟記背誦，因此可在短期內讀下很多的書。

《三國演義》所敘，雖屬虛構，但有些部分合情合理，用來說明諸葛亮的治學態度和讀書方法，倒是很好的註解。書中第四十三回寫曹操奪占荊州，諸葛亮臨危受命，跑去說服孫權聯手抗曹。東吳群臣不服，和諸葛亮展開舌戰，其中有個叫嚴畯的，嚴厲抨擊了諸葛亮強詞奪理，並質問諸葛亮「治何經典」，諸葛亮回答說：「尋章摘句，世之腐儒也，何能興邦立事？」又舉伊尹、姜子牙、張良、陳平、鄧禹、耿弇等開國謀臣爲例，說他們「皆有匡扶宇宙之才，未審其生平治何經典。豈亦效書生，區區於筆硯之間，數黑論黃，舞文弄墨而已乎？」嚴畯聽了，啞口無言。又有一個叫程德樞的，常譏刺諸葛亮好說大話，未必有眞才實學。諸葛亮反駁說：儒者有「君子之儒」和「小人之儒」兩種，君子之儒忠君愛國，守正道，棄邪惡，不像小人之儒，只懂詞章的雕蟲小技，吟詩作賦，皓首窮經，「筆下雖有千言，胸中實無一策」。由此可見，諸葛亮讀書「觀其大略」，並不是囫圇吞棗、亂讀一通，而著重在融會貫通。

第二，「專心致志」。諸葛亮曾教育自己的子女說：「夫學須靜也……淫漫則不能勵精，險躁則不能治性。」這就是說，讀書時心要靜，思想要專注。馬馬虎虎、一知半解、浮光掠影、淺嘗輒止的學習態度，不會帶來任何收穫，也學不到眞正的本領。而急於求成，浮躁不專，或者從獵奇的興趣出發去學習，不僅無益學習的進步，還有害品格的培養。這些話雖是諸葛亮教育子女的，卻是他讀書的經驗談。

第三，「廣咨問」。諸葛亮在〈誡外甥書〉一文中提出，「慕先賢」、「去細碎」，「廣咨問，除嫌吝」。這是說，別讀沒用的書，以免浪費精力；好的書要多讀，要虛心請教長者，不恥下問，要向一切有知識的人學習。只有這樣，才能在學習上少走彎路，獲得更多的知識。

諸葛亮認爲讀書更重要的是，要有明確的學習目的。「非學無以廣才，非志無以成學。」「志當存高遠」，「若志不強毅，意不慷慨，徒碌碌滯於俗，默默束於情，永竄伏于凡庸，不免于下流矣！」他把「志」、「才」、「學」三者之間的關係說得很清楚：才能和立志是不可分割的，沒有知識和本領，則不能成才；而要有知識和本領，必須要有遠大的志向；沒有志向和抱負，就沒有動力，就學不進去，也就學不到眞正的知識和本領，最後庸庸碌碌地生活，成爲一個情趣低下的人。所以他告誡後代，要珍惜韶華之年，不要虛度歲月，否則「年與時馳，意與日去，遂成枯落，多不接世，悲守窮廬，將復何及！」這些鏗鏘有力的語句，說得眞切、誠懇、感人，今天讀來，仍倍感親切，獲益不淺。諸葛亮不只口頭上說教，他也身體力行，他出山後建樹的事業，就充分證明了這點。這種學用一致的精神，對我們今天仍有啓迪和教益。

今天是知識爆炸的時代，能夠接觸更多的資訊，是幸也是不幸，畢竟並不是人人都能從中獲益良多。多少人因讀了爛書而受害，因不懂讀書方法而浪費青春，因只會讀書而與現實脫節。諸葛亮的例子，恰可給我們不少省思與裨益。

學古人——管仲治國、樂毅打仗

■自比管、樂

西方有所謂漢學家，專門研究中國學問，但因爲文化、語言背景的隔閡，很多漢學家讀中國古書時，常望文生義，鬧出笑話來。例如看到陶淵明「採菊東籬下，悠然見南山」的詩句，便認爲除非陶淵明有斜視，否則不可能在東籬看到南山。其實，那寫的是一種閒適的心境，根本與斜眼無關。如果眞要吹毛求疵，我們也可爲陶淵明辯解，當他轉頭時，不正可以看到南山或北山了？又如看到蘇軾有「春江水暖鴨先知」的詩句，便用「科學的角度」質疑：爲何最先知道春江水暖的是鴨，而不是其他動物？其實，蘇軾這首是題畫詩，剛好那幅畫上有鴨子，當然就「鴨先知」了，否則，題上「豬先知」、「人先知」，那是多麼不協調的畫面！

又有某漢學家宣布重大發現，原來諸葛亮不但是政治家、軍事家、思想家、文學家、發明家，甚至還是音樂家！他的理由是，《三國志》中寫諸葛亮「自比管樂」，表示他還會管樂器！諸葛亮是中國管樂器大師！這種笑話可就誇張了，「自比管樂」應該標點爲「自比管、樂」才對，管是管仲，樂是樂毅，「自比管、樂」是說，諸葛亮將自己比擬爲管仲、樂毅，自認有這兩人的才華。這段話的原文是，諸葛亮「每自比於管仲、樂毅，時人莫之許也。惟博陵崔州平、潁川徐庶元直與亮友善，謂爲信然。」中國古文有一定的法則、規律，沒弄懂之前，最好別妄做解人，以免貽笑大方。

諸葛亮為什麼要「自比管、樂」呢？管仲、樂毅又是什麼樣的人？這對我們認識諸葛亮的為人、抱負、理想，有很大的幫助，不可不知也。

諸葛亮在《出師表》中說他隱居隆中是「苟全性命於亂世，不求聞達於諸侯」，似乎他只要求在亂世中能保全自己的性命，並不想有所作為，以在各諸侯中揚名於世。有人以此認為諸葛亮真是甘心退隱，不為世用。其實，諸葛亮不願做一個隱淪的人，而是懷抱著宏大的志願，想幹出一番事業來。大凡一個偉大的人物，在他少年時代，就必已先立定大志。「立志」是每一個青年人所必需的，這是一個人事業成就的起點。諸葛亮立志以管仲、樂毅做為畢生追求的目標，為什麼？

除了諸葛亮，沒人會把管仲跟樂毅聯想在一起，從來是「管、晏」並稱，就是陳壽本人也說諸葛亮是「管、蕭之流亞也」。管仲和之後的晏子、蕭何一樣，都是政治家，而樂毅是軍事家，照理說不能相提並論。清朝末年的俞樾對此有一種解釋，他認為諸葛亮是針對漢室而言：假如說漢室存在，他就當管仲，幫助割據的齊桓公九合諸侯、一匡天下，保持漢朝；假如說漢朝滅亡了，他就當樂毅，幫助一個當時的州牧。這當然可自成一說，但諸葛亮自比管仲、樂毅，顯然還有其他的意義，不是這麼簡單的。

■治國學管仲

管仲是春秋時代齊國人，年輕時常跟鮑叔牙在一起，鮑叔牙知道他是個賢能的人。管仲很窮，老是欺騙鮑叔牙，鮑叔牙卻以德報怨，始終善待之，不以為意。後來鮑叔牙投效齊國公子小白，管仲則擔任齊國另外一位公子糾的手下。齊王一死，小白和糾爭奪皇位，管仲為老闆糾出頭，一箭射向小白，小白倒地不起。管仲跟糾以爲小白死了，便鬆弛戒心，沒想到小白是裝死的，隨後在鮑叔牙的輔佐下，當了齊王，就是齊桓公。齊桓公恨管仲，將他關起來，鮑叔牙爲他說情，並大力推薦，齊桓公不念舊惡，起用管仲爲宰相。日後齊桓公能稱霸天下，爲周朝王室維持中原各國的秩序，都是管仲的功勞。

管仲飛黃騰達後，曾有感而發說：「我很窮時，跟老鮑一起做生意，我總是多分一點，老鮑不認爲我貪財，他知道我很窮。我曾替老鮑出主意，結果越幫越忙，老鮑不認爲我笨，他知道我霉運當頭。我曾跟隨三個不同老闆，最後都被炒魷魚，老鮑不認爲我無能，他知道我還沒等到機會。我曾經多次在戰爭中落跑，老鮑不認爲我膽小，他知道我家裡還有一個老媽媽。公子糾失敗時，同樣是他的屬下，召忽自殺殉主，我卻甘願被關，老鮑不認爲我無恥，他知道我是個不拘小節、以死得默默無聞爲羞恥的人。生我者父母，知我者老鮑啊。」從管仲這番遭遇與自白，我們可知道自比管仲的諸葛亮志趣所在。他也在等待時機，也不想當個平凡人空度一生。在隆中種田、讀書只是假象，韜光養晦，等待發光發亮才是眞的。此外，他也渴望有像鮑叔牙這樣的知己，能夠讓自己傾訴衷曲。

管仲擔任齊國宰相後，認爲齊國很小，只能靠困居海邊，必須想辦法讓貨物流通、累積財富，讓國家富強、軍隊驍勇，而且還要「與俗同好惡」，也就是要多聽老百姓的聲音，「民之所欲，常在我心」。老百姓想要的，政府必須滿足他們；老百姓討厭的，政府必須極力避免或迅速改正。他的名言是：「倉廩實而知禮節，衣食足而知榮辱。」只有讓老百姓吃飽穿暖了，才能要求他們知道禮節與榮辱。整天餓肚子的人，怎麼可能想到遵守道德規範呢？他又認爲，「上服度而六親固」，在上位的人能夠以身作則，底下的人才會心服口服，跟著效法，也就是「上行下效」之意，否則只會「上樑不正下樑歪」而已。他還提倡禮義廉恥的重要，「四維不張，國乃滅亡」，就是他率先提出的。人民如果只是吃飽喝足，而沒有任何禮義廉恥的觀念和行為，社會秩序也很難維持下去。

這些主張，都在強調內政的重要，後來在諸葛亮治理下的益州，能路不拾遺、夜不閉戶，絕非偶然。唯有人民富足，政府的其他政策才能推動，否則只是殺雞取卵，國家越弄越窮而已。我們可以說，管仲的這些主張，對諸葛亮後來的啓發極大，後人不管肯定或否定他的軍事才能，至少對他的治國能力，是齊聲讚揚的。

管仲的人生觀是「因禍而為福，轉敗而為功」。一般人遇到困境，受到挫折，反應都是頹頭喪氣、意志消沈。但管仲不是，他倒楣的時候，沒空難過、悲傷，反而逆向思考、逆向操作，想辦法將輸掉的贏回來。他是個永不放棄的人。這種精神，也深深影響諸葛亮。劉備來拜訪時，還是個落魄的小癟三，但諸葛亮幫他將局勢扭轉過來，打敗實力強大的曹操。關羽死後，劉備怒攻孫權，全盤皆輸，將好不容易累積起來的本錢花光，自己也鬱悶、愧疚而死。但諸葛亮沒空難過、悲傷，他將衰微的蜀國重新整頓，煥然一新。蜀國雖然已經喪失了天時、地利，北伐很難成功，但諸葛亮沒空擔心、煩惱，反而積極北伐，六出祁山，明知不可而為之。這種「因禍而為福，轉敗而為功」的本事，正是不折不扣的管仲精神！

「貴輕重，慎權衡」是管仲另一個特色。他會分析利弊得失，該忍時就忍，絕不意氣用事；該做時就做，絕不猶豫不定。一切以大局為重，一切以最高利益為重。這種境界是很難做到的，關羽之死，劉備不能忍一口氣，結果小不忍則亂大謀，兵敗東吳，自己也病死白帝城，他辛辛苦苦創下的蜀漢基業，頓時為之中挫。如果他能「貴輕重，慎權衡」，在孫權派人前來求和時，讓諸葛亮跟東吳交涉、談判，或許能要回不少「好康」的說不定。諸葛亮在「貴輕重，愼權衡」這點上就做得很好，他能冷靜觀察局勢，判斷得失，該跟東吳和談時就和談，該殺馬謖時絕不手軟。他知道什麼對國家最有利，什麼則有害大局。

管仲也重視「師出有名」，要做任何事之前，一定要有光明正大的藉口或理由，才能得到別人的信任，不能蠻橫不講理。齊桓公明明是因爲私怨，對少姬不滿，才出兵蔡國，但這種理由太菜了，管仲硬是找出了一個藉口，說楚國對周朝王室不敬，沒有進貢，因此齊國才去討伐和楚國連成一氣的蔡國。齊桓公明明想北征山戎，但師出無名，管仲硬是找出了一個藉口，說齊國是想叫燕國好好料理內政。齊桓公遭曹沫脅持後，明明答應歸還之前佔領魯國的土地，後來想反悔不還，管仲叫他一定要重然諾，結果各地的諸侯開始尊敬齊桓公，願意接受他的領導。諸葛亮也是如此。劉備明明是想在亂世中分一杯羹，但諸葛亮要他打著復興漢室的口號。明明諸葛亮自己欲效法管仲，成爲一國的宰相，卻用其他理由勸劉備稱帝。劉備託孤白帝城時，諸葛亮明明有取劉禪而代之的能力，他偏偏要當「周公」，輔佐年輕不懂事的小老闆，以博得後世的美名。此外，他做任何事，總不愁沒有磊落光明的理由，這在本書各章節中將會陸續提到。也許有人會質疑，這樣揣測諸葛亮的心跡，是不是「不太道德」、「陰謀論」？可能是吧，但諸葛亮的行爲舉止，總有冠冕堂皇的說詞，這卻是不可否認的事實。至於他的動機如何，沒人知道。

管仲過世後，齊國遵守他定下的規矩、制度，因此能常常保持國家富強的實力，不至於人亡政息，這也是讓諸葛亮所羨慕的。人除了能在生前有番作爲，必然也想讓自己的德政與影響力延續下去。

不管蜀國國祚長短或北伐成果多寡，單單談治國，諸葛亮確實是個不可多得的宰相。不只後人這樣讚美他，甚至在當時，就已博得不少好評。劉備準備偷襲益州時，旁觀者趙戩說：「劉備其不濟乎？拙於用兵，每戰則敗，奔亡不暇，何以圖人？蜀雖小區，險固四塞，獨守之國，難卒并也。」傅幹不以爲然，反駁說：「劉備寬仁有度，能得人死力。諸葛亮達治知變，正而有謀，而爲之相；張飛、關羽勇而有義，皆萬人之敵，而爲之將：此三人者，皆人傑也。以備之略，三傑佐之，何爲不濟也？」對諸葛亮的評論，著重在擔任宰相的功力。劉備初佔益州時，曹操也剛拿下漢中，謀士劉曄勸他一鼓作氣，奪下益州，理由是劉備也算好漢，加上「諸葛亮明於治而爲相，關羽、張飛勇冠三軍而爲將」，如果現在不把握機會，等到他們在益州安定下來，「蜀民既定，據險守要，則不可犯矣。今不取，必爲後憂。」對諸葛亮的評價，也著重在擔當宰相、治理國家的功力。曹丕稱帝後，想統一天下，問大臣意見，賈詡說：「吳、蜀雖蕞爾小國，依阻山水，劉備有雄才，諸葛亮善治國，孫權識虛實，陸議見兵勢，據險守要，汎舟江湖，皆難卒謀也。」對諸葛亮的評價，也著重在治國的功力。如果說諸葛亮是軍事方面的「天下奇才」（司馬懿語），那他在治理國家方面，就是奇才中的奇才了，他當年立志當管仲的諾言，果眞兌現了。

很巧的是，諸葛亮自比管仲，後來也有人將劉禪比擬爲齊桓公。或許有人會質疑，齊桓公像劉禪那樣是個「扶不起的阿斗」嗎？齊桓公是了不起的春秋五霸之一，兩人能相提並論嗎？

當然可以，這樣主張的是晉朝的李密。李密以〈陳情表〉一文享有盛名，有一次被張華問到：「安樂公何如？」意思是說，你認爲劉禪怎麼樣？李密說：「可次齊桓。」可以跟齊桓公相比啦。張華問他原因，李密的回答很妙，他說：「齊桓得管仲而霸，用豎刁而蟲流。安樂公得諸葛亮而抗魏，任黃皓而喪國，是知成敗一也。」意思是說，齊桓公重用管仲，因而稱霸各國；但管仲死後，齊桓公寵信豎刁、易牙等奸臣，國勢日衰，過世後沒人管他，屍體腐爛到蟲都流出來。劉禪重用諸葛亮，因而能對抗魏國；但諸葛亮死後，劉禪寵信黃皓等奸臣，國勢日衰，最後亡國。李密這樣的類比很妙，卻很有道理。齊桓公稱霸的事，眾所皆知，然而很少人留意他虎頭蛇尾的事。孫權的晚年也非常荒唐，漢武帝、唐玄宗都是。到達人生顛峰而不走下坡者，實在太少。李密的說法，也間接肯定了諸葛亮與管仲的相同之處。只是，如果諸葛亮地下有知，不知道會哭還是會笑？他需要受到的肯定不該只是這樣吧。

附帶說明一下，易牙是齊桓公的寵臣，歷史評價雖不高，卻是中國廚師之祖，他的廚藝一把罩，沒話講。台大附近有家「易牙居」，用的就是這個典故。

■打仗學樂毅

諸葛亮除了自比管仲，還有樂毅。

樂毅是什麼人？他是戰國時代魏國人，祖先樂羊曾擔任魏文侯的將軍，因攻打中山國有功，魏文侯將中山的首都分封給他。後來中山復國，轉而又被趙國所滅，一直沒搬家的樂氏家族就變成趙國人。到了樂毅時，他對各種軍事戰略和戰術極爲熟稔，受到趙國的重視。沒多久後，趙國發生戰亂，樂毅只好離開趙國，搬到魏國。

當時國際間最熱門的話題，是齊國和燕國之間的仇恨。燕國因爲內亂，讓齊國趁虛而入，損失慘重。新繼任的燕昭王恨齊國入骨，苦於燕國又弱小又偏遠，無法對抗齊國，於是重用郭隗，以示禮賢下士的誠意。樂毅得知消息，自願擔任魏昭王的使者，前往燕國。燕昭王與樂毅談話投機，一拍即合，樂毅也不回魏國了，就留在燕國發展。

當時的齊湣王威風八面，先打敗南方的楚國，又和趙、魏、韓聯合攻打秦國，還幫助趙國消滅中山國、擊破宋國。在秦昭王稱帝後，齊湣王也如法炮製，自立爲帝，各地諸侯都「爭先恐後」臣服在齊國底下。表面上看來，齊國如此強盛，銳不可擋，實際上連年用兵，百姓叫苦連天，不堪其擾。燕昭王見有機可趁，問樂毅對伐齊的意見。樂毅說：「齊國太強盛了，地大人多，我們不好跟他們一對一硬幹。如果大王一定要討伐他們，非得和趙國、魏國、楚國聯合。」燕昭王大喜，派樂毅去遊說趙國，再勸趙國遊說秦國，而燕昭王則另外派人聯絡楚、魏兩國。當時各國對齊國的實力既敬畏又看不順眼，紛紛同意了燕國的提議，共同組成強大的五國聯軍。

聯軍組成後，樂毅爲聯軍統帥，燕國封他爲上將軍，趙國將相國大印給他，舉兵攻齊，大破齊國主力於濟水西岸。各國見齊國已敗，紛紛撤軍回去，只剩下樂毅率領燕國大兵繼續追殺。燕軍一路殺到齊國首都臨淄，齊湣王逃之夭夭，樂毅破城後，將臨淄所有財寶和物資通通運回燕國。燕昭王大喜，親自到前線勞軍，封樂毅爲昌國君，訓勉他繼續努力。樂毅留在齊國，花了五年時間，攻下齊國七十多城，只剩下莒城和即墨城久攻不下。這時，燕昭王過世，新繼任的惠王在當太子時和樂毅有仇。齊國將領田單得知此事，派人到燕惠王面前說閒話：「樂毅遲遲不攻下齊國僅存兩城，是想在齊國自立爲王。齊國現在誰都不怕，就怕燕國派其他將領來。」愚蠢的燕惠王聽信讒言，派騎劫去取代樂毅的位置，而將樂毅召回。樂毅怕燕惠王會找他麻煩，不敢回去，便投奔趙國。趙王知道樂毅名動國際，封他爲望諸君，以警惕其他對趙國有野心的國家。失去樂毅後的燕國果然一敗塗地，大軍被田單趕走，齊國順利復國。燕惠王深感懊悔，又怕趙國重用樂毅來攻打燕國，於是派人去責怪他。樂毅寫了一封不卑不亢的回信給燕王，取得諒解後，順利遊走燕、趙之間，一直到去世。

諸葛亮自比樂毅的用意很明顯。樂毅身處亂世，想要奉獻有用之身，諸葛亮未曾不是？如果拿兩個時代來做比較的話，劉備這方可說是戰國時代的燕國，曹操則是齊國，齊強燕弱，猶如曹強劉弱。燕昭王禮賢下士，希望吸引人才投靠，劉備的處境也是如此。樂毅受到燕國重用後，勸昭王不可和齊國硬碰硬，應該先聯合其他強權作爲抗衡；諸葛亮被三顧茅廬時，勸劉備不可和曹操硬碰硬，應該先聯合孫權作爲抗衡。這恐怕不是巧合吧，而是諸葛亮對樂毅的有意模仿或積極效法。後來劉備、孫權結合反擊曹操，發動赤壁之戰，與燕國與趙、魏、秦、楚聯合攻齊的模式也如出一轍。各國聯軍得勝後，紛紛撤退，只有燕軍繼續攻打齊國，可見樂毅不只要求勝利，還要消滅對方。孫權向來沒有統一天下的雄心壯志，他願意和劉備同盟，也只是爲了穩定東吳偏安的局面。諸葛亮則不同，他不只想幫劉備搶地盤，還要消滅曹操，這與樂毅的心態亦復相同。樂毅的優點不在出奇制勝，而是治軍嚴整、穩重，諸葛亮亦然。

樂毅在前面打仗，忽略了後方的經營，這是後來他功敗垂成的關鍵。身爲人臣，不只要得到君王信任，更要在朝廷中廣結善緣，厚植自己的勢力，尤其要與太子保持良好關係，否則君王一旦掛了，太子即位後，以前曾有過節的人就慘了。樂毅忽略這點，讓諸葛亮日後引以爲戒。他不只要得到劉備的信任，也要搞定劉備身邊的人和底下的人。劉備身邊的親信是關羽和張飛，尤以關羽最難搞定。關羽是很驕傲的人，他唯恐諸葛亮可能搶去自己在劉備心中的地位，常常表現出不高興的樣子，劉備花不少時間跟他強調，自己跟諸葛亮是「魚幫水，水幫魚」的關係，諸葛亮也努力用自己的實力和手腕化除關羽對他的成見。這種努力的成果是看得見的，連關羽都能搞定，其他人就簡單多了。劉備死前，要太子劉禪將諸葛亮當成「第二個老爸」看待，無疑也提升了諸葛亮的地位。但如此一來，諸葛亮就可沒有後顧之憂，全力對抗曹操了嗎？為了以防萬一，他平日會在朝廷中安插自己的親信，結交政治立場不同的大臣，每次出征前，都還得苦口婆心，要劉禪多聽某某人的話。這些某某人其實就是諸葛亮的親信，用以確保劉禪不會「變壞」。以著名的〈出師表〉為例，諸葛亮要去北伐了，特地寫信給劉禪，不斷提醒皇帝，我諸葛亮是先帝劉備的託孤重臣，此去不知何時能回來，你可別忘了我，去聽信小人之言喔。為了讓劉禪在他遠離時，不至於有出軌舉動，諸葛亮特地開了一張名單，要劉禪多聽他們的建言：「侍中、侍郎郭攸之、費依、董允等，此皆良實，志慮忠純，是以先帝簡拔以遺陛下：愚以為宮中之事，事無大小，悉以咨之，然後施行，必得裨補闕漏，有所廣益。將軍向寵，性行淑均，曉暢軍事，試用之于昔日，先帝稱之曰『能』，是以為議舉寵為督：愚以為營中之事，事無大小，悉以咨之，必能使行陣和睦，優劣得所也。……侍中、尚書、長史、參軍，此悉貞亮死節之臣也，願陛下親之、信之，則漢室之隆，可計日而待也。」這些名單中，尤其以董允最讓劉禪「顫抖」。董允是劉禪的老師，嚴格異常。劉禪很喜歡太監黃皓，董允嚴厲禁止這種行為，劉禪也只能照辦。

正因為諸葛亮在這些小細節下了許多功夫，劉禪對他言聽計從，也對他派去「輔佐」的人畢恭畢敬，始終任由他去做任何事情，諸葛亮能「為所欲為」，事先的苦心經營很重要。

諸葛亮年輕時以管仲、樂毅為偶像，力求模仿之，後來的事實也證明，他的確文武雙全，替蜀漢開闢了前所未有的新局。羅貫中很崇拜諸葛亮，在寫《三國演義》時，常常加以吹捧，有一段甚至假托司馬徽之口，竟說諸葛亮比管仲、樂毅還偉大：

玄德曰：「元直臨行，薦南陽諸葛亮，其人若何？」徽笑曰：「元直欲去，自去便了，何又惹他出來嘔心血也？」玄德曰：「先生何出此言？」徽曰：「孔明與博陵崔州平、潁川石廣元、汝南孟公威與徐元直四人爲密友。此四人務于精純，惟孔明獨觀其大略。嘗抱膝長吟，而指四人曰：『公等仕進可至刺史、郡守。』爲問孔明之志若何，孔明但笑而不答。每常自比管仲、樂毅，其才不可量也。」玄德曰：「何潁川之多賢乎！」徽曰：「昔有殷馗善觀天文，嘗謂群星聚于潁分，其地必多賢士。」時雲長在側曰：「某聞管仲、樂毅乃春秋、戰國名人，功蓋寰宇；孔明自比此二人，毋乃太過？」徽笑曰：「以吾觀之，不當比此二人；我欲另以二人出之。」雲長問：「那二人？」徽曰：「可比興周八百年之姜子牙、旺漢四百年之張子房也。」爲皆愕然。徽下階相辭欲行，玄德留之不住。徽出門仰天大笑曰：「臥龍雖得其主，不得其時，惜哉！」言罷，飄然而去。玄德嘆曰：「眞隱居賢士也！」

這段話只可當成羅貫中對諸葛亮的評價，不可視爲史實。實際上，以結果論來看，諸葛亮由無生有，一手開闢出來的蜀漢帝國，只有幾十年壽命，與周朝的八百年、漢朝的四百年相比，均差距甚多，羅貫中顯然言過其實。如果將諸葛亮的成就比擬爲管仲或樂毅，這就當之無愧，甚至有過之而無不及。晉朝的張輔曾比較諸葛亮和樂毅的優劣，認爲樂毅聯合五國的兵力攻打齊國，這不能說是強大；跟齊國大戰時血流成河，這不能說是仁義之師。但諸葛亮就不同了，他用蜀國單薄的兵力跟魏國對打，魏國只敢守不敢攻，這才叫做強大；行軍時秋毫無犯，跟敵人百姓相處融洽，這才叫做仁義之師。張輔的這種比較，很有說服力。

附帶一提的是，管仲是治國良才，樂毅是不世出的大將，諸葛亮有意效法兩人，顯然是希望自己能文武雙全，能精通治國、軍事之道。文武雙全一直是古代人對「士」的基本要求，先秦做得最徹底，後來文、武逐漸分工分家，能夠允文允武的「士」越來越少，不是文弱書生，就是有勇無謀的莽夫。雖然說分工與專業是必要的，但越專業的人，他的常識就越缺乏。諸葛亮能夠具備「通才」的理想，並能以身作則，這是很難得的。很可惜的是，目前台灣的環境，實在缺乏培育諸葛亮的條件。國民政府遷都來台之初，一開始的高中教育是不分組的，後來慢慢分為文、理兩大組，文組學生不必讀物理、化學，理組學生不必讀歷史、地理，雙方各有所偏，當然也各有所缺。這種風氣盛行後，各校趨之若鶩，或以「文組名校」自居，或以「理組桂冠」自抬身價，只有當時新竹中學的辛志平校長不以為然，他堅持「通才教育」，堅持所有學生都要學習三年的物理、化學、生物、歷史、地理等等，甚至連音樂、體育等「副科」也嚴格要求，音樂要考樂理、要能彈奏鐵琴，體育要會游泳和五千公尺跑山，因此被當而無法畢業的不乏其人，新竹中學因而為台灣訓練出一批眼界較為開闊之人。但也因為不分組，竹中的升學率逐年下滑，辛志平校長晚年實在無法抵擋這股「社會潮流」，只有勉強分組。事隔多年後，社會潮流逆轉，批評專業太過、分工太細的聲浪日漸高漲，現在考大學的人多要面對「基本學力測驗」，考國文、英文、數學、自然、社會五科，等於是對以前分組的一種反動！這太有趣了，分不分組莫非也有「合久必分，分久必合」的規律存在？只是，誰又能保證下一陣潮流不會再度強調「專才」呢？諸葛亮只有一個，這大概是歷史的必然吧。

交益友——交友以自大其身

■文化襄陽

一九五九年十一月五日，胡適寫封信給趙元任，裏頭有段話說：「『交友以自大其身，求士以求此身之不朽』，這是李恕谷的名言，我曾讀了大感動。」李恕谷是清代學者，他這兩句名言的意思是，交朋友的目的在造成自己生前的勢力，但尋找知己和接班人，卻是想造成自己死後的勢力。

胡適會這麼感動，跟他自己的遭遇不無關係。他名滿天下，又喜歡交朋友，上至達官顯貴，下至賣芝麻餅的小販，胡適都能跟他們交心通信。他在生前顯然做到了「交友以自大其身」的目的，影響力極大，思想因而能四海傳播。跟他有一面之緣的人，動輒喜歡以「我的朋友胡適之如何如何」，來自我提高身價。胡適如此，諸葛亮亦然。

諸葛亮在隆中隱居十年（西元一九七至二〇七）。他十三歲時，和弟弟諸葛均以及兩個姐姐離開山東老家，跟隨叔父諸葛玄流轉四方。諸葛玄擔任豫章太守約一年多，不幸在南昌西城一次民變中被殺，諸葛亮、諸葛均以及兩個姐姐都極為悲痛。面對那麼黑暗而混亂的社會，諸葛亮仿效東漢末年名士、學者不願做官而在家隱居的做法，帶著弟弟諸葛均，來到襄陽城西約二十里的隆中寓居下來。

隆中是個美麗的小山村。周圍群山環抱，環境幽雅。村裏「猿鶴相親，松相交翠」。主峰樂山（即隆中山）高達數百公尺，古木參天，樹林如海。登上樂山頂峰遠眺襄陽，全城歷歷在目。向北俯視山下，沔水如一條玉帶，繞著樂山緩緩向東流去。樂山西側的古泉——老龍洞，一股股清泉源源不斷流出，灌溉著山谷數十畝田園，使田間禾苗茁壯，鬱鬱蒼蒼。《三國演義》的作者羅貫中對隆中秀美幽靜的景色，作了淋漓盡致的描繪：「山不高而秀雅，水不深而澄清，地不廣而平坦，林不大而茂盛。」隆中至襄陽城，只需步行一個多小時。由於襄陽地理位置適中，交通方便，南來北往的人很多，各地瞬息萬變的局勢，不到一、二天即可在這裡傳開。諸葛亮隱居此地，不僅有一個幽靜的學習環境，而且外出尋師訪友，交游士林也極爲方便。

談到這裡，不得不介紹一下當時的襄陽。那眞是東漢末年一個太特別的城市，地理條件優越，水陸交通極爲便利，被稱爲「水陸之衝」。從陸路來說：由襄陽往北，經新野、宛，可到京都洛陽；往南，經宜城、當陽、江陵，可到漢壽（今湖南常德市），再南可至交州、番禺（今廣州市）一帶，這是一條貫穿南北的主要驛道。東漢時每三十里設一驛站，配有馬匹，可迅速傳遞命令和消息，也有利於物資和文化的交流。從水路來說：發源於陝西漢中地區的沔水，橫貫襄陽、樊城。當時沔水資源極爲豐富，江上帆船齊布，百舸爭流，成爲陝、鄂間主要交通動脈。由襄陽往西，沿沔水經穀城、老河口、鄖縣可至漢中。折回襄陽往東，可沿沔水而下直達夏口（今武昌）、秣陵（今南京）。

襄陽在東漢時期還是一個經濟繁榮地區，是士族、名士聚集之地，諸如龐、黃、蔡、蒯、習、馬、楊等名望士族，時人號稱「冠蓋里」。東漢末年這些家族的代表人物有：龐家的龐德公、龐統、龐林、龐山民等；黃家的黃承彥；蔡家的蔡諷、蔡瑁；蒯家的蒯越、蒯良、蒯祺；馬家的馬良、馬謖；習家的習禎；楊家的楊慮、楊儀、楊顒等。這些大族之間，都有各種千絲萬縷的聯繫。荊州牧劉表就是依靠這些人，才在襄陽立腳的。劉表爲了鞏固和這些士族的聯繫，還娶了蔡瑁的姐姐爲後妻，也因此在劉表的政權裏，蔡家、蒯家擔任的職務最高，權力最大，他們左右一切，控制劉表政權。

從社會經濟方面來說，東漢朝廷當時的財政收入主要靠襄陽，每年都派得力的官吏來襄陽「督租糧」。史書記載說：「自中平（西元一八四至一八八年）以來，荊州獨全，及劉表為牧，民又豐樂。」從西元一九七年到西元二〇七年之間，襄陽是一個比較安定的地方，成了戰爭的緩衝地帶，成了人們流亡棲息之地。當時從各地來此避難的人很多，這些人大致可分為三部分：一部分是素有教養和學識的學者、俊傑，一部份是各地一些因戰亂棄官而來的下級官吏，一部份是因戰禍而無法生活的人民。這三部分人來到荊州，不僅帶來北方較先進的生產技術和經驗，有利於開發襄陽，而且在傳授知識、培養人才、進行文化交流方面的作用很大。更重要的是，他們帶來了北方各軍閥的政治和軍事資訊，對以後諸葛亮思想的發展影響深遠。

在隆中十年，表面上諸葛亮只種田、讀書，實際上卻四處廣交良師益友，擴張影響力。如果我們以為他是「安分」的農夫、讀書人，那就錯了。當然，這並不是說他「不安於室」，而是說他種田和讀書、交友一樣認眞，經常和弟弟諸葛均一起親自耕種土地，用他自己的話說，就是「躬耕於南陽」。諸葛亮眞的會「躬耕」嗎？很多人懷疑，這只是一種藉口。但事實上，東漢末年，中下層名士、學者親自下田耕作是極普遍的現象，如流寓東吳的徐州人士步騭，便「種瓜自給」。又如鍾離牧親自墾田，種稻二十餘畝，快熟透時，他對縣民說：「本以田荒，故墾之耳。」將稻米與縣人共享。

又如司馬芝從中原避亂荊州，居住十幾年，也還是「躬耕守節」。司馬徽經常自己鋤園，史書上說，有一次劉表的次子劉琮去拜會司馬徽，恰逢司馬徽在園子裏勞動，劉琮的左右就問他：「司馬先生在嗎？」司馬徽答曰：「我就是。」劉琮左右見他醜陋，就罵他說：「死庸！將軍諸郎欲求見司馬君，汝何等田奴，而自稱是邪！」司馬徽回到屋裏換上頭巾，出來相見。劉琮左右發現司馬徽就是原來鋤草的老頭，嚇住了，急忙向劉琮報告。劉琮聽後，急忙「叩頭辭謝」。司馬徽不僅自己鋤園，還親自上樹採桑。現在隆中附近的人民中，還廣泛流傳諸葛亮躬耕的傳說和故事。隆中十景之一的「躬耕田」，已成爲人民瞻仰的重要遺跡。

對諸葛亮來說，當時的荊州治安良好，社會安定，學術極爲發達，不管是本土的、外來的學者，都能在這裏與其他人互相激蕩、交流，除了能增廣見聞，也能幫自己打開知名度，以後機會一來，還可彼此推崇、推薦，互蒙其利。不好好把握這個良機，是很可惜的。換言之，這是一種人脈的建立。不管在任何時代、任何社會，人脈總是拓展人際關係最重要的利器。很多人不曉得，以爲古人不必靠人脈就能天下知名，眞是天大的誤會！司馬遷在他的《史記》中，曾引用孔子「君子疾沒世而名不稱焉」的話，認爲人最害怕的事，莫過於默默無聞地死去，像伯夷、叔齊這麼賢能的人，像顏回這麼用功讀書的人，若不是大名鼎鼎的孔子四處爲他們宣傳，誰又能知道他們的大名呢？司馬遷有感而發，說：「閭巷之人，欲砥行立名者，非附青雲之士，惡能施於後世哉？」意思是說，一般人如果想有名於天下，怎麼能不去依附「青雲之士」呢？話中帶有無奈，卻點出了事實。

■司馬徽的「特異功能」

就以劉備三顧茅廬爲例好了，如果諸葛亮眞是一個默默無聞的讀書人，劉備如何知道他的大名？劉備急忙要去見諸葛亮，除了諸葛亮本身有超眾的才華使劉備傾倒之外，其次是有朋友向劉備大力推薦他，再者就是諸葛亮與襄陽地區豪強勢力龐德公、荊州地區統治集團中的實權派蔡氏和蒯氏，以及失寵的劉琦等三股勢力都有密切聯繫，使他成爲荊州具有勢力和影響力的重要人物。劉備去拜訪他，取得他的支援，進而控制他，便可以利用他在荊州地區的勢力和影響，取得三股勢力的支援和信賴，得以在荊州站住腳，最後在軍閥混戰中取勝，達到復興漢室的目的。這樣看來，「交友以自大其身」的眞正意涵，不僅在於互相推薦、幫助而已，還可以成爲一個具有影響力的團體，引人側目與重視。

向劉備推薦諸葛亮，從中穿針引線的關鍵兩人，一個是司馬徽，一個是徐庶。司馬徽是荊州著名的隱士。一個人能隱居到很有名氣，當然是很厲害的。但他並不是爲了當官才先隱居的，而是他有「知人鑒」，能從對方的面相、體格、談吐中，迅速判斷出對方是什麼樣的人。也因爲他看人奇準，讓他讚美的人日後都成了大器。如果他生在今天，大概有機會被貼上GMP或ISO9002的品質認證標誌。這種神奇的「特異功能」，在東漢末期到魏晉南北朝時是一大顯學，不但有這方面教科書《人物志》的出現，《世說新語》還特闢〈識鑒〉篇，專章舉出類似的例子，如喬玄看到還是小孩子的曹操，就斷定此人是「亂世之英雄，治世之奸賊」；又如裴潛判斷劉備在中原沒搞頭，在邊疆卻「足爲一方之主」。

司馬徽也有這種專長，一些想趁機出名的人常會來找他，看看能否被「加持」、「灌頂」後一炮而紅。最有名的例子是龐統。龐統小時候很「樸鈍」，大家都覺得他不怎麼樣，他不甘心，二十歲那年去找司馬徽，碰巧司馬徽在樹上採桑葉，龐統便坐在地上跟他抬槓，兩人從白天聊到晚上，司馬徽覺得這年輕人太優了，不久後就宣布他是「南州士之冠冕」（南方最棒的知識份子），從此龐統的名氣開始響亮起來。

諸葛亮是如何跟司馬徽搭上線的？他的方式似乎跟龐統不同。他的姊姊嫁給襄陽著名的隱士龐德公，諸葛亮常到龐家串門子。有次龐德公外出掃墓，諸葛亮看到一個陌生人跑進來，開口就要他姊姊煮飯做菜，他心裏感到非常訝異。後來龐德公回來，一問之下，諸葛亮才知道這位「喧賓奪主」的人就是司馬徽，他們也因此而認識。

司馬徽對諸葛亮的評價如何？劉備曾拜訪司馬徽，問他對天下大事的看法，司馬徽說：「我是儒生俗士，怎麼會知道時務？識時務者爲俊傑，我們這一帶有兩位俊傑，一個伏龍，一個鳳雛，你可去問他們。」飄零已久的劉備一聽，大喜過望，忙問是誰，司馬徽便推薦伏龍諸葛亮和鳳雛龐統。伏者潛伏也，伏龍就是躲起來的龍。龍爲何要躲起來呢？「龍非池中物，一飛可沖天！」原來，伏龍正在等待沖天的機會啊。司馬徽將諸葛亮比爲伏龍，可見評價之高。

■徐庶的強力推薦

司馬徽推薦諸葛亮和龐統給劉備，奇怪的是，劉備有點「鐵齒」，居然沒有立刻登門拜訪。日後還是剛來投靠的徐庶對劉備說：「諸葛孔明者，臥龍也，將軍豈願見之乎？」劉備滿器重徐庶的，便回答：「你帶他來吧！」哈，原來劉備是這種心態，認爲人才會自動來投靠他，不必他親自去網羅。徐庶的回答很妙，說：「面對這種人，你要親自去見他，不能叫他來見你，你就親自跑一趟吧。」劉備聽了，才動身去找諸葛亮。若沒有徐庶這番話，劉備恐怕請不到諸葛亮，以後的三國鼎立也別談了。

現在經濟景氣差，失業率嚴重，公司老闆大多抱持等待人才來投靠的心態，儘管這種方式也可吸引人才前來，但別忘了，公司在招考新進人員時，固然是公司挑人，也未嘗不是人挑公司。公司若不能提供好的環境、福利，眞正的人才是不會來的，縱使來了，也很快就跑了。有些政府官員喜歡呼籲失業者「先求有，再求好」，卻不呼籲企業進行內部改革，在這樣的情況下，「伏龍」會來嗎？伏龍沒機會飛天，對企業也沒有好處。

徐庶原本是北方人，喜歡習武擊劍，又好管閑事，曾替人報仇被官府抓起來，正要砍頭之際，他以前的狐群狗黨出來救了他。經過這次教訓，他棄武學文，折節學問，然而同學認爲他有「作賊」的前科，不願理他。徐庶心中毫無怨恨，不斷努力，後來總算交到好朋友。北方戰亂多，他到荊州避難，「與諸葛亮特相善」。爲什麼他們的交情會特別好呢？這是因爲氣質接近，互相吸引吧。

談到徐庶，很多人都會想起《三國演義》中的說法，刻板地認爲徐庶之所以推薦諸葛亮，是因爲曹操拿他母親當人質，要他投效曹操，他不得已，只好離開劉備。他本來已經走了，卻又回頭向劉備推薦諸葛亮。推薦諸葛亮的那段情節十分有名，也很精彩，卻有牛頭不對馬嘴之嫌：

正望間，忽見徐庶拍馬而回。玄德曰：「元直復回，莫非無去意乎？」遂欣然拍馬向前迎問曰：「先生此回，必有主意。」庶勒馬謂玄德曰：「某因心緒如麻，忘爲一語：此間有一奇士，只在襄陽城外二十里隆中。使君何不求之？」玄德曰：「敢煩元直爲備請來相見。」庶曰：「此人不可屈致，使君可親往求之。若得此人，無異周得呂望、漢得張良也。」玄德曰：「此人比先生才德何如？」庶曰：「以某比之，譬猶駑馬並麒麟、寒鴉配鸞鳳耳。此人每嘗自比管仲、樂毅；以吾觀之，管、樂殆不及此人。此人有經天緯地之才，蓋天下一人也！」玄德喜曰：「願聞此人姓名。」庶曰：「此人乃琅琊陽都人，複姓諸葛，名亮，字孔明……所居之地有一岡，名臥龍岡，因自號爲臥龍先生。此人乃絕代奇才，使君急宜枉駕見之。若此人肯相輔佐，何愁天下不定乎！」玄德曰：「昔水鏡先生曾爲備言：『伏龍、鳳雛，兩人得一，可安天下。』今所云莫非即伏龍、鳳雛乎？」庶曰：「鳳雛乃襄陽龐統也。伏龍正是諸葛孔明。」玄德踴躍曰：「今日方知伏龍、鳳雛之語。何期大賢只在目前！非先生言，備有眼如盲也！」……徐庶薦了孔明，再別玄德，策馬而去。

這段文字純粹是小說家之言，不合史實。事實上，諸葛亮來劉備陣營後，還曾跟徐庶同事一段時日，直到劉備又被曹操追殺，在赤壁之戰發生前，才有徐庶不得已歸降曹操一事。只怪羅貫中的文筆太好，影響力太大，居然能寫得如此逼真。不只如此，《三國演義》寫劉備正要去拜訪諸葛亮，突然又有人來訪：

卻說玄德正安排禮物，欲往隆中謁諸葛亮，忽人報：「門外有一先生，峨冠博帶，道貌非常，特來相探。」玄德曰：「此莫非即孔明否？」遂整衣出迎。視之，乃司馬徽也。玄德大喜，請入後堂高坐，拜問曰：「備自別仙，因軍務倥傯，有失拜訪。今得光降，大慰仰慕之私。」徽曰：「聞徐元直在此，特來一會。」玄德曰：「近因曹操囚其母，似母遣人馳書，喚回許昌去矣。」徽曰：「此中曹操之計矣！吾素聞徐母最賢，雖爲操所囚，必不肯馳書召其子；此書必詐也。元直不去，其母尚存；今若去，母必死矣！」玄德驚問其故，徽曰：「徐母高義，必羞見其子也。」

羅貫中爲了強化徐庶投靠曹操的委屈與倒楣，不惜假借司馬徽之口，又編出這段駭人聽聞的故事，有意醜化曹操是害死徐庶母親的間接兇手。羅貫中如果活在今天，一定可以當個很稱職的八卦雜誌記者。

徐庶回到北方後，諸葛亮很懷念這個老朋友。後來北伐時，聽說徐庶擔任右中郎將、御史中丞的小官，他很感嘆地說：「魏國這麼多人才啊？徐庶怎麼沒受到重用呢？」曹操沒重用徐庶是實情，但徐庶有沒有發誓不幫曹操設一謀，這就不知道了，羅貫中在這個缺口上加油添醋，想當然爾，也是小說筆法。

諸葛亮晚年時，曾說：「昔初交州平，屢聞得失；後交元直，勤見啓誨。」元直是徐庶的字，他對諸葛亮除了有推薦之恩，當然也有盡到朋友之職，時時對諸葛亮「勤見啓誨」。

這裏要補充說明一點的是，爲何司馬徽向劉備薦賢時提了「伏龍」和「鳳雛」兩人，而徐庶卻只提「臥龍」而不提「鳳雛」呢？這是因爲司馬向劉備薦賢是在建安六年（西元二〇一年），而徐庶薦賢，根據建興五年（西元二二七年）諸葛亮自撰〈出師表〉推斷，諸葛亮〈隆中對〉和離隆中輔佐劉備的時間是建安十二年（西元二〇七年）。而劉備「三顧茅廬」，正是徐庶推薦的直接結果，那麼徐庶薦諸葛亮的時間，至遲也不會晚於建安十一年，這就比司馬徽要晚四、五年時間，而這時龐統已不在襄陽。根據《三國志・龐統傳》記載：「後郡命爲功曹……吳將周瑜助先主取荊州，因領南郡太守。瑜卒，統送喪至吳。」盧弼在《三國志集解》作注曰：「功曹略云：龐統爲南郡功曹，在周瑜領南郡太守之前，當在劉表之世。」由此可知，龐統在建安十一年前，已在南郡擔任周瑜功曹，所以徐庶只向劉備推薦諸葛亮是有道理的。

■其他的益友

我們可以說，諸葛亮早期的人格養成，好朋友在旁的貢獻良多，除了前述的司馬徽、徐庶，當然還有崔州平、孟公威、石廣元、龐德公等人，這幾人都是諸葛亮在荊州隱居時認識的。

「昔初交州平，屢聞得失」，崔州平很能指出諸葛亮的優缺點，這讓諸葛亮在晚年時還懷念不已。然而一般人可不喜歡認識這種朋友，大家寧可結交能互相恭維的人當朋友，相處時舒服多了。這當然也是諸葛亮和一般人不同之處，他能心平氣和接受別人的批評，作爲以後改進的參考。諸葛亮的這種人格特質，一直延續一輩子。蜀國滅亡後，晉武帝問蜀國遺老樊建：「諸葛亮如何治國？」樊建回答說：「聞惡必改，而不矜過。」聞惡必改，這是多麼寬廣的胸襟！

這種例子，在諸葛亮之前也有。戰國時代的齊威王原本是個很糟糕的國君，後來受到手下的刺激，決定要「不鳴則已，一鳴驚人」。他的做法很有趣，要老百姓檢舉出他的缺點，他會重重有賞。此令一出，朝廷天天大排長龍，全國人民等著說他的缺點。這對平常人來說，是多麼大的打擊，原來自己有這麼多缺點！但齊威王不是一般人，他接受了這些人的批評，並知過能改。幾個月後，沒人說他的缺點了，齊國在他的治理下，突飛猛進，成了超級強權。

崔州平這種朋友不全然是批評諸葛亮的，諸葛亮有優點，他也會讚美。例如諸葛亮還沒遇到劉備時，喜歡自稱有樂毅、管仲之才。管仲、樂毅是何等人物，別人當然認爲他在吹牛，獨獨崔州平和徐庶深有同感，認爲諸葛亮眞的是這塊料。

諸葛亮在荊州，大抵是和這些人玩在一起的，但彼此學習的方式很不相同。其他人是「務於精熟」，也就是將書本讀得滾瓜爛熟，諸葛亮卻是「觀其大略」，只是懂其中大概的意思就好了。「務於精熟」是傳統中國的學習方式，到現在還是受到大家的肯定。但這種方式的缺點是視野太窄，因爲要讀熟一本經典，總要花上好多時間，只能培養出專家。而「觀其大略」則可瀏覽群書，視野更廣闊，眼光更高遠。可惜的是，諸葛亮這種讀書方式，一直沒在傳統中國生根，到了明清兩代，更將視野侷限在四書五經中。我們身在這種文化氣氛中，感覺不到問題所在，不妨從晚清末年的《紐約時報》中，看看美國人是怎麼觀察中國的，一八七五年七月六日的報導中說：

學堂是個非常吵雜的地方，全體孩子都在同一時刻扯著他們最大的嗓門在叫喊著。他們這樣作的目的是爲了能把他們正朗讀的課文背誦下來。當他們覺得自己能背下那些內容後，就去找校長，然後背對著校長，表示他們無法看到校長手中的課本，並開始一字不差地複述他所學到的內容。這種教育方法是塡鴨式的，用這種教育方法教育學生，誰記憶力最好，誰的成績就最突出，而這種做法似乎貫穿於大清國的整個教育過程中。當我發現這些小傢伙正朗讀的課本並不是什麼兒童入門之類的書籍，而是大清國的經典著作時，其驚訝程度可想而知。有人指給我看的一位男孩正朗讀著孟夫子的作品……能背誦孔孟的著作當然是好的，但如果僅僅把一些簡單的詞句硬塞進一個人的腦袋裡，這絕對算不上是最好的教育方法……把教育模式限制在如此狹窄的道路上，致使人的心智就像清國婦女的小腳一樣被擠壓而萎縮……

這段話看在任何中國人的眼裡，都會覺得非常沈痛，但又是那麼一針見血。爲什麼我們的歷史上只有一個諸葛亮？原因不言可喻。

正因爲諸葛亮的讀書方式與眾不同，他很能看到其他人「務於精熟」的缺點。和石廣元、徐庶、孟公威等朋友聊通宵時，他的招牌動作是「抱膝長嘯」，口頭禪是對這些朋友說：「你們的本事，大概可以做到刺史或郡守的位置。」三人便追問他自認爲能做到什麼官，他「但笑而不言」。爲什麼要「笑而不言」？因爲他有自知之明，知道以自己的才華、遠見，勝任宰相也游刃有餘。眞正的宰相是有大智慧、大眼光的，這也就是他爲何佩服管仲和樂毅的原因。

對諸葛亮來說，龐德公是他的姊夫，也是良師益友。龐德公是荊州襄陽人，是龐統的伯父，平日隱居在峴山南方，很少去襄陽城，但關心天下事，也有識人之明。他曾讚美諸葛亮爲臥龍，龐統爲鳳雛，司馬徽爲水鏡。荊州刺史劉表曾多次派人請他出山相助，他都拒絕了，最後劉表親自出馬，到他府上拜訪：「保全自己，不如也出來保全天下吧。」龐德公的回答很妙：「鴻鵠在高樹上築巢，傍晚時就能回家休息；黿鼉在深淵中挖穴，晚上了就能回去睡覺。人的志向與興趣，也可以比擬爲巢穴，你的巢穴在天下，我的巢穴在這裡，各得其所，不是很好嗎？」說完後，繼續跟老婆下田耕種。劉表不死心，又問他：「你不當官，偏要這麼辛苦工作，將來要留下什麼給後代子孫呢？」龐德公回答：「你們留給子孫的都是很危險的東西，我留下的卻最安全。」劉表聽了，只好嘆息而去。

龐德公這番話，頗能發人省思。一般人的觀念是，要將最好的東西留給子孫。但什麼才是最好的？金銀財寶？在龐德公看來，這剛好是最危險的，正足以替子孫招來災難，不如能讓他們平安過日子就好。爲什麼說是災難？因爲死後龐大的遺產，往往引起家族成員的反目，兄弟鬩牆都有可能。原本都是一家人，卻爲了金錢的緣故，搞得殺氣騰騰、怒目相對，這又何苦來哉？報載某政黨前主席的子女，就是爲了父親的遺產而對簿公堂。又根據二〇〇〇年十二月十九日的報紙報導：一位老榮民娶了一名精神病人，生下二名幼兒，從小由台中市光音育幼院撫養，去年這名老榮民在家過世五天，才被人發現，光音育幼院出面收屍，辦理喪事，等到處理遺產時，一大串親屬跑出來，還有大陸來的親屬分家產，讓育幼院不禁感嘆世態炎涼。

呵呵，這種世態炎涼，豈止是身後事而已，隨便一翻二〇〇二年的報紙，左一則台中的新聞，說一位七十六歲的老太太罹患癌症，因爲土地和兒女共有，四名女兒要求分割繼承，經過多次協調不成，女兒上法院告母親，和媽媽站在同一邊的兒子也被告。右一則桃園的新聞，說一名七十三歲的婦人被告上法院，而告她的是自己六名親生女兒，她們指控母親財產分配不均，結果打贏了民事部份，接著要進行刑事訴訟，這些女兒還說：「要把媽媽告到坐牢！」呵呵，金錢再多，又有何用？中國傳統思想是「肥水不落外人田」，殊不知最後落入自己人手中的，不是肥水，而是水肥啊。反而在國外，他們比較能接受遺產捐贈的觀念，一位生前生活儉樸的新加坡老婦人，立下遺囑，將她絕大部分的遺產一百九十多萬美元，捐給慈善機構，只留下一萬多美元給她毫無怨言的三名兒女。一名生前沒沒無聞的西班牙老婦艾莉莎巴茲格斯，過世前曾留下遺囑，表明將所有的一百二十萬歐元遺產捐贈給塞維亞地區的貧民。

至於諸葛亮，他常往姊夫家跑，龐德公的這種觀念，對他影響很大。日後儘管他當到宰相，仍然不改儉樸本色，忠義傳家，曾寫封信告誡兒子諸葛瞻：

夫君子之行，靜以修身，儉以養德。非淡泊無以明志，非寧靜無以致遠。夫學須靜也，才須學也，非學無以廣才，非志無以成學。淫慢則不能勵精，險躁則不能治性。年與時馳，意與日去，遂成枯落，多不接世，悲守窮廬，將複何及！

在這封信中，很可看出他的修養之道，要靜，要學，要立志等等。在他死前，曾寫封信給後主劉禪，說：

臣家成都有桑八百株，薄田十五頃，子弟衣食，自有餘饒。至于臣在外任，別無調度，隨身衣食，悉仰于官，不別治生，以長尺寸。臣死之日，不使內有餘帛，外有贏財，以負陛下也。

他很清楚知道，留太多財產給子孫，只會帶來大難而已，不如清貧度日，能夠餬口就好。諸葛亮辛苦一輩子，身後只留下桑樹八百棵，田地十五頃，看似寒酸，其實是給後世子孫最好的禮物，這和龐德公的想法是多麼接近！這種觀念，值得我們發揚光大。

有了這些良師益友，諸葛亮在二十七歲之前，就已經努力在自我提升、學習、修養，他往後的所作所為，都是在這個基礎下延續下去的。

【第二篇】

平步青雲的秘密

超完美企畫案——隆中對

西元二〇七年，東漢建安十二年，在隆中，諸葛亮二十七歲。冬天，諸葛亮離開了居住十年的隆中，這裏就只剩下他的故宅——竹籬草廬，即所謂「龍離廬空」了。在這裏，他躬耕隴畝，嘯東巒，聚名人志士於山林之中，高詠〈梁父吟〉於溪畔岩端，秀麗的隆中山林布滿了他的遺跡。人們為學習這些可貴的歷史遺跡，也為了紀念這故跡，對這些遺跡或「原所有而著其跡」，或「因所有而昭其節」。其中，三顧門是隆中最早有記載的古蹟之一。

經千餘年的建設和維修，在明朝中期，隆中就形成了以三顧堂為中心的六角井、躬耕田、小虹橋、老龍洞、梁父岩、半月溪、古柏亭、野雲庵、抱膝石等十景，成為文物風景區。明朝弘治二年（西元一四八九年），隆中諸葛亮的故居因襄簡王朱見淑為爭風水寶地而破壞。此後，又經數百年的恢復和重建，增加了草廬亭、抱膝亭、觀星台、武侯祠、石牌坊、荷花池、銅鼓台、中正堂、襄王陵等景點。

現在，隆中景點多為明、清時代建築，房屋皆為四合院式，殿堂只帶前廊，為木列架和硬山牆組合，不飾鬥拱飛檐。搏風有彩繪，牆頭尖除中央翹起外，兩角常飛出雙龍或雙鳳。頂脊花錦繁衍，頂面只疏點人獸，龍吻輕巧，建築風格樸實、素雅而多采。

■環境分析

就在這一年，諸葛亮對三次前來隆中拜訪的劉備，提出自己對天下大勢的分析與預言。這段精闢的見解，史稱〈隆中對〉。〈隆中對〉不但決定了日後三國鼎立的態勢，也成爲後世各種策略規劃的典範。根據陳壽《三國志》的記載，劉備當時是這樣徵詢諸葛亮的：

漢室傾頹，姦臣竊命，主上蒙塵。孤不度德量力，欲信大義於天下，而智術淺短，遂用猖獗，至于今日。然志猶未已，君謂計將安出？

劉備很坦白地告訴諸葛亮，在那樣的亂世之中，他也想在群雄中分一杯羹，佔有一席之地，無奈自己「智術淺短」，太笨了，奔波多年，還搞不出個局面來，請問該怎麼辦呢？

諸葛亮的回答很精彩，他從策略規畫的三大要素來談，先分析當時的「環境」，再論劉備本人的「條件」，最後鎖定一個堅定的「目標」，說得劉備心花怒放、心悅誠服，當下就決定請諸葛亮出山襄助。必須留意的是，諸葛亮的這段談話，既是爲劉備做策略規劃，同時也在爲自己的前途打算。只有從這兩個角度，才能讀懂其中的眞義。

關於當時的環境，諸葛亮說：「自董卓以來，豪傑並起，跨州連郡者不可勝數。」換言之，黃巾之亂後，漢朝的基礎動搖，天下四分五裂，群雄並起，烽火連天，到處都有人在爭奪地盤，想取漢朝而代之。

由此可見，那是多麼混亂的時代，套句狄更斯在《雙城記》開頭的名句：「那是最美好的時代，也是最惡劣的時代；是智慧的時代，也是愚蠢的時代；是信仰的時代，也是懷疑的時代；是光明的季節，也是黑暗的季節；是充滿希望的春天，也是使人絕望的冬天；我們的前途充滿了一切，但什麼也沒有；我們一直走向天堂，也一直走向地獄。」總之，在那樣的時代裡，到處充滿生機與矛盾，「人人有機會，個個沒把握」，權傾天下的董卓失敗了，驍勇善戰的呂布也灰飛湮滅了。在迷亂的局勢中，到底誰能脫穎而出呢？諸葛亮獨具慧眼，爲人在五里霧中的劉備分析當時中國的兩強：曹操和孫權。

關於曹操，諸葛亮說：「曹操比於袁紹，則名微而眾寡，然操遂能克紹，以弱爲強者，非惟天時，抑亦人謀也。今操已擁百萬之眾，挾天子而令諸侯，此誠不可與爭鋒。」袁紹原本是既董卓之後，最有機會統一北方的人，他是世家子弟，兵多將廣，聲望又如日中天。但奇妙的是，弱小的曹操最後居然能以寡擊眾、以少勝多，除了運氣好，諸葛亮認爲，最重要的因素是「人謀」。照理說，袁紹財大氣粗，手下的人才不少，只因他優柔寡斷，不能明辨是非，而曹操卻能傾聽智囊團的建議，這就成了雙方的勝敗關鍵。曹操自己也明白這點，曾得意地說：「吾起義兵，誅暴亂，於今十九年（從西元一八八年到二〇七年），所征必克，豈吾功哉？乃賢士大夫之力也。」曹操善於用人，手下文武百官都是一時之選，不管我們喜不喜歡他，都不能否認這個事實。

諸葛亮的話在表面上是客觀分析曹操的優點，實際上也暗指劉備多年來一事無成，實在就是因爲「人謀不臧」！當時的劉備身邊固然不乏能征善戰的武將，如關羽、張飛、趙雲，也有糜竺、孫乾等謀士，但要說到高瞻遠矚的戰略專家，根本沒半個！這裡涉及到的，已經不是好人壞人的問題，而是人智高低的差別。如果庸庸碌碌的好人受到重用，對大局是不會有任何幫助的。糜竺、孫乾以及後來加入劉備陣營的伊籍等等，當然是賢臣，是好人，但他們只能提供短期的戰術，而無法將眼光放遠，提供戰略規劃。與其他陣營相較，曹操有荀彧、郭嘉等深謀遠慮的軍師，孫權有魯肅、周瑜等高瞻遠矚的謀士，這些人都能爲他們的老闆看到幾十年後的天下大勢，獨獨劉備缺乏這種人才。

諸葛亮的這番「指控」看似嚴重，其實說得非常曲折婉轉，並不致於惹來劉備的不快；相反地，還可讓劉備平心靜氣去想，去「貨比三家」。這種自我推銷的方法，眞是高明，他的說話技巧，既能達到自己的目的，又不致於讓劉備覺得有威脅感，這也是強者或智者的生存之道。大凡老闆級的人總是「高處不勝寒」，害怕大權旁落，擔心身邊有人比他高明，他那些太聰明的手下若不能「裝傻」，硬要強出頭，小則工作不保，大則性命丟矣。最好的例子是漢高祖劉邦和明太祖朱元璋，這兩人因爲是平民出身，有嚴重的自卑感，當上皇帝後，怕大臣笑他，打他歪主意，於是拼命誅殺功臣，以減輕自己的焦慮。曹操比劉邦、朱元璋更有智慧，也不免有這種疑慮，他有兩個極聰明的手下，一個叫禰衡，一個叫楊修，兩人都因爲愛現，喜歡出風頭，處處展現自己的智慧不比曹操差，幾次惹毛曹操之後，禰衡被曹操用借刀殺人計，死在黃祖手中，而楊修被冠上洩漏軍機的罪名，也遭處死。他們聰明有餘，智慧不足，因此招來橫禍。與之相反的例子，是雍正皇帝的愛臣張廷玉，此人智慧極高，但從不隨便炫耀，皇帝問他意見，他一定先反問皇帝的看法，瞭解皇帝的底線，才斟酌該如何應對，因此都能跟幾個皇帝相處愉快。

在諸葛亮眼中，曹操的實力太強，劉備千萬不可硬碰硬，那無疑是找死，應該先閃一邊涼快去，要忍耐再忍耐。劉備先前已有多次跟曹操硬幹的「前科」，弄得自己四處逃亡流浪，好不狼狽，因此諸葛亮特別點出來提醒他。宋代大文豪蘇東坡寫〈留侯論〉，也提出類似看法，他認爲劉邦能贏項羽，是因爲劉邦能忍，能「養其全鋒而待其弊」，而項羽不能忍，儘管百戰百勝，但罩門被劉邦看光光，不輸才怪！至於張良，則是個衝動的小伙子，暗殺秦始皇未遂，四處逃亡，遇到黃石公送他兵法書，蘇東坡認爲黃石公也有訓練張良要忍之意，所以屢次加以折磨。明朝的開國皇帝朱元璋也深諳此道，他要搶元朝的天下，並不急著北上單挑元兵，而是先在南方擴張地盤，讓其他勢力跟元兵去鷸蚌相爭，當雙方兩敗俱傷之際，自己再來漁翁得利。日本的德川家康也是箇中高手，面對強大的對手武田信玄等人，他奉行「狗的哲學」，一生不斷忍耐。織田信長要他殺老婆、兒子以示效忠，他做了；豐臣秀吉要他送母親去當人質，他做了。最後，當他的對手一一老去死掉之後，也就是他稱霸日本的時候了。這些例子都與諸葛亮說的相通。

分析完了曹操，諸葛亮改談孫權，他說：「孫權據有江東，已歷三世，國險而民附，賢能為之用，此可以為援而不可圖也。」孫權當家之前，他的爸爸孫堅、哥哥孫策已經替他打好基礎，江東民心穩定，人才濟濟，自然也不是劉備能夠「肖想」的地盤。雖然不能去爭，但成為盟軍、朋友還是可以的，而且非常必要。劉備當時缺乏自己的地盤，基礎非常薄弱，一個曹操尚且應付不了，難道還能兩面樹敵？因此諸葛亮認為，當務之急是跟孫權結盟，一來可狐假虎威，讓曹操不敢輕舉妄動，二來還可借力使力，從盟友孫權那裡撈到一些好處。

好個如意算盤！說盟友只是好聽而已，實際上是「互蒙其利」！爾後諸葛亮派遣自己很欣賞的鄧芝到東吳談和，三杯黃湯下肚後，孫權說，日後消滅了曹操，孫、劉兩家可平分天下，共享太平。鄧芝聽了，突然酒醒過來，正色說道，天無二日，國無二君，要是眞有那麼一天，孫、劉兩家還是要廝殺一番，分個高下的。鄧芝的這種想法，其實也正是諸葛亮與孫權結盟的理由。政治上沒有永遠的敵人，也沒有永遠的朋友。不知毛澤東的「聯合次要敵人，打擊主要敵人」策略，是不是從諸葛亮這裡汲取靈感的？

諸葛亮分析完了曹操和孫權，言下之意，是要劉備對這兩大強權或閃躲，或結盟，這是上上之策。但劉備人在荊州寄住，既不能向北發展，又不能朝東擴張，該怎麼辦呢？諸葛亮緊接著提出兩塊「肥豬肉」，讓劉備垂涎三尺一番。這兩塊肥肉是荊州和益州。

關於荊州，諸葛亮說：「荊州北據漢、沔，利盡南海，東連吳會，西通巴、蜀，此用武之國，而其主不能守，此殆天所以資將軍，將軍豈有意乎？」荊州是劉表的地盤，劉表雖然昏庸，卻不殘暴，荊州在他的治理之下，很少戰火，成為東漢末年少見的人間樂土，許多北方民眾、學者南遷的兩個考量地點，一個是江東，另一個便是荊州。這裡當時有所謂「荊州學派」，不是偶然的。儘管如此，劉表體弱多病，兩個兒子又不爭氣，對劉備而言，這難道不是「天下掉下來的禮物」？不要白不要，「將軍豈有意乎？」這話試探得多含蓄啊，諸葛亮知道劉備當時正依附劉表，寄人籬下，若他公然談如何吃掉、消滅劉表，恐怕場面會變得很尷尬，於是故意將話輕描淡寫而過，其實是想讓劉備多想想他說的話。

至於益州，諸葛亮的看法是：「益州險塞，沃野千里，天府之土，高祖因之以成帝業。劉璋闇弱，張魯在北，民殷國富而不知存恤，智能之士思得明君。」益州在荊州的西邊，在今天的四川一帶，土地肥沃，易守難攻，自古就有一句諺語說：「天下未亂蜀先亂，天下已平蜀未平。」可見這裡的地理位置多優越。然而，此時的益州老闆劉璋昏庸無能，不知道如何治理這塊沃土，人心思變，正是劉備搶奪的大好時機。若能荊州加上益州，這絕對是一加一大於二的生意。劉備聽到這裡，能不動心嗎？

以上所言，都是先從「環境」去做策略規劃。先認清當時的大環境，哪些是有利因素，哪些是不利因素，能夠辨析之，才不會掉入迷霧中。但要具備這種遠見是很難的，幾年前台灣流行蛋塔，有人賺夠了就收攤走人，有人在流行快退燒時才加入搶錢，結果錢沒搶到，就先賠了滿屁股債。諸葛亮是如何培養這種遠見的呢？他在荊州數年，表面上是個單純的農夫，與世無爭，實際上極為留心天下變動，又能韜光養晦，努力讀書，而且積極結交各種知識水準很接近的朋友，組成「良師益友俱樂部」，故能到達這種境界。

■條件分析

能看清大環境後，接著還得評估條件，弄清楚優缺點在哪裡，如何利用之、改善之。顛沛流離多年的劉備有何傲人的條件？試想，如果劉備是個草包，相信諸葛亮不會沒事往火坑跳。他在隆中隱藏修養多年，必定有所等待。他可以選擇曹操、孫權等人，但他最後選擇了劉備，看來劉備似乎也有過人之處。劉備雖文不能書，武不能鬥，但在人事關係處理上有權謀，尤其有能屈能伸的策略和性格。他先後依附鄒靖、毌丘毅、公孫瓚、陶謙、曹操、袁紹、劉表，這說明他有依人的能力。因為始終沒有足夠的軍力和地盤，不能自立，只好依附他人。「依人」是一種權謀，一種策略，清朝的趙沓對此解釋說：「屈身於陛下，是其略也。」總之，劉備是憑藉政治雄心、人事功夫，以及關羽、張飛的硬功，來應付當時軍閥混戰的各種複雜局面，以求得生存，雖成不了大氣候，卻也死不了。

多年後，劉備死了，諸葛亮寫〈出師表〉，向劉禪提到這段君臣相知、相遇、相惜的往事：「先帝不以臣卑鄙，猥自枉屈，三顧臣於草廬之中，諮臣以當世之事，由是感激，遂許先帝以驅馳。」言下之意，好像只是劉備的誠意，就讓諸葛亮「感激」，答應「驅馳」。果真如此，要是來三顧茅廬的是呂布或袁術，他也會這麼「感激」嗎？這實在令人懷疑。事實上，人們只聽過劉備三顧茅廬的故事，卻不知在隆中一帶還流傳著曹操三請諸葛亮的事，諸葛亮在當時的行情可高得很呢！

相傳，曹操屯兵許州時，派曹洪帶十萬人馬第一次打新野，結果吃了敗仗，他很惱火，揮劍要殺曹洪。這時，有個叫程昱的謀士出來講情，說：「新野的敗仗不怪曹將軍，只恨劉備有個能掐會算的徐庶當軍師。要是丞相信得過，我願舉薦一個能人，處處比徐庶都高一招，這個人就是水鏡先生的高徒諸葛亮，也是我的師兄，現在臥龍崗隱居。」曹操早聽說過諸葛亮有超群之才，眼下程昱又為他舉薦，就決定請諸葛亮來當謀士。第二天，他領著程昱、曹洪等一夥人馬，帶上金銀財寶、綾絹綢緞上了路。他們趕到臥龍崗已是中午，人困馬乏，就來到路邊的茶館裏歇腳。曹操吩咐曹洪先去茅庵，請諸葛亮到茶館來談。過了一會兒，曹洪回到茶館，對曹操說：「先生不在家，聽書僮說，他到山上溜達去了。我在山腰吆喝半天，也沒人應聲。」程昱忙說：「我師兄最愛在靜處讀書，不許外人打擾。莫非將軍莽撞無禮，師兄不肯出見？」曹操一聽，臭罵了曹洪一頓，又派程昱去請諸葛亮。又過一會兒，程昱皺著眉頭也回到茶館，惱火地說：「我好不容易在野雲庵找到師兄，說明來意，哪曉得他不理不睬，拂袖而回，鎖上柴門，拒不見我，真是太傲慢了！」曹操心想：你諸葛亮到底有多大的本事，憑啥擺這麼大的架子？在師弟面前也這等傲慢！看來我得親自出馬了。曹操一行來到茅庵門前，只見柴門大開，諸葛亮正在草堂讀書。等曹操進屋，諸葛亮一沒起身讓座，二沒磕頭下拜。這時候，曹操是心裏有火不敢發，還強裝笑臉上前問：「請問你可是大名鼎鼎的諸葛亮先生？」諸葛亮頭也不抬，隨口應道：「不敢不敢！我是個山村野夫。聽說丞相遠道而來，專門在這兒靜候。」說罷把書中一闔，望著曹操。曹操仔細一看，這諸葛亮果真是氣度不凡哪！就趕緊使個眼色，叫人把禮品送上，說：「早就聽說先生足智多謀，專程登門相請，為我統一大業賣力。」諸葛亮一聽，哈哈大笑，說：

「丞相花這麼大的本錢來買一個普通山民，不怕失了你的面子嗎？我實在不敢受這一請！」說罷又連連搖頭大笑。曹操本來就疑心多端，見諸葛亮又是搖頭，又是大笑，分明是當著手下取笑自己，心裏眞不是滋味兒：「我千不該，萬不該，不該親自來請他。」曹操本想發火，出出氣，又怕傳出去讓世人笑話，只好支吾其詞地說：「看來先生也有爲難之處，那就不必勉強了！」說罷灰溜溜地走了。

這個故事雖然只是傳說，但充分說明了諸葛亮的選擇很多，如果他願意，不怕沒工作沒老闆。諸葛亮選擇劉備的原因何在？在〈隆中對〉中，他這樣分析劉備的條件：「將軍既帝室之胄，信義著於四海，總攬英雄，思賢如渴。」原來劉備的優勢少得可憐，首先是血統正確，流有漢朝皇室的血統，這在人心思漢的情況下，的確有些賣點，退一步可以打著「恢復漢室」的口號，進一步可以自己當皇帝，合理性十足。劉備的第二個優點是「信義著於四海」，這就有點空泛了。試想，當時能吸引人才的各路豪傑，哪個是無信寡義之徒？要說這是劉備的特色，實在有點硬拗。再來什麼「總攬英雄，思賢若渴」，也是含糊其詞，有哪個想創業的人不希望英雄、賢才來投靠的？難的是如何吸引賢才，如何分辨賢才。換言之，諸葛亮這段話只指出劉備的唯一優勢：血統，其他都是恭維的話。

這樣說來，我們可推測諸葛亮之所以投靠劉備，大概可簡化爲五個原因：劉備最先找上門來；劉備的誠意十足（三顧茅廬）；劉備的血統優良（漢朝皇室之後）；可滿足自己的成就感；能實現自己的理想。五點之中，第三點應該是最重要的，商人呂不韋就是這樣而當上宰相的。呂不韋遇到正在外國當人質的秦國皇室子孫子楚，認爲奇貨可居，於是花大錢爲子楚做形象包裝，最後子楚回秦國當皇帝，他也爬到宰相之位。當然，將諸葛亮比喻爲呂不韋，是難聽了點。話說回來，劉備找上諸葛亮，乃是爲了幫助自己，這可以是指崇高的理想，如復興漢室。在漢室子孫中，劉表要死不死，劉璋要活不活，都不算角色，只有劉備還像個樣子。諸葛亮也可能是爲了滿足成就感，畢竟曹操、孫權已經強到不行，不需要諸葛亮去錦上添花，而劉備一路倒楣，如果能讓劉備敗部復活，豈不證明他的高竿、厲害？

諸葛亮將大環境分析過了，也評論了劉備的個人主觀條件，接下來就是要分析客觀條件：當荊州加上益州，一加一大於二的局面形成後，劉備這方「若跨有荊、益，保其巖阻，西和諸戎，南撫夷越，外結好孫權，內脩政理」，將可一改目前的頹勢，三國鼎立，劉備能成爲一方霸主，進可攻，退可守。特別要注意的是，諸葛亮這樣的佈局，完全是針對曹操而來，因此才要「結好孫權」，又要和邊疆的少數民族和平相處。少數民族的問題，自古就讓漢人朝廷大傷腦筋，明明是兩種互不熟悉的文化，要和平相處是很難的，武力相向也非治本之道，諸葛亮提出「西和諸戎，南撫夷越」，一切以針對曹操爲重心，其用心良苦何等深遠。

目標分析

但三國鼎立是他們目標嗎？不是的，那只是消極的作法，眞正的目標是「霸業可成，漢室可興」。爲了達成這個目標，諸葛亮提出，如果「天下有變」的狀況發生了，劉備可兵分兩路，北上收拾曹操。「命一上將將荊州之軍以向宛、洛」，這是其中一路，劉備自己「身率益州之出於秦川」，這是另外一路。這兩路若能搭配孫權的夾攻，效果更好。諸葛亮這種兩路伐魏的戰略思想，有其歷史根據，因爲漢高祖劉邦就是以四川爲根據地，底定關中，再東向與項羽爭奪天下；而東漢光武帝劉秀則從荊州奮起，在昆陽大破王莽主力，進而統一天下。劉備既然標榜要「復興漢室」，如果能從劉邦和劉秀兩位祖宗的路線號召天下，則更能說明自己的正統性與合理性。

但他爲什麼要特別提出「天下有變」？什麼情況叫「天下有變」？諸葛亮的意思是說，在曹操一方的強大優勢未變之前，劉備這方再怎麼壯大，畢竟力不如人，不宜輕舉妄動。再者，以古代的戰爭條件，補給部隊的人數得佔全軍的三分之一到一半，勞師動眾，進攻的一方除非有必勝的把握，否則只要挨打的一方堅守不出，進攻者就沒搞頭了。曹操如果死了，統治階層發生混亂，或者北方有大規模的騷動，便是諸葛亮所說的「天下有變」。

以上所論，就是著名的「隆中對」內容。諸葛亮的這番見解，放在任何時代，只要能活用，都能開啓人們的智慧。

■你有隆中對，我有吳中對

而在東漢末年，能有這樣智慧的，並不只有諸葛亮，仍存留在史書中的，還有魯肅。在《三國演義》中，作者羅貫中爲了凸顯諸葛亮的神機妙算，故意將魯肅「污名化」，將他寫得懦弱、無能、怕事的模樣。其實歷史上的魯肅，也是很有見解的高人，智慧、遠見、胸襟都不輸給諸葛亮。《三國志》寫他和孫權初次見面，孫權問他：「今漢室傾危，四方雲擾，孤承父兄餘業，思有桓文之功。君既惠顧，何以佐之？」這段話最耐人尋味的是，孫權跟劉備不同，劉備還有統一天下、復興漢室的雄心壯志，孫權的野心就小多了，他只想繼承父兄的「家產」，最多成就齊桓公、晉文公的霸業，能幫朝廷維持國內政治、經濟、軍事秩序，也就心滿意足了。

魯肅聽了，大不以爲然，他從幾個角度來看天下大勢。首先，「昔高帝區區欲尊事義帝而不獲者，以項羽爲害也。今之曹操，猶昔項羽，將軍何由得爲桓文乎？」他用項羽加害楚國義帝的典故，以古諷今，強調曹操也是項羽之流，早晚會謀篡漢朝天下的。在這種可以預見的結果下，孫權縱使想當春秋五霸，學齊桓、晉文輔佐朝廷，恐怕朝廷早已換人做做看。再來，魯肅認爲，「漢室不可復興，曹操不可卒除。爲將軍計，惟有鼎足江東，以觀天下之釁。規模如此，亦自無嫌。何者？北方誠多務也。」他覺得漢朝一定會完蛋，而曹操太強大，不宜硬碰硬，應先穩住江東，伺機而動。最後，魯肅提出和諸葛亮類似的看法：「因其多務，剿除黃祖，進伐劉表，竟長江所極，據而有之，然後建號帝王以圖天下，此高帝之業也。」也就是說，趁著北方兵荒馬亂，曹操的基礎仍不穩時，孫權最好先搶荊州，然後才有本錢一統天下。面對魯肅的長篇大論，孫權完全沒聽進去，只冷冷地說：「今盡力一方，冀以輔漢耳，此言非所及也。」他只想「輔漢」而已，根本不想自己當皇帝。

魯肅的這番見解，比諸葛亮的「隆中對」還要早五年，他的深謀遠慮可想而知。但也因爲他和諸葛亮各爲其主，都要自己的老闆搶下荊州，埋下日後荊州之爭的種子。也由於荊州之爭，而演變爲盟友翻臉、自相殘殺的悲劇，這或許是「英雄所見略同」的缺憾吧。

■「隆中對」只對一半？

諸葛亮既然提出「隆中對」，若將這個超完美企畫案分成三足鼎立和統一天下兩階段，最後落實的情況如何？是否有效？很值得我們注意，畢竟任何企畫案都必須可行，如果只是畫餅充飢，那有什麼意義呢？

從二〇八年到二一九年，劉備大致上都按照「隆中對」裡的構想，實現了第一階段，即攻取荊州、益州與漢中，造成三分天下的局面。這除了該歸功於諸葛亮對當時形勢的正確觀察與判斷，也是成功聯合孫權的直接成果。此外，劉備爲了求得生存與發展，這時還能保持清醒的頭腦與謙虛的態度。再加上曹操在赤壁之戰犯下大錯，最後才會形成三足鼎立的局勢。

可惜的是，三足鼎立竟然成爲劉備一生「最大的成就」，他最終沒能一統天下，爲諸葛亮精心策劃的「隆中對」徒留遺憾。這種結果的發生，大致上可歸咎於以下幾點。

首先是在客觀形勢上，劉備和諸葛亮並沒有等到「天下有變」的一天出現，「小變」則是有的。二一七年，首都許昌一些不滿曹操的官員，聯合鎭守荊州的關羽，正式發難討曹，因兵力太少而失敗。隔年，宛城守將侯音造反，不到一年就遭曹仁平定。隔年，關羽進攻樊城，許昌附近的地方勢力趁機附和，後來也被安撫成功。這些「小變」，儘管未能對曹魏政權帶來威脅，卻反映出劉備團隊打著「復漢」旗幟還是有些影響力，如假以時日，或可累積成一股強大的反曹力量。

其次，關羽剛愎自用，喪失荊州。這一過程，另見本書第三篇，這裡只談談其嚴重影響。第一，使蜀漢原本逐漸上升的形勢頓時逆轉，兩路伐魏的戰略計畫受到破壞，諸葛亮只剩下北出秦川一條北伐路線。第二，劉備因關羽之死，發兵伐吳，想報仇雪恨，卻因他「拙於用兵，每戰必敗」，生平只曾在漢中打過一次勝仗（那還是靠法正的計謀），此番伐吳慘敗，使蜀漢元氣大傷。第三，因爲荊州丟了，孟達怕自己擁兵不救，會遭劉備怪罪，便舉兵投降曹魏，又帶曹魏攻佔戰略地位重要的上庸。第四，蜀漢統治力衰落，位於益州南方的少數民族趁機叛亂，加劇當時的緊張氣氛。

如果再從兵力的折損來看，更是不得了。蜀漢大臣廖立曾概述劉備平定益州後的重大軍事失誤：「昔先帝不取漢中，走與吳人爭南三郡，卒以三郡與吳人，徒勞役吏士，無益而還。既亡漢中，使夏侯淵、張郃深入於巴，幾喪一州。後至漢中，使關侯身死無孑遺，上庸覆敗，徒失一方。是羽怙恃勇名，作軍無法，直以意突耳，故前後數喪師眾也。」這番評論大體中肯，但他說「數喪師眾」，實在含蓄了點。實際上，關羽在荊州敗亡，損失五、六萬兵力；劉備伐吳失敗，又折了六、七萬；孟達叛逃，帶走兩萬左右；總計起來，蜀漢因爲丟了荊州，連帶損失的兵員在十二到十五萬人之間。這個數字實在太龐大了，後來諸葛亮處心積慮北伐，也只能「擠」出十多萬兵力而已，可見因荊州淪喪而導致的連環損失有多慘重！難怪諸葛亮要在〈出師表〉中感嘆：「今天下三分，益州疲弊，此誠危急存亡之秋也。」對照以上的數據統計，我們幾乎可以清楚感受到當日諸葛亮頭皮發麻的滋味。

奇怪的是，居然有人從結果論來責備諸葛亮，覺得是他的「隆中對」企畫案有問題。這一派的人主要針對諸葛亮「跨有荊、益」加以質疑，認爲荊州、益州是兩個不同的政治、經濟區域，不該硬被連結起來；荊州、益州之間有高山峻嶺阻擋，聯絡很不方便，容易顧此失彼；荊州位於東吳的上游，戰略價值很高，東吳不可能坐視蜀漢擁有荊州。這派看法最大的問題在於，他們忽略了當時的形勢。試想，如果蜀漢不「跨有荊、益」，如何面對強大的曹魏？蜀漢日後困居益州，居民僅有兩百多萬，東吳則在四百萬以上，魏國更遠超過一千萬。這種先天上的劣勢，如果不靠「跨有荊、益」來彌補，連自保都成問題，又哪來的餘力復興漢室呢？「跨有荊、益」後，人口起碼可以充實到四百萬，北伐的本錢就雄厚多了。

更何況，荊州淪喪該負最大責任的是關羽和劉備，而不是設計「隆中對」的諸葛亮。不識大體的關羽當然是罪魁禍首，但劉備的某些舉動，剛好也激化了吳蜀之間的矛盾。他自二一四年進入成都後，沒有抓住良機攻下漢中，以作爲益州的屏障，反而出兵跟東吳爭奪荊州三郡，最後曹操進逼漢中，他只得將三郡割讓東吳，而回頭與曹魏決戰漢中時，又吃了大虧。與其他地方相較，當時的漢中比較平靜，人口約五、六十萬，當劉備趕到漢中時，聰明的曹操已將漢中居民強迫移民，以致富饒的漢中竟成人煙絕跡的荒涼之地。

總而言之，「隆中對」這一企畫案最後只落實一半，並非原始設計者諸葛亮的錯，他的構想很完美，也有可行性，只是後來發生的許多事關「執行力」的意外狀況，實在不是他能預料與掌握的。

欲擒故縱的高手

■七擒七縱

「欲擒故縱」是中國古代三十六計之一，是從諸葛亮對孟獲七擒七縱這一故事中得來的。諸葛亮擔任蜀國丞相時，南方邊境的少數民族時常騷動，《三國志》中說「南中諸郡，並皆叛亂」，指的便是這件事。當時劉備剛死不久，蜀國因爲劉備草率攻打東吳，國力大減，諸葛亮暫時不想用兵。事隔三年後，蜀國局勢稍稍穩定了，諸葛亮爲了讓北伐時能無後顧之憂，決定南征，先安內再攘外。當時是西元二二五年春天，諸葛亮率眾南征，該年秋天就凱旋而回。這次南征成功的意義很大，「軍資所出，國以富饒」，蜀國不但解除了南方的地雷，還充實了國庫，諸葛亮有更多的時間與資源可以準備對付魏國。

諸葛亮南征，對孟獲七擒七縱，這在《三國演義》中有非常細膩的描寫，雖然有些誇張，不失有史實根據。事實上，劉備統治益州後，少數民族的問題一直讓蜀國當局很頭痛，文化差異和種族仇恨並不是一天兩天就能化解的，但放著不管，似乎只會讓局勢越演越烈而已。孟獲是這些少數民族的領袖之一，原本還排不上老二的位置，他的竄起實在是個偶然。當時益州少數民族眞正的領袖是雍闓，他聚眾殺了蜀國派任的太守正昂，又把另一個太守張裔抓去送給東吳，東吳遂封他爲永昌太守。好玩的是，永昌是蜀國城鎮，東吳無疑是想借雍闓的力量佔領這地方。永昌城裡的呂凱和王伉號召城內百姓起來抵抗，不讓雍闓入城。雍闓見久攻不下，知道孟獲在「蠱惑人心」方面很有一套，便派他去煽動更多的少數民族前來助陣。孟獲果然不負所望，成功策反了牂柯太守朱褒和越巂夷王高定。朱褒和高定兩人都有原住民血統，蜀國當局以他們為太守，原是為了籠絡人心，至此完全失敗了。

面對這種局面，諸葛亮不想節外生枝，暫時關閉邊境，「務農殖穀」，不理這些亂事。等到「民安食足」之後，諸葛亮便兵分三路，自己從越巂攻入，斬了雍闓及高定，而李恢從益州進入，馬忠由牂柯深入，也都勢如破竹，每戰皆捷，所向無敵。雍闓死了，孟獲變成這些原住民的大頭目，聚集被打敗的戰士繼續反抗。諸葛亮知道孟獲很得人心，於是用計活捉他，並向他展示蜀軍的壯盛陣容，問：「你有何感想啊？」孟獲很不服氣地說：「我之前不知道你們的虛實，才會吃敗仗，現在你讓我知道了，不過爾爾，我下次必定會打敗你。」諸葛亮聽了，哈哈一笑，釋放孟獲，雙方再戰，抓了又放，放了又抓，直到第七次抓到孟獲，諸葛亮還要放他走，但孟獲不走了，他心服口服，說：「你實在厲害，我們再也不反了。」

諸葛亮平定了益州、永昌、牂柯、越巂四郡的亂事後，決定以當地原住民的酋長為太守。有人很反對，認為後患無窮，諸葛亮回答說：「如果我們的人留下來，一定得留下士兵，這些士兵要吃什麼？這是第一難。對方剛打完仗，父兄死喪，如果我們的人留下來，他們會有仇報仇，雙方的恩怨從此沒完沒了，這是第二難。種族融合需要時間，如果我們的人留下來，一定會面臨對方的猜忌，這是第三難。我接著要專心對付魏國，不想把人力和物資留在這裡，只想彼此相安無事就好了。」孟獲等人吃了敗仗，卻得到諸葛亮的封官和信賴，心裡很感激，每年都會按時繳納當地的特產給蜀國，如金、銀、丹、漆、耕牛、戰馬等等。諸葛亮還在世時，這些人再也不曾鬧事，看來諸葛亮是真正收服他們的心了。

中國古書《左傳》說：「一日縱敵，數世之患也。」的確，在大部分的情況下，放虎歸山可能後患無窮。但人世間的道理不是絕對的，有時抓了不放，反而抓不住，這時就需要「欲擒故縱」，放長線釣大魚。諸葛亮是使用「欲擒故縱」的高手，他對孟獲七擒七縱，就是為了徹底收服對方。當然，「欲擒故縱」的妙用很多，不只在於收人心而已，諸葛亮也不只在對付孟獲時才這樣做，他也曾對劉備和劉琦欲擒故縱，效果都出奇的好喔。

■吊劉琦的胃口

先談劉琦。劉琦是荊州太守劉表的長子，本來是繼承家產的不二人選。但劉表晚年寵愛小老婆，愛屋及烏的結果，也喜歡小老婆生的劉琮。劉表的手下蔡瑁、張允都是走「夫人路線」的，因此結為黨羽，連成一氣，醞釀要煽動劉表廢掉劉琦，改讓劉琮繼承家產。劉表是個沒有主見的人，他很快就上當，逐漸疏遠劉琦。劉琦心裡惶惶不安，知道如果弟弟劉琮得位了，一定會整他，他必須儘早找個高人指點。此時，他靈機一動，想到了諸葛亮。他一向很佩服在劉備底下做事的諸葛亮，便立刻前往請教，沒想到諸葛亮拒絕了，他好驚訝！但他不死心，又三番兩次問諸葛亮「自安之術」，諸葛亮不是婉拒，就是顧左右而言他。劉琦急中生智，邀請諸葛亮來家裡坐坐，趁機帶他逛後花園，逛著逛著，就逛到一處祕密閣樓了。兩人上了閣樓，劉琦叫人將梯子拿走後，對諸葛亮說：「今天我們坐在這裡，上不了天也下不了地，你說的話只會跑到我的耳朵裡。這樣子，你總可以說了吧。」諸葛亮慢慢說了：「你知道申生和重耳這兩個歷史人物吧，申生躲在家裡，越躲越危險；重耳逃到外面，越逃越安全。」劉琦一聽，恍然大悟，剛好那陣子江夏太守黃祖死了，他便自告奮勇，向老爸劉表請求能去遞補遺缺，劉表答應了。最後，劉琦雖沒能繼承家業，卻因爲諸葛亮的建議，得以保住一條小命。

這眞是個很有趣的小故事。諸葛亮幾次婉拒或顧左右而言他，就是「欲擒故縱」的翻版。他太瞭解劉琦的個性了，知道劉琦得到劉表的遺傳，很缺乏主見，如果劉琦初次問他，他就加以回答，劉琦一定會半信半疑地說：「是這樣嗎？這樣好嗎？沒有更好的辦法嗎？」甚至可能表面上說好，回去後又猶豫不決。諸葛亮對劉琦的處境很清楚，也想幫上忙，但他知道自己只是個出主意的旁觀者，要不要採用，是劉琦個人的選擇，爲了讓這個方法達到最佳效果，爲了讓劉琦毫不考慮地接受他的建議，他不惜欲擒故縱，先拒絕個幾次，吊吊劉琦的胃口，讓劉琦的好奇心越來越強烈，越來越想知道諸葛亮的葫蘆裡是賣什麼藥。這樣一來，當最後諸葛亮公布答案，劉琦才會當成寶貝重視，畢竟這是他自己費了好一番功夫才要到的啊！

劉琦也絕，眞虧他想得出拿走梯子的方法，證明他也不全然是笨蛋。還有，他也讀過史書，所以才能知道申生和重耳的故事。申生和重耳是誰呢？這兩人是兄弟，是春秋時代晉獻公的兒子。申生是長子，是理所當然的太子候選人，晉獻公也早就向國際公布了。但晉獻公晚年娶了一個大美女驪姬，生了奚齊，情勢有了轉變，奚齊的地位扶搖直上，而申生的太子寶座則搖搖欲墜，這跟劉表對待劉琦、劉琮態度的變化很類似，因此諸葛亮才會這樣舉例。

驪姬爲了讓自己的寶貝兒子繼承皇位，故意在申生送給晉獻公的食物中下毒，然後在晉獻公要進食之際，驪姬突然有了「靈異第六感」，建議試毒，果然倒楣的小狗和太監都暴斃身亡。這下子申生百口莫辯了，最奇怪的是，他也不打算爭辯或逃亡，他的弟弟重耳建議他舉發驪姬的陰謀，申生說：

「老爸年紀這麼大了，如果沒有驪姬陪伴，他是吃不下也睡不好的。如果我舉發了，老爸會很難過；如果我逃走了，老爸會很傷心。我才不要做個不孝子。」申生最後選擇了自殺這條路。

申生一死，驪姬的陷害目標轉向重耳，重耳不想學笨哥哥自殺，一逃了之。重耳這一逃，共逃了十九年，從四十三歲逃到六十二歲。在逃亡的歲月中，他遭遇過許多奇怪的事情，多次九死一生，都能化險爲夷。最後，他因緣際會，居然回到了晉國接收王位，就是歷史上大名鼎鼎的晉文公。

諸葛亮爲了說出這個點子，大費周章，欲擒故縱，劉琦因此避免了成爲申生第二。儘管如此，劉琦也沒機會成爲下一個晉文公，因爲他的身體太差，赤壁之戰過後不久就死了。

■讓劉備三顧茅廬

對孟獲七擒七縱，對劉琦欲言又止，從這兩件事情上，都可看出諸葛亮運用「欲擒故縱」法的熟稔程度。其實早在這兩事之前，當他年僅二十七歲時，就曾對劉備用過這招。那次的成功，給他自己帶來一展長才、留名青史的機會，可惜史書上只有很簡單的敘述，《三國志》和《資治通鑑》都說劉備聽了徐庶的建議後，「遂詣（諸葛）亮，凡三往，乃見。」而諸葛亮自己在〈出師表〉中也僅說：「先帝不以臣卑鄙，猥自枉屈，三顧臣于草廬之中，諮臣以當世之事。」這便是後來「三顧茅廬」故事的最早藍本。

關於劉備拜訪諸葛亮，史籍中有另一種不同的記載，《三國志‧諸葛亮傳》引《魏略》和《九州春秋》說：劉備屯兵樊城時，諸葛亮人在隆中，知道曹操剛平定北方，下個目標一定是荊州，只是劉表個性拖拖拉拉的，沒什麼作爲，於是他選擇去見劉備。劉備不認識諸葛亮，又看他年紀輕輕，便把他當作是一般的讀書人招待。諸葛亮忍耐半天，等到其他人都離開，他總算有機會跟劉備獨處。但劉備顧著做自己的消遣，並不理會諸葛亮。諸葛亮受不了，乾脆主動開口：「你有遠大志向吧，還是只想一輩子窩在這裡？」劉備一聽，知道這個年輕人不是普通人，回答說：「你這是甚麼話？人在工作之餘總需要一些消遣和娛樂吧。」諸葛亮問：「那你覺得劉表跟曹操哪個比較厲害？」劉備答道：「當然是曹操。」「那你覺得自己跟曹操相比呢？」「也不如。」「這就對了，既然你和劉表都不如曹操，你的部隊也只有幾千人，居然還有時間做消遣，不會太危險嗎？」劉備覺得有幾分道理，想試探這小伙子：「我也正在煩惱這個問題，你有何妙計？」諸葛亮早就有備而來：「荊州不是人少，但是很多豪強地主把農民、流民列入自己的戶口，不讓他們在戶籍上登記，不如你建議劉表用點魄力，將這些人清理出來，徵調從軍，你的部隊就能壯盛些。」劉備用了諸葛亮的方法，慢慢強盛起來，「由此知亮有英略，乃以上客禮之。」

有人根據此材料斷定是諸葛亮「登門自見」，而不是「三顧茅廬」，並說：「記載這一史實的《魏略》一書，是當代人寫當代史，嚴謹、信實，所載劉備和諸葛亮的史實描寫，較少史家的主觀色彩。」實際上，《魏略》的記載不可靠，而陳壽《三國志》的記載是可信的。劉備三顧茅廬不僅見於《三國志》，最可靠的材料，還是諸葛亮自己寫的〈出師表〉。須知臣子對寫給皇帝的奏文，是不能說謊的，而且諸葛亮也沒有說謊的必要。他還在遺文〈黃陵廟記〉中說：「僕躬耕南陽之畝，遂蒙劉氏顧草廬，勢不可禦，計事善之，於是情好日密。」另外，東晉習鑿齒的《襄陽記》明確記載劉備拜訪諸葛亮，是在司馬徽和徐庶的推薦之下才去的。

「三顧茅廬」不等於三次拜訪，因為「三」在古代不見得是實指，常常當虛數用，表示很多之意，因此「三往」或「三顧」都有可能是多次的意思，最少三次。這樣一來，我們忍不住要問了：劉備爲什麼會拜訪諸葛亮這麼多次呢？諸葛亮又怎麼要人家三請四請才出來呢？原因不出兩種：一是諸葛亮不在家，劉備正好撲空；二是諸葛亮婉拒，劉備無功而返。如果是第一種，我們也該試著假設，諸葛亮究竟是眞的有事外出，還是故意躲起來，好故作神祕，來個「欲擒故縱」？如果是第二種，我們更該試著假設，諸葛亮究竟是眞拒絕還是假拒絕？是眞的不想投靠劉備，還是故作姿態，欲擒故縱？

再進一步想，在第一種原因中，如果諸葛亮只是在附近溜達，劉備大可等上一個上午或一整天，以示禮賢下士之意，除非諸葛亮的不在家，是出遠門了，不知道什麼時候才會回來。但以諸葛亮當時的處境來看，他需要天天「躬耕隴畝」，以求自給自足、養家活口，哪有可能出遠門雲遊四海？如果劉備幾次拜訪，都碰巧他不在，可想而知那一定是他故作神祕，準備欲擒故縱了。

在第二種原因中，我們要問的是，諸葛亮爲何要拒絕劉備的邀請？各種可能性裡，我們最該排除的是他在〈出師表〉中的這種說法：「臣本布衣，躬耕南陽，苟全性命于亂世，不求聞達于諸侯。」我們別忘了，他常自比爲管仲、樂毅，而這兩人都絕非隱士，諸葛亮會以兩人自喻，多少透露了自己的政治企圖心。有政治企圖心的人，是不會只想「苟全性命」和「不求聞達」的。既然如此，他所以拒絕劉備多次，可能是不看好劉備的潛力嗎？假設眞是如此，〈隆中對〉裡的計畫就叫人百思不解了，那分明是爲劉備量身訂做的。綜觀當時的天下豪傑，還能佔有一席之地的，不過就曹操、孫權、劉表、劉璋、劉備幾人而已，而他在〈隆中對〉中批評劉表、劉璋，以表明他不可能投效這兩人。至於曹操方面，諸葛亮如果有興趣，必須親身前往，而他遲遲沒有行動；而在孫權方面，諸葛亮如果有意願，大可透過哥哥諸葛謹的關係，但他也沒有。由此可見，他的目標早已鎖定在劉備身上。既然鎖定好劉備，卻還三番兩次拒絕人家，不正是想藉由欲擒故縱的方式來抬高身價嗎？

■羅貫中版三顧茅廬

因此，不管從哪個角度來看，三顧茅廬這件事情，很明顯是諸葛亮「欲擒故縱」的伎倆。他越吊劉備胃口，只會讓劉備對他感興趣而已。羅貫中在《三國演義》中時常虛構各種情節，有些實在不倫不類，然而我們認爲，他寫「三顧茅廬」這段，虛構得最接近眞實，最符合歷史原貌，最能說出諸葛亮放長線釣大魚的訣竅。

羅貫中寫三顧茅廬時，說劉備帶著關羽、張飛和隨從等人到隆中，聽到有人唱歌，急忙勒馬問農夫：「此歌何人所作？」農夫回答說：「乃臥龍先生所作也。」劉備問：「臥龍先生住何處？」農夫答：「自此山之南，一帶高岡，乃臥龍岡也。岡前疏林內茅廬中，即諸葛先生高臥之地。」劉備謝之，策馬前行。不數里，遙望臥龍岡，果然清景異常。看吧！諸葛亮還沒出現，羅貫中先透過農夫的嘴巴來刻畫這樣一個神祕人物。劉備來到莊前，下馬親叩柴門，一童出問。劉備說：「漢左將軍宜城亭侯領豫州牧皇叔劉備，特來拜見先生。」童子搞糊塗了：「我記不得許多名字。」劉備只得改說：「你只說劉備來訪。」劉備的轉變很有趣，一開始他想用頭銜凸顯自己，沒想到在童子聽來，那些冗長的頭銜沒有任何意義，劉備只好改以本名自稱，多少有點放下身段的意味。接著，童子說：「先生今早少出。」劉備問：「何處去了？」童子答：「蹤跡不定，不知何處去了。」劉備問：「幾時歸？」童子答：「歸期亦不定，或三五日，或十數日。」劉備惆悵不已。火氣很大的張飛說：「既不見，自歸去罷了。」劉備曰：「且待片時。」關羽曰：「不如且歸，再使人來探聽。」劉備從其言，囑付童子：「如先生回，可言劉備拜訪。」在羅貫中筆下，諸葛亮好像不必下田工作似的，這顯然不合實情，我們倒可視爲諸葛亮故意躲起來，搞不好正在家中做菜呢。

諸葛亮不在，劉備遂上馬，行數里，忽見一人，容貌軒昂，丰姿俊爽，頭戴逍遙巾，身穿皀布袍，杖藜從山僻小路而來。劉備曰：「此必臥龍先生也！」急下馬向前施禮，問曰：「先生非臥龍否？」其人曰：「將軍是誰？」劉備曰：「劉備也。」其人曰：「吾非孔明，乃孔明之友博陵崔州平也。」劉備不認識諸葛亮，因此到隆中後，見人就認，這只是他第一次「半路認親戚」。回新野後，過了數日，劉備使人探聽孔明。回報曰：「臥龍先生已回矣。」劉備便教備馬，將近茅廬，忽聞路傍酒店中有人作歌，劉備立馬聽之。二人歌罷，撫掌大笑。劉備曰：「臥龍其在此間乎！」遂下馬入店。見二人憑桌對飲：上首者白面長鬚，下首者清奇古貌。劉備揖而問曰：「二公誰是臥龍先生？」長鬚者曰：「公何人？欲尋臥龍何事？」劉備曰：「某乃劉備也。欲訪先生，求濟世安民之術。」長鬚者曰：「我等非臥龍，皆臥龍之友也：吾乃潁川石廣元，此位是汝南孟公威。」這是劉備第二次「半路認親戚」。

劉備乃辭二人，上馬投臥龍岡來。到莊前下馬，扣門問童子曰：「先生今日在莊否？」童子曰：「現在堂上讀書。」劉備大喜，遂跟童子而入。至中門，只見門上大書一聯云：「淡泊以明志，寧靜而致遠。」劉備正看間，忽聞吟爲之聲，乃立於門側窺之，見草堂之上，一少年擁爐抱膝而歌，劉備待其歌罷，上草堂施禮曰：「備久慕先生，無緣拜會。昨因徐元直稱薦，敬至仙莊，不遇空回。今特冒風雪而來。得瞻道貌，實爲萬幸。」那少年慌忙答禮曰：「將軍莫非劉豫州，欲見家兄否？」劉備驚訝不已：「先生又非臥龍耶？」少年曰：「某乃臥龍之弟諸葛均也。愚兄弟三人：長兄諸葛瑾，現在江東孫仲謀處爲幕賓；孔明乃二家兄。」原來，劉備又認錯人了，這也只能怪他上次來時，沒對童子說明他要找的是諸葛亮。不過話說回來，他怎麼知道諸葛亮還有其他的兄弟呢？這剛好給了諸葛亮故佈疑陣的機會，安排弟弟出來面對劉備，自己仍在幕後裝神祕。

劉備不死心，問：「臥龍今在家否？」諸葛均曰：「昨爲崔州平相約，出外閒游去矣。」劉備曰：「何處閑游？」諸葛均曰：「或駕小舟游於江湖之中，或訪僧道於山嶺之上，或尋朋友於村落之間，或樂琴棋於洞府之內：往來莫測，不知去所。」呵呵，有田不種，居然能這樣仙風道骨，雲遊四海，這未免太扯了，分明是諸葛亮欲擒故縱的把戲，用來釣劉備這條大魚的。劉備見又錯過了，嘆氣說：「劉備如此緣分淺薄，兩番不遇大賢！」諸葛均曰：「稍坐獻茶。」張飛曰：「那先生既不在，請哥哥上馬。」劉備曰：「我既到此間，如何無一語而回？」因問諸葛均：「聞令兄臥龍先生熟諳韜略，日看兵書，可得聞乎？」諸葛均曰：「不知。」這話又太假了，兄弟之間若不是感情不好，怎麼會連彼此所讀何書都不知道？何況諸葛均也是讀書人，怎麼可能不曉得老哥讀什麼書。很顯然地，這仍是兄弟兩人事前套好的招，要勾引劉備的好奇心，一步步地掉入「陷阱」去。

此時，張飛不滿說道：「問他則甚！風雪甚緊，不如早歸。」劉備叱止之。均曰：「家兄不在，不敢久留車騎；容日爲來回禮。」劉備曰：「豈敢望先生枉駕。數日之後，備當再至。願借紙筆作一書，留達令兄，以表劉備殷勤之意。」諸葛均遂進文房四寶。劉備呵開凍筆，拂展雲箋，寫書曰：「備久慕高名，兩次晉謁，不遇空回，惆悵何似！竊念備漢朝苗裔，濫叨名爵，伏睹朝廷陵替，綱紀崩摧，群雄亂國，惡黨欺君，備心膽俱裂。雖有匡濟之誠，實乏經綸之策。仰望先生仁慈忠義，慨然展呂望之大才，施子房之鴻略，天下幸甚！社稷幸甚！先此布達，再容齋戒熏沐，特拜尊顏，面傾鄙悃，統希鑒原。」信中極謙虛，對諸葛亮極景仰，已將來意說得很清楚。

劉備寫罷，遞與諸葛均收了，拜辭出門。均送出，劉備再三殷勤致意而別。方上馬欲行，忽見童子招手籬外，叫曰：「老先生來也。」劉備視之，見小橋之西，一人暖帽遮頭，狐裘蔽體，騎著一驢，後隨一青衣小童，爲一葫蘆酒，踏雪而來；轉過小橋，口吟詩一首。劉備聞歌，讚嘆：「眞臥龍矣！」滾鞍下馬，向前施禮曰：「先生冒寒不易！劉備等候久矣！」那人慌忙下驢答禮。看吧，劉備又來了，這是第三次「半路認親戚」。諸葛亮怎麼可能是「老先生」呢？劉備顯然想念諸葛亮想到有些暈頭轉向了。諸葛均在後曰：「此非臥龍家兄，乃家兄岳父黃承彥也。」把岳父搞成女婿，這也差太多了吧。話說回來，劉備兩次前來，都沒遇見諸葛亮的老婆，這也很奇怪。劉備曰：「適間所吟之句，極其高妙。」承彥曰：「老夫在小婿家觀〈梁父吟〉，記得這一篇；適過小橋，偶見籬落間梅花，故感而誦之。不期爲尊客所聞。」劉備問：「曾見令婿否？」黃承彥答：「便是老夫也來看他。」劉備聞言，辭別黃承彥，上馬而歸。正值風雪又大，回望臥龍岡，悒怏不已。

卻說劉備訪孔明兩次不遇，欲再往訪之。於是三人乘馬引從者往隆中。離草廬半里之外，劉備便下馬步行，正遇諸葛均。劉備忙施禮，問：「令兄在莊否？」均曰：「昨暮方歸。將軍今日可與相見。」言罷，飄然自去。諸葛亮被羅貫中寫得像神仙中人，弟弟當然也不能差很多，也要會「飄然自去」才行。劉備曰：「今番僥倖得見先生矣！」三人來到莊前叩門，童子開門出問。劉備曰：「有勞仙童轉報：劉備專來拜見先生。」叫人家「仙童」，眞不是普通的噁心！「仙童」曰：「今日先生雖在家，但今在草堂上晝寢未醒。」劉備曰：「既如此，且休通報。」吩咐關、張二人，只在門首等著。劉備徐步而入，見先生仰臥於草堂几席之上。諸葛亮總算亮相了，但他到底是眞睡還是假睡？劉備拱立階下。望堂上時，見先生翻身將起，忽又朝裏壁睡著。童子欲報，劉備曰：「且勿驚動。」諸葛亮翻個身，剛好給劉備來個驚喜！劉備又立了一個時辰，諸葛亮才醒，口吟詩曰：「大夢誰先覺？平生我自知，草堂春睡足，窗外日遲遲。」諸葛亮吟罷，翻身問「仙童」曰：「有俗客來否？」以俗客稱別人，來襯托自己的不俗！童子曰：「劉皇叔在此，立候多時。」孔明乃起身曰：「何不早報！尚容更衣。」遂轉入後堂。又半晌，方整衣冠出迎。這些話語和動作，都是爲了做給劉備看的，所謂「眞人不露相，露相非眞人」，總要在裡頭假忙一番，讓劉備多期待一下吧。

劉備見諸葛亮身長八尺，面如冠玉，頭戴綸巾，身披鶴氅，飄飄然有神仙之概。劉備下拜曰：「漢室末冑、涿郡愚夫，久聞先生大名，如雷貫耳。昨兩次進謁，不得一見，已書賤名於文幾，未審得入覽否？」諸葛亮曰：「南陽野人，疏懶性成，屢蒙將軍枉臨，不勝愧赧。」二人爲禮畢，分賓主而坐，童子獻茶。茶罷，諸葛亮曰：「昨觀書意，足見將軍憂民憂國之心；但恨亮年幼才疏，有誤下問。」劉備曰：「司馬德操之言，徐元直之語，豈虛談哉？望先生不棄鄙賤，曲賜教誨。」諸葛亮曰：「德操、元直，世之高士。亮乃一耕夫耳，安敢談天下事？二公謬舉矣。將軍奈何捨美玉而求頑石乎？」劉備曰：「大丈夫抱經世奇才，豈可空老於林泉之下？願先生以天下蒼生爲念，開備愚魯而賜教。」諸葛亮笑曰：「願聞將軍之志。」劉備屏人促席而告曰：「漢室傾頹，奸臣竊命，備不量力，欲伸大義於天下，而智術淺短，迄無所就。惟先生開其愚而拯其厄，實爲萬幸！」諸葛亮一聽，便開始他的「隆中對」內容，滔滔不絕講了半天。劉備聞言，避席拱手謝曰：「先生之言，頓開茅塞，使備如撥雲霧而睹青天。但荊州劉表、益州劉璋，皆漢室宗親，備安忍奪之？」諸葛亮曰：「亮夜觀天象，劉表不久人世；劉璋非立業之主；久後必歸將軍。」喔，原來諸葛亮還會夜觀星象！劉備聞言，頓首拜謝。劉備拜請諸葛亮曰：「備雖名微德薄，願先生不棄鄙賤，出山相助，備當拱聽明誨。」諸葛亮曰：「亮久樂耕鋤，懶於應世，不能奉命。」呵呵，這話實在言不由衷到過份，他自比管仲、樂毅，又要怎麼解釋呢？他在〈隆中對〉中的偉大計劃，難道是個「久樂耕鋤，懶於應世」的人講得出來的？這分別是想把劉備逼哭嘛。果然，劉備泣曰：「先生不出，如蒼生何！」言畢，淚沾袍袖，衣襟盡濕。諸葛亮見其意甚誠，乃曰：「將軍既不相棄，願效犬馬之勞。」劉備大喜，遂命關、張入，拜獻金麻禮物，諸葛亮固辭不受。劉備曰：「此非聘大賢之禮，但表劉備寸心耳。」諸葛亮方受。於是劉備等在莊中共宿一宵。次日，諸葛均回，諸葛亮囑付曰：「吾受劉皇叔三顧之恩，不容不出。汝可躬耕於此，勿得荒蕪田畝。待我功成之日，即當歸隱。」他的弟弟還眞倒楣，必須乖乖繼續種田，如果也有人來對諸葛均三顧茅廬，他該答應嗎？

■襄陽版三顧茅廬

諸葛亮一生中，至少試過三次的「欲擒故縱」術，而誘使劉備三顧茅廬，這次可說是最成功、最關鍵的。因爲成功了，往後他才有機會對劉琦和孟獲重施故技，也才有機會施展他的抱負。事實上，在現今襄陽一帶，還流傳諸葛亮三試劉備的故事，與《三國演義》不同，內容是說：徐庶走馬薦諸葛以後，怕諸葛亮不肯出山輔保劉備，專程繞道隆中遊說諸葛亮。誰知，諸葛亮聽罷急得直跺腳，埋怨徐庶多管閒事，滔滔不絕，說得徐庶無言答對，只好又風塵僕僕地趕到南漳水鏡莊，請諸葛亮的老師水鏡先生到隆中勸駕。水鏡先生騎毛驢來到隆中勸導諸葛亮，諸葛亮的心被打動了，便說：「事關重大，劉備這人究竟怎樣，弟子要親自試試，要是跟劉表一樣徒有虛名，我甘願在這裏躬耕一輩子！」沒過幾天，諸葛亮知道了劉備要來隆中訪他，便趕忙把好友崔州平邀來，商量試探劉備的辦法。

劉備帶著關羽、張飛來到隆中，剛進山中，就聽見幾個農夫一邊鋤地一邊唱著山歌，句句唱到了劉備的心坎上。他想，聽說臥龍先生躬耕自食，好唱〈梁父吟〉，莫非就在這裏，趕忙勒住馬跳了下來，叫眾人守候一旁，自己上前很恭敬地問道：「哪位是諸葛先生？」諸葛亮就雜在農夫中間，他見劉備貴為皇叔，對種地的農夫竟這樣謙恭有禮，果眞是禮賢下士，名不虛傳，便對劉備有了好感。他看了旁邊的農夫一眼，那農夫回答說：「這裏沒有諸葛亮，你要找他，就到他家裏去，西邊山半腰的草廬就是。」劉備謝過了農夫的指點，剛要上馬，就見從西邊山上走下一個人，舉止瀟灑，儀表非俗。連忙又叫眾人站立兩旁列隊迎接，自己拱手相迎。誰知一問，來人是諸葛亮的好友崔州平。他上前問劉備：「劉將軍，不在新野料理軍務，來到這山溝裏有何貴幹？」劉備說明來意，崔州平聽了直搖頭：「劉將軍，恕我直言，治和亂都是天意。那劉表有那麼高的威望，那麼多的謀士和人馬，還不是曹操的對手，你請一個諸葛亮有用嗎？依我看，你趁早歸順曹操，還能求一官半職呢。」崔州平澆劉備一瓢冷水，劉備也沒動怒，還很客氣地請崔州平去新野共圖大業。崔州平不客氣地拒絕，袖子一甩，飄然而去。諸葛亮在旁，將他們的對話聽得清清楚楚，見劉備虛懷若谷，尤其是聽說他不在家，還是上山來拜訪，很佩服劉備的雅量。

劉備一請諸葛亮沒見到人，但這事卻傳開了。諸葛亮的岳父黃承彥，學友石廣元，孟公威不約而同到隆中打聽消息，諸葛亮請他們一起幫忙，預先套好招。一個下雪天，劉備和關羽、張飛兄弟三人帶著厚禮，頂風冒雪二次來到隆中。當他們經過離諸葛草廬不遠的酒店，聽見有人在裏面吟詩，劉備慌忙下馬，朝酒店走去，又聽有人接著吟，劉備聽罷，覺得只有臥龍先生才有這麼大的口氣，趕快推門進了酒店，只見有兩個人在那裏喝酒，上前一打聽，原來是石廣元和孟公威。劉備也久仰他們的大名，知道他們跟諸葛亮要好，就對他們說明了自己的來意，請他們跟自己一道上山去請諸葛亮。石廣元勸道：「劉將軍，你們劉家已經坐了四百年江山，一代不如一代，如今連劉家小皇帝也由著曹操任意擺布，你的本家劉表、劉璋坐鎮一方，擁有眾兵，也只是束手待斃。劉將軍想收拾殘局跟曹操較量不過是雞蛋碰石頭！」孟公威說得更乾脆：「劉將軍，當初楚漢相爭，楚霸王被高祖劉邦逼得烏江自刎，你現在能跟當初的楚霸王相比擬？」劉備聽罷，理直氣壯地說：「二位先生此言差矣！怎麼能以成敗論英雄？國家興亡，匹夫有責。救民於水火，萬死不辭。若講匹夫之勇，我是比不上兩楚霸王。但我若是他的話，被逼到烏江邊，明明還有一線希望，是不會意氣用事，拔劍自刎，而要渡回江東重整旗鼓！絕不會當他那樣稍經挫折就半途而廢的人！」躲在裏屋的諸葛亮聽了劉備的這些話，差一點叫起好來，興沖沖地從酒館後門趕回家中，準備迎接劉備。

不料，當諸葛亮準備開門迎接劉備的時候，卻聽到關羽說：「窮山溝裏能出啥聖人，大哥何苦要再一再二地請他，難道他也能溫酒斬華雄、過五關斬六將？少了他，咱弟兄同樣能縱橫天下！」張飛粗聲粗氣地說：「一個種地的讀書人有啥稀罕，擺的啥臭架子，惹惱了張三爺，發了當年鞭打督郵的脾氣，用一根繩子就把他拴來了！」劉備聽了很生氣，又不便聲張，低聲責備他們說：「一派胡言，難道你們忘了文王訪賢的事嗎？還不趕快把嘴閉上！」門內的諸葛亮聽了這些話，心裏很溫暖，他想，劉備這麼謙遜，而關羽和張飛一個驕一個橫，今後劉備要跟他們講起兄弟情義來，哪有自己施展的餘地。想到這裏，他又躲起來避而不見。劉備二次沒見到臥龍先生，只得留下禮物和書信快快而回。

第二年春天，劉備帶著關羽、張飛又來到隆中，因為劉備發了脾氣，說是他倆再不尊重臥龍先生，就要跟他們絕交散夥，所以都十分恭敬。諸葛亮看到他們老遠來了，本想避而不見，又不忍心怠慢劉備這樣忠厚的人，計上心來，和衣而臥，假裝睡大覺。劉備叫關羽、張飛在門外恭候，自己輕手輕腳走進諸葛亮的臥室，見臥龍先生睡意正濃，不敢驚動，屏住呼吸候在床前。過了不少時辰，劉備聞絲不動。草廬內外，靜得幾乎連螞蟻爬過都可聽見聲音。諸葛亮越躺越不是滋味，心想，不光劉備對我這樣敬重，連他兩個性如烈火的兄弟也跟上回大不相同，對我很恭敬，十分感動。這樣，諸葛亮三試劉備後，覺得志同道合，便沒有半點猶豫，走出隆中，當了劉備的軍師。

■欲擒故縱的應用

欲擒故縱的伎倆雖然因諸葛亮而有名，其實這種人生智慧是隨處可見的，在電影「絕命追殺令」中，檢察官湯米李瓊斯從電話監聽中，查出具有殺妻嫌疑的哈里遜福特已經回到芝加哥了，並不立刻動手抓人，他的解釋是：「先讓他逍遙法外一陣子吧，我們不抓他，他就會回到原本的生活軌道中。」這不也是很典型的欲擒故縱嗎？檢調人員在辦案時，常常運用這種技巧，將已抓到的「小尾」嫌犯放回，再派人跟蹤，以求放長線釣大魚。如果是抓一整串的犯罪集團成員，最好的方式是欲擒故縱，先不抓已經到手的嫌犯，等嫌犯與共犯聯絡時，再予以一網打盡，效果遠比一開始就打草驚蛇來得好！

在政治上，將國民黨耍得團團轉的毛澤東，也是擅用欲擒故縱的箇中高手。特別是在面對戰俘的時候，他會先將最鐵齒的戰俘關起來，而對其他的給予優渥待遇，伺機軟化、轉化這些人的鬥志與信仰。爲了爭取他們傾向共產黨，毛澤東不用直接說教的方式，而是安排一場又一場的控訴大會，找些受過國民黨迫害的中下階層百姓出來擔綱主演。國民黨在中國大陸時期幹了不少壞事，受害人選是很好尋覓的。他們會在大會上控訴國民黨的惡形惡狀，並一把鼻涕一把眼淚、聲淚俱下地訴苦，有時甚至還能拿出沾有血跡的所謂凶器，哭訴他們的親人如何遭國民黨害死。因爲悲傷、氣憤的情緒會傳染，如果現場再布置一些蠟燭，效果就更好了，這些國民黨的戰俘會慢慢受到影響，得到「斯德哥爾摩症候群」，改替共產黨說話。其中若有人堅持不投降，毛澤東照樣善待他們，最後並釋放之，並提醒說：「如果下次在戰場上遭遇了，別忘了：中國人不打中國人！」這些戰俘遭「縱」放回去了，他們的心卻被牢牢「擒」住了，原來「共匪」這麼善待他們，這麼有人情味，跟之前被告知、宣傳的完全不同嘛。這些人回國民黨部隊後，將這種感覺傳播開來，下次再和「共匪」廝殺時，就下不了手、按不下扳機了。這招欲擒故縱，實在厲害！

以平日在學校教書的老師來說，欲擒故縱也是班級經營的訣竅之一。如果該生喜歡用大吵大鬧的方式來吸引老師注意，老師不妨反其道而行，欲擒故縱，先裝作不在乎、不理會他，再製造機會「擒」住他的心。學生見老師未對他的行爲做出反應，必然會納悶、困惑，最後不是主動向老師「繳械」，就是放棄再大吵大鬧了（因爲自討沒趣）。總之，欲擒故縱在生活中到處可見，端看個人如何使用。

天上掉下來的禮物——託孤

■劉備伐吳，諸葛亮為什麼不阻止？

劉備本是一個平民老百姓，雖然號稱具有漢朝皇室的血統，但如果沒有碰到天下大亂的情境，不能網羅到優秀的人才，他根本沒有機會稱帝。一個人從「完全沒有」的情況下到坐擁天下一隅，他一定很捨不得放手，這是人之常情。回想當初，他到益州搶了劉璋地盤，又北上佔領漢中，手下要他稱「漢中王」，他還要裝一下，表示豈敢豈敢。只有白目的費詩，看不出劉備是裝的，還上疏說：「主公因爲曹操父子想逼皇上退位，才流轉萬里，結合志士，號召天下人共同來討賊。今天還沒消滅曹家這個大敵，就先自立爲王，恐怕世人會覺得疑惑。」這種不識相的話一說出，立刻激怒劉備，費詩遂遭貶官。

當了漢中王之後，劉備意猶未盡，沒多久曹丕篡位，自立爲帝，手下又又紛紛勸進，希望劉備也如法炮製。劉備心裡願意，但表面上得假惺惺地推辭一番，善解人意的諸葛亮立刻出來勸進，說：「當年吳漢、耿弇勸劉秀稱帝，劉秀前後推辭了好幾次，耿弇忍不住說：『天下英雄之所以投效您，就是對您有所希望。如果您今天不稱帝，這些人得不到半點好處，恐怕會各自散去，不肯繼續效力了。』劉秀覺得有理，才痛快答應。今天姓曹的篡位，天下無主，您是劉氏子孫，最適合接任帝位。大家跟著您辛苦這麼多年，現在也想分一杯羹，請別忘了耿弇當初說過的話。」這些話多麼得體，多麼順耳！劉備有了這麼光明正大的理由，當然臉不紅氣不喘地稱帝。

劉備稱帝後的第一件事，便是將諸葛亮升任為丞相。由此看來，劉備稱帝，賺到最多好處的，除了劉備家人，就該算是諸葛亮。這便是諸葛亮的本事之一，他懂得在最適合的時機點做最適當的判斷，說最漂亮的話，讓自己得到最大的好處。反過來說，如果時機點不佳，他絕對不會自找麻煩，例如法正喜歡公報私仇，糜竺、孫乾、簡雍缺乏才幹，他還是看在劉備喜歡這些人的面子上，該恭敬時還是畢恭畢敬。

關羽丟掉荊州，又被孫權殺死，劉備對這筆仇恨一直耿耿於懷。雖然蜀漢立國的基本國策是「聯合東吳，對抗曹魏」，但他始終態度堅決，主張順流而下、消滅東吳。當時的蜀漢大臣，少數人為了藉機立功，積極附和劉備的主戰觀點，但大多數的人還是反對。例如趙雲，他在蜀國將領中，最具有政治頭腦，識大體、明大義，謹慎謙虛，見識深遠，他就曾勸諫劉備要搞清楚主要敵人和次要敵人，但劉備沒理他。又如秦宓，他是反對伐吳的激進派，痛批這場戰事「必無其利」，等於先「唱衰」劉備會打敗仗。劉備非常生氣，將秦宓「下獄幽閉」，殺雞儆猴。這樣一來，主戰派佔了上風。

最奇妙的是諸葛亮的態度。面對盛怒中的老闆，他沒說贊成或反對，而是保持沈默。這只有兩種解釋：第一，他不想跟費詩、秦宓一樣「白目」，雖然他的心底是反戰的。但老闆正在氣頭上，誰說話都無濟於事，除了是讓劉備喜歡又最敢嗆聲的法正，可惜法正已經過世了。諸葛亮親自出馬勸說，劉備想必也聽不進去。為了自保，他一句話也不說。第二，他的心裡很矛盾，一方面反對劉備將東吳當成頭號敵人，一方面又希望劉備戰勝，討回荊州，則他在「隆中對」中由荊州、益州兩路北伐的構想，仍可繼續貫徹執行。

■劉備託孤

西元二二一年七月，劉備決意出兵攻打東吳，要替關羽報仇。奇怪的是，劉備所帶的兵力不滿五萬，他竟然以爲東吳這麼肉腳？還是對自己的能力太自負了？他也許忘了，自己這輩子在沒有諸葛亮、龐統或法正等軍師輔助的情況下，好像很少打勝仗。人的智慧並不會因爲地位高了就跟著提升，不是嗎？剛開始時，孫權曾急忙派人求和，劉備「盛怒不許」。東吳將領李異、劉阿等無奈應戰，吃了大敗仗。隔年二月，武陵一帶的原住民被馬良策反，紛紛響應，蜀軍士氣爲之一振，於是兵分多路，深入東吳境內。六月，東吳大將陸遜大破蜀軍，劉備狼狽而逃。八月，劉備在白帝城氣得生病，奄奄一息，還在找理由牽拖：「吾乃爲陸遜所折辱，豈非天乎？」將敗因推給老天爺，也遮掩不住心中的內咎啊！

白帝城原爲東漢初年公孫述所築，因他自號「白帝」，故以爲名。城居高山之顚，形勢險要，劉備在附近蓋了永安宮。蜀軍戰敗的消息傳開後，蜀國境內發生騷動，一些平日不安於室的地方勢力趁機起來鬧事，加上大將馬超又死了，劉備越想越難過，病情加重不少。入冬後，劉備臥病永安宮，自知沈痾難起，不久人世，於是下令諸葛亮快點從成都前來永安。隔年二月，諸葛亮來到永安宮，君臣相見，恍如隔世，不禁悲感交集。四月，劉備於彌留之際，正式召見身旁群臣，宣布詔令「託孤於諸葛亮，令李嚴爲副」，共同輔佐太子劉禪，復興漢室。接著，又對諸葛亮說：「君才十倍曹丕，必能安國，終定大事。若嗣子可輔，輔之；如其不才，君可自取。」意思是說，你比魏國目前的大當家曹丕高明太多，一定能消滅他們，復興漢室。如果你覺得我的太子劉禪還算個人，就好好輔佐他吧；如果你認爲他實在太差，不妨自己稱帝吧。

這段遺言很有名，也令諸葛亮爲之「驚悚」不已。面對這個天上掉下來的禮物，諸葛亮連忙痛哭失聲說：「臣敢竭股肱之力，效忠貞之節，繼之以死！」但劉備不放心，又要諸葛亮幫他寫封信給劉禪。怎麼辦？還是不放心啊，又寫了封短信給劉禪：「要好好跟諸葛亮相處，把他看成你爸爸。」只是，心裡依舊不踏實，再把兒子劉永和劉理叫來，要他們跟諸葛亮磕頭。交代完了，劉備也瞑目了。

劉備這種託孤方式，尤其講了「君才十倍曹丕，必能安國，終定大事。若嗣子可輔，輔之；如其不才，君可自取」這種話，引起後人很多意見，歸納起來，大致上有六說：第一是「至公」（大公無私）說，如《三國志》的作者陳壽便對劉備的「舉國託孤於諸葛亮，而心神無貳，誠君臣之至公，古今之盛軌也。」極爲推崇。第二是「授賢」說，認爲劉備的話是出自眞心，畢竟東漢末年群雄並起，傳給兒子倒不如傳給賢者來得保險，當他看到兒子劉禪「不肖」，便考慮授賢，這是眞情流露，何來作假呢？第三是「洞達」說。此說認爲劉備對諸葛亮肝膽相照，毫不猜疑，爲古今最眞心相對的模範君臣。第四是「專一」說，認爲劉備當然相信諸葛亮，但是擔心劉禪疑神疑鬼，因此故意演了這齣戲。以上四種，當然不無可能，但缺乏對人性的瞭解，僅供參考。

第五是「譎詐」說，認爲劉備不放心諸葛亮，故意要逼他公開表態效忠。此說言之有理，容後再談。第六是「亂命」說，晉朝人孫盛即持這一看法，痛斥劉備：

> 夫杖道扶義，體存信順，然後能匡主濟功，終定大業。語曰弈者舉棋不定猶不勝其偶，況量君之才否而二三其節，可以摧服強鄰囊括四海者乎？備之命亮，亂孰甚焉！世或有謂備欲以固委付之誠，且以一蜀人之志。君子曰，不然！苟所寄忠賢，則不須若斯之誨，如非其人，不宜啓篡逆之塗。是以

古之顧命，必貽話言。詭僞之辭，非託孤之謂。幸值劉禪暗弱，無猜險之情，諸葛威略，足以檢衛異端，故使異同之心無由自起耳。不然，殆生疑隙不逞之釁。謂之爲權，不亦惑哉！

孫盛認爲，劉備這種搞法，眞是太亂來，臨終前講的半天鬼話，都是「詭僞之辭」！他的論點有三：

一、選擇接班人不可只看才能，還得看品德。才能比曹丕高十倍就具備當接班人的條件，這是不對的。

二、劉備不可用這種試探性的話來考驗人的忠誠度。如果你認爲諸葛亮是理想人選，根本不需要這樣試探他；如果你懷疑諸葛亮居心叵測，根本不該向他託孤！

三、還好劉禪少不更事，諸葛亮又忠心耿耿，才沒有鬧出亂子，否則這種託孤方式，實在太危險啦。

綜合五、六兩說，我們認爲，劉備如果眞心要讓諸葛亮繼位，大可明說，並公開舉行「禪讓儀式」，將皇位讓給諸葛亮。禪讓政治是頭腦不清的中國古人最嚮往的政權轉移方式，除了傳說中的堯、舜兩人做過之外，戰國時代的燕國也做過，都曾博得史家讚美。但到了後來，所謂的禪讓都具有半強迫性質，也就是強迫你讓給我做，我再假裝推辭幾次，最後才「勉強接受」，王莽、曹丕、司馬炎的皇位都是這樣搞來的。劉備若能開誠布公，正式而公開地禪讓給諸葛亮，倒不失爲一段佳話，有別於其他的野心家。如果劉備打從心裡不想禪讓，只是希望諸葛亮好好輔佐劉禪，亦不妨明說，並動之以情，相信以他們多年的君臣交情，諸葛亮不會不答應的。

附帶一提的是，儘管禪讓政治在古代是一種美德，但在今天看來，則是一種荒謬的政權轉移方式。稍有民主常識的人都能看出，像孫中山「禪讓」給袁世凱的舉動，根本是私相授受的行為，既沒經過人民同意，也違反憲政國家的體制，應該受到譴責才對。依照民主制度下的憲法，國家元首因故不能視事時，應由副元首暫代，而不是隨便禪讓。不管如何為孫中山辯解，他禪讓給袁世凱一事，終究是大開民主倒車的惡例，不可因為他是國父就加以掩飾。

奇怪的是，上述的兩種方式，劉備都不做，而選擇了第三種方式：讓諸葛亮自己決定！這既表示劉備太虛假，也是對諸葛亮的不信任，分明要陷諸葛亮於不義。假設諸葛亮真的答應「自取」，可能發生兩種後果：一是上了劉備的當，當場被宰！因為劉備很可能是言不由衷，故意要設計諸葛亮說出「真心話」，諸葛亮一旦暴露「自取」的野心，說不定一堆殺手就全部衝出來了，劉備恰可一舉剷除之，免生後患。二是劉備安詳死去了，諸葛亮順利接位，但外面鐵定會流言不斷，認為諸葛亮是欺負孤兒寡母，趁機篡位，與逼漢獻帝退位的曹丕沒有兩樣，諸葛亮的名聲從此臭掉，北伐曹魏的正當性也就消失了。假設諸葛亮一開始就擺明不打算「自取」，他以後就得信守承諾，不得違背，否則縱使稱帝了也得不到天下人的諒解。劉備這樣搞，怎麼看都不像真心的。一個快死掉的人還汲汲於搞權謀，實在令人匪夷所思。不過，我們若能從劉備的立場來思考，瞭解「天下父母心」，也許會對此比較釋懷些。

■豐臣秀吉託孤

中國從夏朝開始，一路都是「家天下」的觀念，也就是自己打下的天下，當然要由自己的子孫接管，變成「家族企業」。劉備身處在那樣一個時代，必然也是這種想法，他不可能將辛苦打拼而來的江山拱手讓人。環顧四周，諸葛亮正値壯年，能力又強，蜀國上下又佩服他，是最足以威脅到劉備「家族企業」的人選。反觀劉禪，當時還是十七歲的渾小子，人事不知，渾噩度日，劉備會放心撒手人寰嗎？非但劉備不會放心，任何一個皇帝遇到這種情形，無不頭皮發麻，所以朱元璋要大殺功臣，爲的就是讓子孫安全接位。這種情形就是發生在國外，也不能例外，我們試以日本的豐臣秀吉爲例。

豐臣秀吉原本是織田信長麾下養馬的小廝，後來因戰功而逐步被提拔，成爲信長最重要的大將之一。信長其實是非常殘暴的人，竟然逼明智光秀殺母、迫德川家康殺子，來表示對他的忠誠，而且時常在公開場合中任意羞辱手下，其人之冷血，令人齒冷。奇怪的是，秀吉還是視拔擢他的信長如父，始終做牛做馬，無怨無悔，這顯然是當局者迷。

日本史上有名的「本能寺之變」發生時，秀吉正在遠方爲信長征討毛利，不料明智光秀陣前倒戈，殺了正在本能寺舉行茶會的信長，據說光秀事前受了家康的唆使。但無論如何，信長之死讓秀吉悲痛萬分，誓言要爲「父」報仇。於是，帶著這種激憤之心，秀吉的軍隊迅速返回，與光秀決戰後獲勝，報了大仇。

從這時候開始，秀吉的人生起了重大的變化。原先，他只是個純粹的武士，打仗、報仇等，不過是爲了對信長效忠，一生只願爲信長「布武天下」的理想而努力，生活的目標再單純也不過了。因此他甚得民心、軍心，他的豪爽開朗，使人樂於與他親近。小時的玩伴，至今仍可一起共舞、喝酒，彼此沒有任何距離可言。

但自從擊潰光秀的勢力之後，秀吉在信長手下大將間的地位，突然水漲船高起來，加上他善於拉攏人心，正如毛澤東所說的「聯合次要敵人，打擊主要敵人」，使得老臣柴田勝家亦難以攖其鋒。他表面上聲言要盡心輔佐信長的兒子，使織田家的霸業發揚光大，但過沒多久，明眼人即看出他的野心所在，是要讓自己當天下霸主。

我們不否認秀吉從前對信長的忠心是眞的。但一方面是局勢使然，讓他騎虎難下，他若不拼命剷除異己，異己也會以消滅他爲職志。另一方面，也是權力使人沈迷吧，秀吉「不得不」「很自然地」往高位爬去，與昔日的戰友勝家決戰，與孩提的至交五右衛門劃清界限，與老粗出身的過往記憶分道揚鑣，他甚至爲了登上「關白」之位，不惜假稱自己是天皇的私生子、是足利將軍的義子，只爲了掩飾他出身卑微的事實。

要當天下霸主，先得擺平群雄的勢力，而德川家康在當時已權傾天下，不免成爲秀吉的眼中釘，肉中刺。但秀吉有自知之明，知道用硬拼的，勝敗難曉，只好用軟的，百般誘使家康臣服。德川是何等梟雄！眼下既然羽翼豐滿了，安肯屈人底下？秀吉只得付出代價，先後以已婚的胞妹、老邁的母親爲人質，向家康示好。秀吉是有名的孝子，連母親都可雙手奉上，家康不得不顧及天下輿論，只好正視秀吉的「誠意」，佯稱臣服。這一招，雙方都沒有損失，秀吉換來了幾年的和平，德川也不過多忍幾年而已（反正他已忍這麼多年了）。

但是德川的年紀是他的優勢，他比秀吉小了七八歲，他可以等，而秀吉不能等。當秀吉垂死之際，最擔心便是兒子秀賴的命運，他找來幾個最重要的大臣，包括德川，要他們發誓畢生效忠秀賴。他依然感到不安，又要他們寫血書，又要他們結拜爲兄弟，爲了只是要求一點心安。一個老人臨死之際，對權力仍舊有這麼深情的眷戀，其悲哀可知。

權力令人迷，秀吉不會不知道，而權力對德川而言，亦有同等的誘惑啊，他等了幾十年，等到武田信玄死，等到織田信長死，如今，豐臣秀吉也要死了，要他發個誓、寫血書、結拜，亦有何難？天下遲早要到手了。

可惜秀吉一直看不透，他仍要緊緊握住。他當年如何對信長的兒子的，如今，家康也依樣畫葫蘆，如何對待他的兒子，彷彿是中國的曹氏和司馬氏的恩怨情仇似的，不會劃下句點。

■劉表託孤

豐臣秀吉如此，劉備亦然，他死前會對諸葛亮設下這麼一局，果眞是用心良苦！從豐臣秀吉的故事中，我們依稀看見劉備臨終的影子。但這種詭計並非劉備自創，而是學劉表的。

話說建安五年（西元二〇〇年），袁紹發兵十萬進攻曹操，在官渡展開激戰，又撥給劉備一支人馬，去騷擾曹操後方。曹操派曹仁回擊劉備，劉備失敗逃回。當時，劉備看到袁紹集團內部意見不一致，袁紹又不能用人，因此有了溜走的打算。官渡之戰結束後，曹操打敗袁紹，接著又攻擊劉備，劉備自知無法抗拒，南下投奔劉表。劉表聽說劉備來到，極爲欣喜，親自到襄陽城外迎接，並以上賓禮節接待。這時的劉備雖然一再失敗，但在荊州豪傑中，仍然很有名氣和威望，他一到荊州，就得到很多人的支援，歸附者日益增多，就連劉表府中的一些人如伊籍等，也和他常來往，這都引起了劉表的疑心，暗中警覺。不久後，劉表撥給他一支人馬，派他駐守河南新野，放在抗曹的前哨。

劉備到新野後，爲了解除劉表對他的疑忌，他多方爲劉表出力。在軍事上，他設計保護了劉表的地盤。建安七年（西元二零二年），他在新野北面的博望坡埋設伏兵，打敗了曹操派來的夏侯惇和于禁大軍。《三國演義》寫諸葛亮在博望坡火燒夏候惇，是與史實不符的，因爲這時三顧茅廬的事都還沒發生呢。在政治上，他爲劉表出謀劃策。建安十二年（西元二〇七年），曹操舉兵北征烏桓，劉備勸劉表襲取許都，劉表認爲不可，不接受建議，事後劉表才後悔不已。

劉備的這些舉動，並沒有改變劉表對他的疑忌，表面上劉表還是厚待他，「然不能用」。劉備對此十分苦悶。有一次，劉備來到劉表府中，劉表請他喝酒。酒酣之餘，劉備起身如廁，歸坐時，劉表見他淚流滿面，十分驚詫，問他心中有何不快之事。劉備說：「以前我經常打仗，每天不離馬鞍，大腿的肌肉很結實，如今長期過安逸生活，連大腿上的肉也長肥了。日子像流水似的過去，人都衰老了，但還沒有建立什麼功業，想起這些事，心裏感到難受。」劉備的這番話，確實是肺腑之言，但聽在劉表耳裡，這是何等刺耳啊，認定劉備的野心很大，此後更加警惕起來，甚至還想暗害劉備。有一天，劉表設宴款待劉備。在宴會之前，劉表大將蒯越和蔡瑁已作部署，準備幹掉劉備。劉備走進宴會廳後，一看眾人的表情詭異，周圍戒備森嚴，氣氛反常，立刻警覺起來。酒宴開始不久後，劉備假裝上廁所，乘機偷溜出劉府，乘馬向城西奔逃，來到達襄陽城西約三里的檀溪時，馬突然掉入水中，劉備焦急地說：「的盧（劉備給馬取的名字），今日遇到危險，要努力啊！」說也奇怪，劉備話才說完，的盧縱身一跳三丈，居然跳過了檀溪。劉備即乘筏渡河，遠遠逃去。劉表派來的部隊追到此時，只好望溪興嘆，掃興而歸。

這樣一來，雙方的嫌隙更大了。劉表身體不好，自知即將不久於人世，而劉備不是易與之輩，既然用硬的不行，那就用軟的吧。劉表死前，就託孤劉備，說：「我的兒子不才，幾個主要將領都凋零。我死之後，荊州就交給你了。」這番說詞，跟後來劉備告訴諸葛亮的，是多麼神似！劉表如此託孤時，劉備的回答是：「你的兒子很不錯，你只要擔心自己的病就好了。」事後，有人勸劉備接受劉表的「好意」，劉備很有技巧地說：「劉表對我很好，如果我照他的話做，別人一定認爲我是個無情的人。」由此可見，劉備並非無意於荊州，而是怕別人的閒言閒語。南朝宋的裴松之對這件事的看法是，「此亦不然之言」，認爲劉表託孤根本是言不由衷，因爲劉表早先的繼承人是長子劉琦，後來又換成劉琮，不管怎麼換，心意很清楚，就是「肥水不落外人田」！他找劉備來虛情假意一番，只是爲了讓劉備有「道德壓力」，不敢強奪荊州。

劉備是吃軟不吃硬的人，劉表死前的臨去秋波，果然造成不錯的效果。不久後，曹操南下攻打曹操，劉琮聽從手下之言，投降了，卻遲遲不敢告訴劉備。等曹操大軍將至，劉備發覺事有蹊蹺，派人去問劉琮，劉琮遣宋忠來解釋，劉備大吃一驚，大聲罵道：「你們做這種決定卻不早說，等到大難臨頭了才告訴我，實在眞過份！」說完，拔刀朝向宋忠說：「就算現在殺了你，也不能夠洩我心頭之恨！更何況我是男子漢大丈夫，不想臨別前殺你這種人！」宋忠走後，有人建議劉備去偷襲劉琮，綁架到江陵。劉備說：「劉表死前將遺孤託付給我，我現在如果背信忘義，死後有什麼臉去見他？」劉表託孤的眞正用意，恐怕在這裡吧。劉備整頓將士後，拔腿就逃，經過襄陽時，諸葛亮又勸他此時如果攻打劉琮，必定可以佔有整個荊州。劉備聽了，只淡淡地說：「吾不忍也。」劉表的託孤，再一次發揮效果了。

正因爲劉表的這招效果奇佳，尤其對付心腸很軟的人，效果宏大，劉備死前必然也有想到，於是如法炮製，用來對付諸葛亮！「道德壓力」一產生，劉備他家的事業就保住了。

■三國孫氏託孤

看完了劉備和劉表的託孤，再看其他的。同在三國時代，孫策被吳郡太守許貢客殺成重傷，臨終前，他選弟弟孫權爲繼承人時，吩咐孫權說：「舉江東之眾，決機於兩陳之間，與天下爭衡，卿不如我；舉賢任能，各盡其心，以保江東，我不如卿。」有這樣不錯的繼承人，照理說，孫策是可以放心的。其實不然，他對張昭託孤時，先說：「中國方亂，夫以吳、越之眾，三江之固，足以觀成敗。公等善相吾弟！」這段話擺明了要張昭好好輔佐孫權。但他緊接著又說了怪話：「若仲謀不任事者，君便可自取之。」仲謀是孫權的字。要張昭必要時「自取」，顯然又是惺惺作態之詞。還好張昭是聰明人，也聽得懂話中有話，他才不上當！

不過，「自取」這種話，會是每個皇帝臨終前必說的廢話嗎？其實不然。孫策死後，孫權在東吳幹了半世紀，也死了。臨終前，他思考顧命大臣的人選，孫峻推薦諸葛恪「器任輔政，可付大事」，孫權覺得這個人剛愎自用，不太適合，孫峻卻認爲「當今朝臣皆莫及」，孫權於是接受。發下聖旨的時候，孫權將諸葛恪找來，說：「我病得很嚴重，恐怕撐不下去了，我兒就拜託你了。」諸葛恪「歔欷流涕」地說：「臣等皆受厚恩，當以死奉詔，願陛下安精神，損思慮，無以外事爲念。」兩人之間，純粹是「你好好輔佐小皇帝」的共識，並沒有「你要就拿去吧」和「我萬萬不能拿」這類奇怪的對話。

由此亦可知，會像劉表、劉備、孫策或豐臣秀吉那種搞法，一定是他們的天下還不穩，或者接班人年紀太小所致。如果沒有這些疑慮，誰會這樣託孤啊？所以，不管說劉備的做法是基於「至公」、「授賢」、「洞達」或「專一」，都是鬼扯淡的書生之見。眞相很簡單，這些人爲了保住他的家天下，不得不使用這些下三濫的方法來踐踏人。當然，像諸葛亮這種老江湖、老狐狸，對人性背後的意義是最清楚不過的了，什麼時候該說話，什麼時候要閉嘴，何時最好勸進，何時一定推辭，他哪有拿捏不準的？接受了天上掉下來的禮物，往往會飛來橫禍。不懂得這些人情世故和花招權謀，縱使有了諸葛亮其他的本事，還是學得不到家。我們時常批評政治人物太權謀，認爲這樣不好。事實上，我們該反問的是：哪個政治人物不權謀？我們自己不權謀？將權謀兩字污名化，並不會消除充斥在我們生活中的權謀，只會更多假正經而已。

周公或王莽的選擇

■為什麼不稱帝？

一般人對曹操印象不好的主因，在於他「挾天子以令諸侯」。但諸葛亮何嘗不是如此？只不過他挾持的是蜀漢後主劉禪。兩人雖然都將天子當成「肉票」，但給予後人的印象一好一壞，箇中原因實在耐人尋味。後人談論諸葛亮時，說他「其受六尺之孤，攝一國之政，事凡庸之君，專權而不失禮，行君事而國人不疑，如此即以爲君臣百姓之心欣戴之矣」。這段話最有趣的是「專權而不失禮，行君事而國人不疑」兩句，「專權」和「行君事」表明他握有絕對的權力與地位，卻「不失禮」，也不做非份之想，或者縱有非份之想亦不會讓人識破。更難能可貴的是，居然沒人懷疑他對劉禪的忠誠！這點正是曹操做不到的。曹操一輩子不曾有篡位之舉，別人卻老是懷疑他，可見他在讓「國人不疑」這方面的功力，遠遜於諸葛亮。諸葛亮的智慧，可想而知。

事實上，諸葛亮輔佐劉禪時，不是沒有人對他勸進，代表人物是李嚴。李嚴是劉備臨終前指定的兩名顧命大臣之一，他在劉禪時代的地位僅次於諸葛亮，又懂得風向球，知道諸葛亮受人尊重，因此曾寫信「勸亮宜受九錫，進爵稱王」。「王」只比「帝」矮一截，在古人看來，稱王的下一步就是要稱帝。而皇帝肯讓你稱王，表示你權力極大，他對你沒轍。如漢獻帝封曹操爲魏王之後，孫權厚臉皮上書大拍馬屁，說曹操是天命所歸，應該稱帝，如此可見一斑。李嚴寫給諸葛亮的原信已經不見，現在只能看到諸葛亮的回信，怪好玩的：

吾與足下相知久矣，可不復相解！足下方誨以光國，戒之以勿拘之道，是以未得默已。吾本東方下士，誤用於先帝，位極人臣，祿賜百億，今討賊未效，知己未答，而方寵齊、晉，坐自貴大，非其義也。若滅魏斬叡，帝還故居，與諸子並升，雖十命可受，況於九邪！

諸葛亮婉拒了李嚴的好意，他的理由是：我現在已經位極人臣了，不適合「坐自貴大」。如果眞要稱王的話，等到滅了魏國吧，到時候，我跟你們一起升官發財，豈止九錫，十錫都不成問題呢！這種回答說明了諸葛亮未必沒有篡位之心，但在那種天下三分的時候當皇帝，偏安一隅，實在沒意思，姑且等等吧。

這樣的勸進動作，一定不止李嚴一人，但諸葛亮很聰明，沒有掉入這個陷阱中。應該問的是，他爲何沒有選擇這條路？仔細分析，原因只有以下幾種：第一，他眞的忠心耿耿，沒有任何取而代之的野心。第二，這是劉備臨終前和他的「套招」：劉備要面子（皇位），諸葛亮要裡子（權力），各取所需，兩人心照不宣。第三，他只要有皇帝之實，不需要有皇帝之名。

後人對諸葛亮之所以選擇輔佐劉禪，而不「自取」，大多從第一個原因來看待。問題是，人心的動機有千百種，根本無法讓外人一眼看穿。如果諸葛亮在意的是歷史美名，他眞的可以壓抑「自取」的誘惑，隱藏自己其他「不純正」的動機，而選擇輔佐劉禪這條路。

先來分析第二個原因。以當時的政治情勢來看，劉備一死，諸葛亮必定大權在握，說眞的，無人可以節制，除非諸葛亮自我節制。劉備一定早就看出這種既定的結果，卻也無可奈何。他可以不在乎諸葛亮是否權傾天下，只求劉家子孫能繼續當皇帝，裡子就給諸葛亮吧，面子則自己留著。因此，託孤時的一番說詞，全是用來暗示諸葛亮的。以諸葛亮之智，當然聽得懂弦外之音。以諸葛亮的個性，面對劉備這麼看得起他，他當然只能全力以赴，不敢造次，不敢做任何非份之想。後來他在〈出師表〉中說：「先帝不以臣卑鄙，猥自枉屈，三顧臣於草廬之中，諮臣以當世之事，由是感激，遂許先帝以驅馳。後值傾覆，受任於敗軍之際，奉命於危難之間：爾來二十有一年矣。先帝知臣謹愼，故臨崩寄臣以大事也。」會有這種感激涕零的語氣，不是沒有道理的。當然，劉備若眞有讓位之意，以他和諸葛亮多年的默契，也不用將話挑明。從諸葛亮的立場來看，他不一定得當皇帝才能實現理想不可。談到這裡，就不能不說說第三個原因：有皇帝之實，無皇帝之名。

■周公與王莽

唐朝的大詩人曾寫過五首〈放言〉詩，其中第三首最有名，很多人常常引用錯誤，特地在此抄錄如下：

贈君一法決狐疑，不用鑽龜與祝蓍。試玉要燒三日滿，（眞玉燒三日不熱。）辨材須待七年期。周公恐懼流言後（一作日），王莽謙恭未篡時。向使當初（一作時）身便死，一生眞僞復誰知。

這首詩拿周公和王莽來開玩笑，很有翻案的意味。周公是中國歷史上有名的聖人，也是胡適所說的「箭跺式人物」，接近他的時代的任何發明、功勞，都可以算在他身上。他最讓人稱道的功績之一，是盡心盡力輔佐年幼的周成王，明明可以篡位而不篡位。然而，周成王最後還是懷疑到他身上來了。白居易的意思是說，如果周公不等眞相澄清，就先自殺死了，或被殺死了，他留下來的還會是美名嗎？相同的，王莽也搞周公這一套，他也很盡心盡力輔佐年幼的西漢小皇帝，博得許多美名。白居易的意思是說，如果王莽在還沒篡位前就先死了，他留下來的還會是惡名嗎？

王莽是中國歷史上最神奇的「大說謊家」，說得天衣無縫、巧奪天工。他原本是外戚，因爲父親早死，他的堂兄弟都奢侈豪華，只有他是個窮光蛋。當時的官場腐敗，老百姓都痛恨奢華之風，王莽逮到機會，利用自己的貧窮特色，用功讀書，穿著樸素，待人誠懇，很快就有了極高的名聲，一路竄紅到大司馬的地位。他最佩服周公，又看到漢朝國勢土崩瓦解，很想讓歷史在自己身上重演。爲了實現夢想，他開始玩一些小把戲，讓漢平帝封他爲安樂公。傳說周公攝政時，有外族進貢白雉，王莽居然好笑到全盤抄襲，也派人慫恿外族這樣幹，表明他是周公再世。爲了讓女兒成爲皇后，他還捏造民意，指使百姓每天聚集在皇宮門口請願，皇帝沒有辦法，只好「以民意爲依歸」。當了皇帝的岳父後，朝廷照例送他大筆田地，他還要裝模作樣，多次推辭，直到前後將近五十萬人上書勸他接受，他才「勉強」接受。又派人到民間巡視，捏造許多擁護、稱讚他的歌謠，表示眾望所歸。按照中國傳統，做皇帝得先有上天的預告才行，在王莽輔政五年之間，全中國共出現了七百多件的「神蹟」。等到一切都準備好了，說也奇怪，就有大臣、學者等九百零二人奏請皇帝給王莽九錫。既然如此接近皇位，多巧啊，漢平帝沒多久就死了，即位的是小孩子，爲了國家前途著想，王莽又升任爲假皇帝。其實這皇帝一點也不假，除了最後的動作，該有的都有了。接著，在眾人的千呼萬喚聲中，王莽順理成章變成了眞皇帝。

王莽雖然是個有心做事的改革者，但他篡位的過程實在太矯情虛僞，後人從不將他看成周公，只視爲一個竊國型的渾球，這正是歷史的弔詭之處。明朝有個讀書人說：「雖亂臣賊子，其始進用，未必即有異圖，然而當權勢日盛，勢不得不下。」這段話很妙，卻也很貼切。歷史是以成敗論英雄的，王莽未必一開始就處心積慮要篡位，也許是情勢使然，讓他不得不然。諸葛亮是熟讀歷史的人，他當然知道周公和王莽的事蹟。不篡位，就有周公之名；篡位了，就成為王莽之流。周公雖然沒有皇帝之名，卻有皇帝之實，大權在握時，皇帝甚至只是個傀儡、花瓶而已。他為什麼要「自取」呢？這是諸葛亮的聰明之處。

■死太早與活太久

周公和王莽的例子，也正提醒想在歷史留名的人，如何斟酌生死之事，畢竟「死太早」或「活太久」都在是人生的一大困擾。有的人死太早了，他努力的成果，可能在史書上被歌頌，也可能被別人接收過去或破壞殆盡。有的人太慢死了，也許能澄清一些歷史眞相，也可能搞得聲名狼藉、晚節不保。如何拿捏得宜，終究是人算不如天算。

以清末戊戌政變的烈士之一譚嗣同為例，他只活了三十幾歲，卻享譽至今，結局算不錯了。仔細讀他的《仁學》一書，會被裡頭龐大博雜的思想體系給深深震撼，雖不成熟，卻很能激勵人心。常有人會想，這樣聰明勇敢的年輕人，如果能多活二十年，不知道會進步到何等境界？但想歸想，這只是個假設性問題。天曉得他多活了二十年，會不會落得汪精衛那樣的下場？

在一般人的印象中，汪精衛是漢奸的代名詞，其人無足道矣。事實上，汪精衛曾是道道地地、不折不扣的革命元老。宣統三年，他行刺攝政王載灃失敗，被關進死牢中，看樣子非死不可了。他自己也有覺悟，在獄中寫了許多激昂的詩，最有名的是這首：「慷慨歌燕市，從容作楚囚。引刀成一快，不負少年頭。」然而，汪精衛錯過了當烈士的機會，武昌起義後，民國成立，他居然死裡逃生了，躲過一劫，從此步入政壇，成為孫中山得力的左右手。對汪來說，躲過這一劫似乎不是好事。就像陳寅恪詩說的：「世亂佳人還做賊。」一個有功於民國的革命黨，最後跑去賣國了，終究是件可惜的事。最諷刺的是，當年關他的那間死牢，曾關過明朝的楊繼盛、左光斗，也關過清朝的譚嗣同。這些人都因關死了而留下美名，獨獨他活著出去卻留下臭名，這種巧合，又該怎麼說呢？「假使當時身便死」，也許歷史評價就不同了。

還有一個人最特別，他叫劉師培，只比汪精衛小一歲，只活了三十六歲，但你很難斷定他死太早還活太久。從學術的立場看，他是清末國學大師，沒有章太炎的博大，但精深方面卻有過之而無不及，只活三十六歲，似乎死太早了。如果從政治上看，則剛好相反。他本來是傳統的知識份子，一心只想考上科舉，光耀門楣，但好死不死，趕上廢除科舉，搞得他心灰意冷。接著崇拜章太炎，一變而為最激烈的革命黨。到日本後，變成最激烈的無政府主義者。跟革命黨同志鬧翻後，居然跑去向清廷告密，變成清廷的走狗。民國成立後，跑去當袁世凱的「籌安會六君子」，事後差點被處決。晚年的運氣還不錯，蔡元培請他到北大教書，了此餘生。這樣一個人，坦白說，活了三十六歲卻有「長壽」之嫌。

諸葛亮活了五十四歲，留下「鞠躬盡瘁，死而後已」的歷史印象，算是很不錯了，是「死得剛剛好」的最佳典範。與他齊名的「鳳雛」龐統就太早死，我們無法知道他的功力到底高到什麼地步。諸葛亮去世那年，兒子諸葛瞻只有八歲，別人不會有太多的政治聯想。如果他晚個十年、二十年才死，搞不好會出什麼紕漏，也許「萬民擁戴」，將他捧成蜀國皇帝；也許兒子諸葛瞻長大了，成為另一個「曹丕」。這樣一來，任憑他如何解釋，也不能避免被史學家認定是王莽之流的野心家。

曹操的惡夢

我們可以這樣認爲：諸葛亮因此順利避開了曹操家族遇到的窘境。史書上說，漢獻帝封曹操爲魏王後，孫權就上書大拍馬屁，說天命所歸，曹操應該稱帝。其他大臣看了，也紛紛厚臉皮勸進，唯恐落後，他們所持的理由大抵是：「東漢從安帝以來，大權一路旁落到現在，只剩下好聽的名號而已，可見『氣數』已盡；而曹大老闆您有太多豐功偉業，三分天下有其二，應該當仁不讓，取漢朝而代之。」面對這種勸進聲浪，曹操也許心動，卻不上當，他明指孫權「是兒欲踞吾著爐火上邪」！想害他跳火坑，門都沒有！他進一步說：「若天命在吾，吾爲周文王矣」。他只想當周文王，不當周武王。這樣看來，曹操始終不曾篡位，不是他客氣謙讓，不是不忮不求，而是他衡量大局，評估環境，知道一旦篡位，成爲國賊，必然沾上一身腥；代漢自立只會爲他惹來麻煩，那是被火燒烤的煎熬。曹操把皇帝大位留給兒子曹丕，只留下一句「若天命在吾，吾爲周文王矣」。周文王當年擁有三分之二的天下卻未滅掉商朝，江山大業是兒子武王伐紂打下來的，因此曹操以周文王自許。而曹操也像周文王一樣，爲兒子奠定了篡位的根基，成功的離間了孫、劉同盟的關係，爲曹丕掃除篡位的後顧之憂。曹操死後，曹丕篡位，水到渠成，不亦快哉！

然而，世間上有些事情畢竟人算不如天算。曹操處心積慮爲兒子鋪後路，儘管自己沒篡位，但他的「吃相」實在難看，操作痕跡又很明顯，最後既沒得到像周文王那樣的美名，反而被後人罵得臭頭。不只如此，在他用心良苦的佈局下，曹丕建立的魏國只撐了四十五年，就被司馬炎如法炮製，有樣學樣地偷走了。最諷刺的是，魏國國祚四十五年之中，有四十年都是遭司馬懿一手把持，就像曹操挾持漢獻帝一樣，有人戲稱這是「報應」，不無道理。司馬炎是司馬昭之子，司馬昭在世時，已掌握魏的國家大權，魏國皇帝成了傀儡。後來司馬炎接替父親掌管魏國朝政。到了西元二六六年，司馬炎設壇南郊，燔柴告天，逼迫魏帝曹奐退位後稱帝，封曹奐爲陳留王，改魏爲晉，建都洛陽，史稱西晉。

相形之下，諸葛亮就沒有這些後遺症。他雖然沒能復興漢室，沒能當上皇帝，但他的功業、名聲流傳至今，大家極力稱頌。在他死後，讓他統治過的老百姓懷念他，陳壽的說法是：「黎庶追思，以爲口實。至今梁、益之民，咨述亮者，言猶在耳，雖甘棠之詠召公，鄭人之歌子產，無以遠譬也。」讓他判過刑的廖立、李嚴都難過地哭了。就連他生平的勁敵司馬懿，也忍不住佩服：「天下奇才也！」三十年後，魏國將軍鍾會攻蜀，路過諸葛亮廟時，不只親自祭拜，還下令士兵不得在周圍活動。連敵人都這樣佩服他，朋友當然不在話下。這種「只當周公，不當王莽」的智慧，實在是千古第一人。

話說回來，曹操其實是有機會當周公第二的，但他太貪心，台語所謂「呷緊弄破碗」。古人爵位中，地位由上而下是王、公、侯、伯、子、男，一般大臣或將軍能當到某某侯，已經算是不錯了，然而曹操不是。西元二一三年，漢獻帝立曹操爲「魏國公」，這是個很大的「突破」，天下人開始猜測曹操的狼子野心。畢竟漢獻帝有名無權，這分明是曹操自己的主意，儘管他還做做樣子，讓漢獻帝發佈聖旨，後代史學家還是這樣記載：「曹操自立爲魏公。」可憐的漢獻帝在那封聖旨中，極力強調曹操如何勞苦功高，歷數曹操討平董卓、黃巾、袁術、呂布、袁紹、劉表的戰績，左一句「君之功也」，右一句「此又君之功也」，然後說你比商朝的伊尹和周朝的周公還要偉大，而「朕以眇眇之身」，實在無法報答你的大恩大德，就把冀州的十個郡給你，「封君爲魏公」吧。曹操臉皮很厚，理所當然接受了。人家是周公，你是魏公，這樣也夠了吧！

但曹操還不滿足，三年後，又升爲魏王。可憐的漢獻帝又被迫下旨貶抑自己，抬舉曹操，說：「朕以不德」，把國家弄得一塌糊塗，還好有你「秉義奮身」，「捍朕於艱難」，特別是這三年來，你又更偉大了，我如果不再把你升官，怎麼對得起列祖列宗和天上神明呢？如今封你爲魏王，你千萬別推辭喔。曹操臉皮很厚，理所當然又接受了。人家是周公，你是魏王，這就太過份了。曹操一當魏王，無疑宣告自己篡位的野心，這種人哪是周公呢？

■張昭的美夢

相形之下，東吳的張昭也比曹操聰明。他是孫策的顧命大臣，孫策死前，還曾假惺惺對他說：「要就自己拿！」張昭不上當，只當了顧命大臣，但權力一樣極大，連孫權都怕他三分。孫權很敬重張昭，卻不肯用他當宰相，原因有二：赤壁之戰前，張昭勸孫權舉兵投降曹操，別反抗了，此事讓孫權耿耿於懷，此其一。張昭的個性太衝，常和孫權對抗，孫權實在吃不消他，此其二。關於第一點，裴松之曾爲張昭說話，認爲如果孫權採用張昭的建議，天下早就統一了，由此看來，張昭「故無功於孫氏，有大當於天下矣」。至於第二點，張昭列傳中有好幾個小故事，有一個最勁爆，值得詳談。

話說遼東太守公孫淵起兵反叛曹家，孫權想派人去封公孫淵爲燕王，張昭認爲不妥，孫權卻堅持，兩人大吵一架，互不相讓。孫權氣死了，拿刀猛砍桌子，恐嚇張昭：「東吳士人在皇宮內最尊敬我，在皇宮外最尊敬你，我平常不吭一聲，對你算是很尊重了。但你沒事跟我唱反調，我怕哪天我會

『失手』，幹了我自己都不知道的事！」張昭聽了，雙眼直瞪孫權，說：「我早知你不聽我的，但我還是繼續烏鴉嘴，你知道爲什麼嗎？因爲太后死前，一直拜託我要好好幫你的忙！」說著說著，張昭就哭起來。孫權看了，連忙拔刀丟掉，陪著一起哭。

事後，孫權還是派人去見公孫淵。張昭知道後，氣個半死，請病假躲在家裡，拒絕上朝。孫權恨死了，派人將張昭家的門口封死，不讓他出來。張昭見狀，做得更絕，從家裡封死大門，表示說：你不讓我出去，我也不想出去啦！沒多久後，公孫淵果然殺了孫權的使者，孫權後悔不聽張昭之言，幾次派人請他出來，他死都不肯。孫權無法，只好親自前往邀請。張昭的脾氣眞硬，他隔著大門對孫權說：「我生病，不想出去！」孫權火了，縱火燒門，想逼張昭出來，無奈張昭還是不肯。孫權急了，怕燒出人命，連忙派人滅火，自己則在門外罰站，不肯離去。張昭的幾個兒子看不下去，硬拖老爸出來，讓孫權開心地載他回宮，並鄭重道歉，這件事情才告一段落。

這對君臣眞是一絕！正因爲有度量這麼大的國家元首，才有這麼忠心的大臣。而張昭「膽敢」這樣「放肆」，當然與他是顧命大臣的身份有關。張昭不取而代之，仍舊得到尊重與實權，並贏得千秋美名，智慧尤勝曹操。

■諸葛亮架空劉禪

諸葛亮一輩子只當宰相，不當「公」或「王」，不但有了歷史美名，終劉禪之世，他還合法地「隻手遮天」，大權一手抓，舉國唯他是從而不疑，眞過癮啊。陳壽在《三國志》裡寫完諸葛亮的傳記，曾提到自己整理出這位偉人的文集，總共有二十四篇文章，並解釋爲什麼諸葛亮的「文彩不豔，而過叮嚀週至」，也就是囉囉嗦嗦之意。他的看法是，諸葛亮寫文章是要給「眾人凡士」看的，「故其文旨不得及遠也」。陳壽編輯的諸葛亮文集，我們現在已經看不到了，但註解《三國志》的南朝宋裴松之還曾看過，他也視情形需要，補充在《三國志》中。這一補充之下，諸葛亮立刻露出馬腳，原來劉備那段很有名的遺詔，是他代寫的！裴松之這樣引述：

諸葛亮集載先主遺詔敕後主曰：「朕初疾但下痢耳，後轉雜他病，殆不自濟。人五十不稱夭，年已六十有餘，何所復恨，不復自傷，但以卿兄弟爲念。射君到，說丞相歎卿智量，甚大增脩，過於所望，審能如此，吾復何憂！勉之，勉之！勿以惡小而爲之，勿以善小而不爲。惟賢惟德，能服於人。汝父德薄，勿效之。可讀漢書、禮記，閒暇歷觀諸子及六韜、商君書，益人意智。聞丞相爲寫申、韓、管子、六韜一通已畢，未送，道亡，可自更求聞達。」

太妙了，劉備臨終前的遺詔是諸葛亮代寫的，有沒有被動過手腳呢？我們不得而知。也許他寫完之後仍要給劉備過目，如果他眞是「有心人」，眞的加以掉包，外人也不會知情。但毫無疑問地，這封遺詔確立了諸葛亮在「後劉備時期」不可動搖的地位，眞過癮啊。

從這個方向繼續追索，又可發現諸葛亮在西元二二七年爲劉禪代寫的聖旨，裡頭有段話說：「諸葛丞相弘毅忠壯，忘身憂國，先帝托以天下，以勖朕躬。今授之以旄鉞之重，付之以專命之權，統領步騎二十萬眾，董督元戎，龔行天罰，除患寧亂，克復舊都，在此行也。」原來諸葛亮的權力大到這種地步，可以代寫聖旨，寫出自己的心意；可以爲自己封官加爵，端看他需要什麼。這是很典型的人治，而非法治，「政事無巨細，咸決於亮」。他除了沒有皇帝的名位，其餘都有了。

權力被架空了，劉禪的心中有沒有怨言呢？諸葛亮死後，蜀國各地要求朝廷准許他們爲諸葛亮立廟祭拜，劉禪認爲這和朝廷的規矩抵觸而不准。此後，百姓只好自己定期在路上祭拜諸葛亮。但這樣一搞，變得有點不倫不類，好像在祭拜孤魂野鬼似的。又有人建議乾脆在首都成都蓋個諸葛廟，劉禪還是不願意。最後步兵校尉習隆、中書郎向充等人聯合上表，提出種種理由，劉禪才勉強同意。這時候，距離諸葛亮逝世已經整整三十年了，剛好也是蜀國將亡的那年。從劉禪這些舉動來看，他對諸葛亮生前「挾天子以令諸侯」確實是很不滿的，所謂「朝廷規矩」等等理由，以當時人治的政治文化來看，很多制度都是爲諸葛亮「量身訂做」的，隨時可改。劉禪的心意，可想而知。客觀來看，如果諸葛亮不架空劉禪，蜀國的所有基礎都打不牢，能夠撐多久，仍是個大問號！

■唐太宗的錯誤示範

正因爲如此，我們才能發現諸葛亮的偉大與法治的重要。以當時諸葛亮的地位，他是可以爲所欲爲的，但他沒有，他努力克制自己的私欲，一切以國家利益爲最高原則，這是十分難得的。在中國歷史上，也只有周公和他能有這種毅力。要靠當政者自我節制，除了他們兩人，就只有唐太宗。

唐太宗大概是中國歷史上最好的皇帝，但是他爲唐朝後代子孫做了很大的錯誤示範，二十多年的貞觀之治卻換來兩百多年的混亂，値得嗎？這裡指的錯誤示範，是指唐太宗對皇位繼承的態度。他認爲，傳長子不如傳賢子。「傳賢」是個很不錯的理想，然而有時候卻後患無窮。縱使是現在的民主政治，讓人民直選元首了，仍常常會選出混帳總統，更何況是皇帝自己挑繼承人，出錯的機會豈不更高？中國古代習慣傳給長子，是有其道理的，雖然長子可能是白癡是笨蛋，起碼這會形成一個穩定的制度，不是長子的人就不會有貪念。如果皇帝企圖傳給較賢能的兒子，有那個兒子會自認不賢能？有誰會放棄當太子的機會？矯情作假、裝模作樣的情形一出現，骨肉相殘的局面便無可避免，皇帝也很難分辨智愚眞假。唐太宗李世民搞玄武門之變，首開唐代兄弟相殘之惡例，後來又企圖「用最好的兒子來當太子」，結果整個唐代永無寧日。據學者統計，唐代太子更換的頻率極高，不得善終的超過一半，最後如願當上皇帝者，不是奸詐陰險，就是受人控制，這便是在封建制度下企圖傳賢的後果。

無論古今，傳賢只是一種理想，我們應該建立好的制衡制度，讓壞蛋惡棍當選也不至於逞兇，這才是長久之策。畢竟在封建社會裡，唐太宗只有一個，加上周公與諸葛亮，也不過是三個；而在民主社會中，華盛頓也只有一個。迷信人治終究是行不通的。

周公和諸葛亮是難得的典範，他們的子孫相安無事，王莽和曹操別有居心，不只臭名遠播，也殃及子孫，智慧的差別就在這裡啊！

■諸葛亮與曾國藩的比較

有人將諸葛亮和清朝的曾國藩拿來相比，討論他們能稱帝卻不稱帝的原因，怪有趣的。曾國藩在太平天國運動即將推翻清王朝的時候，投筆從戎，通過組建湘軍，掌握了地方大權，最後鎮壓了叱捐一時的太平天國運動，然而當部分人（例如曾國荃），建議他利用湘軍和自己的威信、能力取清朝而代之，他卻絲毫不爲所動，甚至解散了好不容易才組建的湘軍。他爲什麼不這樣做呢？可能的原因如下。

一、文人造不了反：中國自春秋戰國以來，一般的開國皇帝或者起義軍的領袖，大多是軍人武夫，或者甚至是流氓無賴，讀書人造反的很少，而成功的幾乎沒有，曾國藩應該是處於這種心態，而諸葛亮或許也是這種心態。

二、集團外部的阻力：清朝雖然已經嚴重衰落，但是僧格林沁仍然有一支很強大的部隊在中原馳騁，而且這支隊伍的騎兵實在是讓人棘手，曾國藩若有行動，便會馬上碰到這顆釘子，沒有騎兵的湘軍不能不對此有所顧忌。換個角度，從諸葛亮這裏看，荊州集團雖然很強大了，但是益州集團尚且有李嚴手握重兵，原有集團也有趙雲，這些都不能不讓孔明有所顧忌，即使是他二人後來死了，但是魏延和馬岱也是不能忽視的。這些人對蜀國忠誠這是無疑的，雖然在那樣的大是大非前，應該就不會對諸葛亮也忠誠，畢竟於公於私，他們都不會選擇諸葛亮的。

三、集團內部的阻力：李鴻章的淮軍、左宗棠的楚軍是從湘軍分出去的勢力，他們會不會支援曾國藩，對曾國藩來說，這根本就是一個未知數。再說諸葛亮方面，他也不能保證自己荊州集團的所有人，都會在這一時間上與自己站在同一戰線。

四、外部方面的阻力：當時，也就是第二次鴉片戰爭後不久，以英國爲首的國際在華勢力，可以說已經打定主意扶植清廷，曾國藩這回一鬧，他們很可能也會和鎮壓太平天國一樣，和曾國藩玩。至於諸葛亮一方面，吳國是不是支援諸葛亮，已經很難說了，南蠻和西羌乘機造反是可以肯定的，而魏國看著蜀國內亂，難道還不會蠢蠢欲動？

五、兵民厭戰：和太平軍鬥了那麼久的湘軍，士兵們一定很累了，以前和太平天國征戰的一幕幕血腥浮現在自己心頭，回想起昔日和自己並肩作戰的兄弟已經死去，難免對戰爭不寒而慄。好不容易告別了戰爭，他們難道還願意再回到戰場？更何況，湘軍主力攻陷天京的時候，曾對天京城大肆搶劫，官兵都大賺了一大批錢財，人心思歸，戰鬥力銳減，而且還願不願意爲曾國藩賣命，曾國藩也毫無把握。同樣，百姓也厭惡戰爭了，這從太平天國後期的支援率和前期的相比上就可見一斑。諸葛亮這邊也差不多，北伐的軍隊雖然不會厭戰，但是後方的軍隊就難說了，而且就三國後期來看，諸葛瞻之所以兵多還敗在鄧艾的手上，除了本身的戰略戰術有問題外，士兵不想參戰也是一個很大的原因。從這點看，成都尚且有那麼多士兵但是仍然投降，這件事就容易解釋了。同樣，儘管東漢末年軍閥混戰，但是益州一直遠離戰爭，所以人民厭戰也是必然的。

六、最關鍵的一點，湘軍起兵時，以保衛明教和忠君報國爲號召，作爲團結奮鬥的動力，一旦曾國藩自己稱帝，這不就等於自己打自己的嘴巴？倒時候必然是會喪失人心、眾叛親離。諸葛亮呢？他是以繼承先帝遺志、打倒篡位的曹魏、恢復漢家江山爲號召力的，倘若他稱帝的話……自己也篡位，還好意思說曹魏嗎？自己打了自己的耳光，很多事情就都會對自己不利了，爲時也必將喪失人心、眾叛親離。

其實，諸葛亮雖然沒篡位，但是在他幹掉了李嚴以後，蜀國的軍政大權幾乎全在諸葛亮，或者說荊州集團的手中，諸葛亮是一個實質上的皇帝，劉禪只是傀儡罷了。（這樣就很好解釋，劉禪爲什麼反對爲諸葛亮立武侯祠？）諸葛亮也就沒有必要自己當皇帝了。既然沒有稱帝的可能，又沒有稱帝的必要，他還爲什麼要稱帝呢？

談判之道

諸葛亮的人生太豐富也太忙碌，常常隨便一展露就是絕學，不僅多才多藝，幾乎什麼都會，是個「通才」型的人物。而且，他還是非常優秀的談判高手，最具有代表性的一次，是他去遊說孫權打赤壁之戰，這可說是談判方法的典範。在現實生活中，談判無所不在，也無所不能，是每個人必備的「求生技能」，我們就來看看諸葛亮是怎麼談判的。

赤壁之戰的主因，是曹操覬覦荊州這塊肥肉，想南下征服之，以達到統一中國的目標。荊州一旦被曹操奪下，江東的孫權、益州的劉璋都別玩了，坐以待斃而已，更別說四處逃難的劉備。當時的荊州刺史劉表已死，滯留荊州的劉備甚至擁兵不到一萬人，除了逃亡，他還能幹什麼？這時，距離荊州最近的孫權還在觀望中，尚未決定要不要反擊曹操。這也難怪，曹操的實力如此之大，孫權身邊的主降派（說好聽一點叫主和派）也不少，孫權縱使想有所動作，恐怕也有不少顧忌。

諸葛亮隨劉備逃到夏口後，見情勢緊張，建議說：「事急矣，請奉命求救於孫將軍。」劉備除了答應，還能做什麼？諸葛亮便跑去找孫權談判。在談判之前，諸葛亮做了萬全準備。畢竟這是歷史的關鍵，只能勝不能敗，時機稍縱即逝，如果談判破裂，劉備陣營馬上完蛋，諸葛亮的隆中對也立刻泡湯。我們別忘了，他當時才投靠劉備不久，就遇到這麼巨大的困境，若沒有很高明的談判技巧，聯合不了孫權，他日後就算投靠其他陣營，恐怕也沒人想用他。因此，他必須把握這次談判的機會，一炮而紅，為自己的前途而戰。

什麼是談判？該怎麼談判？在正式討論諸葛亮的做法前，有必要先瞭解談判的各個面向。這些面向不只能貫串古今，也能運用在各種場合中，更能幫助我們瞭解諸葛亮成功的祕密。

■談判高手周恩來

一九七一年，美國前國務卿基辛格大張旗鼓訪亞洲的西貢、曼谷及新德里。七月八日，他抵達巴基斯坦的伊斯蘭堡，演出了當代外交史上最神奇的「外交百慕達」。當天下午，巴基斯坦前駐中國大使蘇爾坦煞有其事向外宣稱，美國貴賓過於勞累，只得取消歡迎會，改往旅遊勝地休息。事實上，這些動作不過是煙幕，中共總理周恩來早已派出外交官員到伊斯蘭堡等候，請基辛格登機，神不知鬼不覺悄然飛抵中國。這一切，正是周恩來與基辛格暗中會面的苦心安排，爲了使兩國的邦交正常化。基辛格抵達北京的釣魚台賓館後，吃了午餐，周恩來便登門拜訪。爲了消除分歧，周恩來使用心理相容的談判藝術說：「我們兩國之間有巨大的分歧，現在終於能坐下來一談，可相互闡述觀點，讓對方充份了解。」這樣的開場白，解除了基辛格的大半壓力，先前的拘謹氣氛完全消失。之後的會談，周恩來充份掌握談判技巧，每碰到尖銳問題，就提議休息或吃飯，讓氣氛緩和後，雙方才又重回到談判桌上。

多年來，基辛格等西方談判專家，慣用的是「色拉米」香腸式的談判方法，把讓步像切香腸一樣，切成又薄又多的薄片，再一點一點地讓給對方。但是周恩來卻採用「先發制人的讓步」談判戰術，確定一項合理的解決方法，一步就跨到那裡，然後堅持立場不變，這樣不但一開始就接觸實質問題，又能顯出談判者的誠意。他雖是外交家，卻不贊同以虛僞的外交說辭粉飾太平，而是講求務實，並且善於掌握火候。在草擬公報草案時，他向基辛格說：「遭漂亮的外交辭令掩蓋巨大分歧的公報，往往是禍根，既不能解決問題，又會導致更深的矛盾。」當美國在修改方案上刪除中共提出的一個觀點，周恩來立刻向基辛格抗議。但基辛格認為該觀點會使美國總統受屈辱，不肯讓步，兩人協商後，基辛格讓中共也刪除美方觀點中的兩句話。周恩來說：「我們不是商人，不是在做買賣，完全用不著討價還價，你只需叫我同意，告訴我令你為難之處，就可以了！」

三天後，基辛格愉快地乘機祕密返回巴基斯坦，他行前滿意地說：「我帶著希望而來，帶著友誼而去。訪問成果超過我原來的期望，圓滿完成我們的祕密使命！」他對周恩來有這樣的評語：「周恩來有一種特有的風格，一種非常巧妙地討人喜歡的技能。」

這個故事告訴我們，談判能力是多麼重要的事，小則為己，大則興國，活在這個世界上，怎能不知道談判的方法呢？

■談判對手的幾種類型

談判是資訊交換，再加上理性選擇的一種過程。適當地運用談判戰術，可以成為談判高手，但談判技巧絕非萬靈丹。談判者本身的實力、談判目標及談判過程等，都可能影響談判是否成功。單單依靠談判技巧，實在未必可以定勝負。所謂「弱國無外交」，談判技巧固然重要，但絕不能化腐朽為神奇。談判始終要求實力和策畫來配合。這些都是諸葛亮在事前必須考慮的。

談判的整體規畫中，要在知己知彼的原則下，籌畫出敵我雙方的優劣形勢，並訂出談判戰略及談判戰術，所需的資料包括：一、自己的底線、優勢及劣勢分析；二、對方的底線，優勢及劣勢分析；

三、對方心理與行爲模式的評估。第一、二點的資料蒐集不太困難，比較傷腦筋的是第三點。

在眞正成功的談判裡，了解對手的心理和行爲模式是一種必要的準備，只有在這種基礎上，才能選擇具體而有效的談判方式反擊對手，使自己立於不敗之地。而要眞正了解對手，必須確定談判對手屬於哪一種類型，這樣才能在談判桌上採用有效的手段和方法，既可節省精力，又可一擊而中。因此，在談判之前，獲悉談判對手屬於哪一種類型，並確定相應的談判方式，是很重要的。諸葛亮此次的談判對象是孫權，自然要事先考慮這個問題。

有些人在談判中愛虛張聲勢，動不動就對對手進行威脅恐嚇，這是一種強硬型的談判方式。強硬型的談判對手往往情緒表現得十分激烈，態度強硬，在談判中趾高氣揚，不習慣也沒耐心聽對方的解釋，總是按著自己的思路，認爲自己的條件已經夠好了。儘管這種一廂情願式的方法十分愚蠢可笑，他們仍然樂此不疲。若遇到這種談判對手，最好做好各種心理準備，以應付各種尷尬場面，並在耐心的基礎上，理直氣壯地提出自己的理由。

強硬型的談判對手總是咄咄逼人，不肯示弱。有的也許會什麼也不說，有的乾脆一口回絕，絕無迴旋的餘地。即使他們有時候口氣不是十分堅決，並申明他們將認眞考慮你的建議，事實上他們只要一轉身，就會把承諾忘光。如果你緊逼不捨，要求兌現，他們肯定會矢口否認，或乾脆對你說「不」。這種人之所以強硬，一方面可能是他們自身擁有優勢，另一方面則可能是其性格原因造成的。自身擁有優勢者總是待價而沽，囤積居奇。有些人面對強硬的對手，往往會覺得自己的自尊心受到了傷害，因此，他們不願再與對手發生任何關係，甚至不願意再相見。這就勢必帶給自己一定的損失，同時也使強硬的對手蒙受損失，造成兩敗俱傷。正式面對孫權之前，諸葛亮必須考慮到這種可能。

當然，遇到這種情況，人們也許會譴責強硬者而同情其對手。其實談判桌上的這種同情絲毫沒有作用，眞正起作用的是「弱者」該如何對付強者。「弱者」其實並不「弱」，他們也能有一套相應的應付辦法。世界上的任何事都是相互矛盾、相克相生、互相轉化的，有時也可以化不利爲有利。既然雙方能坐在一起，進行談判，就必然是能互利互用的，他對你有用，你對他也有用，這種相互關係就給「弱者」提供了一種可能，使其可以充分地利用這種可能對對方組織有目的、有計劃的反擊。這套弱者哲學，尤其適合當時的劉備陣營，如何在談判中不會變成向對方「求援」，盡失立場，值得深思。

不過，進行反擊之前，最好先了解一下對手的情況：他如此強硬的原因是什麼？是否根據上級的指示，或許這只是他的一種談判技巧？是否由於談判者個人的性格和作風造成的？只有摸清了這些情況，才能從容地進行有效的反擊。如果對方是根據上級的指示而這樣做的，那我們最好放棄與對手爭論的機會，直接去找他的上司；如果這不是對手使用的談判技巧，那麼我們大可沉著應戰，不爲其強硬所動；如果這是對手的一貫作風，那麼就應當從打掉他的氣焰著手。當然，去找對方的上司最好不要滿臉怒氣，高聲吼叫，要明白我們到這裡來的目的。所以，最好心平氣和，把事件的過程和癥結向對方仔細陳述清楚。這也是取勝的方法之一。

在強硬型談判者裡，有一類是以攻擊爲談判手段的談判者，他們的最大特點就是以攻爲進和以攻爲守，通過猛烈的攻擊使對手就範，作出讓步，達到自己的目的。在談判中，遇到攻擊型談判對手，最好的對付方法是避其鋒芒，打其要害。一般的強硬型談判對手，通常是僅僅採取防禦姿態堅持自己的原則立場，而攻擊型談判對手則不然，他們往往有目的向對方發起進攻，迫使對方屈服，甚至會不給對方反抗的餘地。對於攻擊型的對手來說，往往能找到一些理由對他們加以反擊，因爲他們總有一些站不住腳的地方，問題是他即使有缺點，對他應該如何進行反擊？這類攻擊型的對手有一個致命弱點，那就是氣勢洶洶的背後必然理由不足。他們往往是想用氣勢壓倒人家，我們大可冷眼對之，既不申辯說話，也不緊張失措。對手的氣焰一滅，立即恢復了他的本來面目，這時就可上前與他講理了。

防禦型的談判者往往較爲聰明，特別是面對強硬派和攻擊型對手，他們一般比較善於避其鋒芒，在進行一定的忍耐和等待之後，相準機會一舉反攻。走上談判桌之後，如果遇到防禦型的談判對手，非常有必要搞清對手採取防禦戰是何種原因。第一種可能是，他們確實未準備好。也就是說，對方對談判的各細節及將要出現的問題還沒有足夠的認識和準備，或是人員還未安排好，還不能組織有效的進攻，因此不得不採用防禦的戰術。面對這種人，必須組織快速有力的進攻，爭取在對手還沒有有效地組織起來之前，把問題解決掉，不容對方有任何反擊的機會。作爲一個有經驗的談判者，應當知道機會稍縱即逝。第二種可能是，實施防禦的背後有陰謀。也許他們已經周密組織，等待你把底牌完全攤開之後，再逐條逐條地與你討價還價，等到你意識到祕密已不存在而驚呼上當時，爲時已晚。對這種對手應加強警惕，隨機應變，氣勢可以宏偉，但切記不可把自己的情況完全暴露於對方面前，以避免陷自己於被動。防禦型的對手最難纏，因爲不容易了解到他的底細。這類談判者在談判桌上對任何攻勢似乎都無動於衷，有時還故意微微一笑，讓人捉摸不透。即使聽演講也難以表現得這麼平靜，但防禦型的談判者卻能夠做到。

還有一種談判對手是搭檔型的談判者，他們在談判的過程中若隱若現，虛實相間，最令人防不勝防。搭檔型談判對手的表現通常是：當談判開始時，對方只派一些低層人員作爲主談手。等到談判快要達成協議時，眞正的主談手突然插進來，表示先前的己方人員無權作出這樣的決定，或是時間難以保證。當你表示失望或覺得一切都完了的時候，對方會說：「如果你確實急需，我也可以與你成交，但至少在條件上要做些調整。」我們此時往往無可奈何，因爲談判進行到這個時候，你已完全攤開了底牌，對方掌握了你談判的一切祕密，如果你想達成協議，除了作出讓步外別無他法。因此在談判之初，必須了解對手是否有權在協議書上簽字。如果他表示決定權在他的上司那裡，那你應堅決拒絕談判。但是，也有另外的辦法來應付這種情況。既然對手派的是下層人員與你談判，你也不妨派下屬人員去談判或由別人代替你去談判，待草簽協議之後，你再直接與對方掌權之人談判。這樣，你將獲得較大的轉換空間，不致於到關鍵時刻被別人牽著鼻子走。

如果你的談判對手偽裝成有決定權的人，但當你們完成所有的談判步驟而準備簽訂協議之時，他突然宣佈必須與上司聯繫獲得批准之後方可簽字，這時你該怎麼辦呢？是作出讓步簽署協議，還是乾脆拒絕，讓以前的努力全部泡湯？當然，你可以憤怒指責，但那無濟於事。事實已經明擺著，你必須從中找出一條路，找到一個解決方法。你是否簽署協議，就只能看你是否眞正想與對方達成這筆交易。如果你無法拒絕這筆交易，那你就作出適當的讓步，和他們達成協議。如果這筆交易對你並無多大誘惑，或你不願忍受對方的欺騙，受制於人，那你就可以明確地告訴對方：「我方的立場不可更改，如果你認爲這份協議還有價值的話，那就把名簽了。如果你認爲它無足輕重，那我們就說再見。」對方一般會急壞了，因爲他之所以這樣做，不過是爲追求更大的利潤罷了，如果眞丟掉了這筆生意，那對他無疑是一個損失。和搭檔型談判對手進行談判，一定得小心翼翼，談判桌上處處是陷阱，稍有不愼就有掉下去的危險。

團體型談判者是談判桌上出現最多的談判者。一般來說，談判團體的成員達到三人或三人以上的，我們皆可稱之爲團體型談判者。如果談判的對方是一個多人團體，而己方只是一個人單槍匹馬，這時在談判桌上就出現了眾寡懸殊的情況，在這種情況下，人少的一方如何進行談判，才能取得最後的勝利，這是値得研究的。眾寡懸殊的談判陣勢，往往對人多的一方有利，因爲他們可以輪流作戰，仍保持旺盛精力，而人少的一方卻早已精疲力竭，最終影響判斷能力。我們可以說，談判對方排出人多勢眾的陣勢，其目的和用意之一就是軟硬兼施，令你疲於應付，最後不得不舉手投降。他們的表現通常是：扮作強硬派的人激烈地指責你的不是，對你的缺點表示不滿，並要你作出修改或表示某項承諾。在他作出種種威脅之後會告訴你，寧可談判破裂他也絕不會讓步。這時，扮演溫和派的人又開始出場了，或是希望你作出一些讓步，並表示對你的理解，或者作一些象徵性的自責，使談判氣氛有所好轉。對方人愈多，愈容易擺出各種面孔，在這種情況下，人少的一方一定要鎭靜自若，要善於看穿他們背後的陰謀。他們其實離不開你，如果你離開談判桌，他們一定會顯得驚慌失措，因爲沒有了對手的談判不具有任何意義。當然，要預料到這種事情並不容易。

■「舌戰群儒」的談判技巧

很妙的是，《三國演義》中曾提到諸葛亮此行在江東「舌戰群儒」的激烈實況，雖然是羅貫中虛構出來的，但很可印證上述所說的談判技巧。書中談到，諸葛亮來到江東後，先遇到的是搭檔型的談判者，也就是大老闆孫權躲在幕後，先由他手下的一群大臣，包括張昭、顧雍等一班文武二十餘人，峨冠博帶，整衣端坐，準備輪番和諸葛亮辯論。這麼多人出馬，當然是所謂的團體型談判者要以眾擊寡，輪流砲轟諸葛亮一人。諸葛亮該怎麼辦，會怎麼辦？他的方法是，先跟這些人逐一相見，各問姓名，施禮完畢後，坐於客位。張昭等見他豐神飄灑，器宇軒昂，猜想他必來遊說，先以言詞挑釁說：

「昭乃江東微末之士，久聞先生高臥隆中，自比管、樂。此語果有之乎？」諸葛亮四兩撥千金：「此亮平生小可之比也。」張昭又問：「近聞劉豫州三顧先生於草廬之中，幸得先生，以為如魚得水，思欲卷席荊襄。今一旦以屬曹操，未審是何主見？」諸葛亮一想，這麼快就切入主題了，而張昭又是孫權手下第一謀士，若不先難倒他，如何能擺平孫權？於是回答：「吾觀取漢上之地，易如反掌。我主劉豫州躬行仁義，不忍奪同宗之基業，故力辭之。劉琮孺子，聽信佞言，暗自投降，致使曹操得以猖獗。今我主屯兵江夏，別有良圖，非等閑可知也。」張昭聽了，反唇相譏：「若此，是先生言行相違也。先生自比管、樂：管仲相桓公，霸諸侯，一匡天下；樂毅扶持微弱之燕，下齊七十餘城；此二人者，眞濟世之才也。先生在草廬之中，但笑傲風月，抱膝危坐；今既從事劉豫州，當為生靈興利除害，剿滅亂賊。且劉豫州未得先生之前，尙且縱橫寰宇，割據城池；今得先生，人皆仰望，雖三尺童蒙，亦謂彪虎生翼，將見漢室復興，曹氏即滅矣；朝廷舊臣，山林隱士，無不拭目而待，以為拂高天之雲翳，仰日月之光輝，拯民於水火之中，措天下於衽席之上，在此時也。何先生自歸豫州，曹兵一出，棄甲為戈，望風而竄；上不能報劉表以安庶民，下不能輔孤子而據疆土；乃棄新野，走樊城，敗當陽，奔夏口，無容身之地，是豫州既得先生之後，反不如其初也。管仲、樂毅，果如是乎？愚直之言，幸勿見怪！」

哇！張昭眞是個強硬型的談判者，這樣數落諸葛亮，把對手罵到臭頭，只差髒話沒說出口，如果換成是一般人，早就不知所措。但諸葛亮不是普通人，他啞然而笑，回敬說：「鵬飛萬里，其志豈群鳥能識哉？譬如人染沈痾，當先用糜粥以飲之，和藥以服之；待其腑臟調和，形體漸安，然後用肉食以補之，猛藥以治之，則病根盡去，人得全生也。若不待氣爲和緩，便投以猛藥厚味，欲求安保，誠爲難矣。吾主劉豫州，向日軍敗于汝南，寄跡劉表，兵不滿千，將止關、張、趙雲而已……新野山僻小縣，人民稀少，糧食鮮薄，豫州不過暫藉以容身，豈眞將坐守於此耶？夫以甲兵不完，城郭不固，軍不經練，糧不繼日，然而博望燒屯，白河用水，使夏侯惇、曹仁輩心驚膽裂，竊謂管仲、樂毅之用兵，未必過此。至於劉琮降操，豫州實出不知；且又不忍乘亂奪同宗之基業，此眞大仁大義也。當陽之敗，豫州見有數十萬赴義之民，扶老攜幼相隨，不忍棄之，日行十里，不思進取江陵，甘與同敗，此亦大仁大義也。寡不敵眾，勝負乃其常事。昔高皇數敗於項羽，而垓下一戰成功，此非韓信之良謀乎？夫信久事高皇，未嘗累勝。蓋國家大計，社稷安危，是有主謀。非比誇辯之徒，虛譽欺人，坐議立談，無人可及；臨機應變，百無一能，誠爲天下笑耳！」這一番話，說得張昭目瞪口呆，無法反駁。張昭之後，又有許多人一一刁難詰問諸葛亮，他的方式一概是和對方說理，絕不屈服，但這是很需要機智和博學的，若沒有平常累積的基礎，臨場時無法迅速反應過來，反而會丟臉。

也就是說，並不是每個談判者都能有諸葛亮這種素養，因此其他的談判技巧是必要的。特別是在談判過程中，常常會有預測之外的事情發生，可能搞亂了原先的計畫，例如對方用不正當的談判方法，或者對方突然不願意談判，或者談判時突然有第三者介入。面對突變，必須堅守立場，若實力爲強大，可堅持立場，若實力稍弱，可考慮讓步。最不幸的，如果實力弱小亦不願讓步，可考慮退出談判。

但像諸葛亮遇到的情況，不可能退出談判，他必須試著解決彼此的衝突和矛盾，讓談判能夠持續下去。他要讓對方知道，談判的結果並不是「你贏我輸」或「我贏你輸」。談判雙方首先要樹立「雙贏」的概念。一場談判的結局應該使談判的雙方都要有「贏」的感覺，這在談判學上稱爲「立場爭辯式談判」，特點是談判雙方都在爲自己的既定立場爭辯，欲通過一系列的讓步而達成協定。立場爭辯式的談判屬於最普通的傳統談判方式，這種方式常常導致談判雙方最後不歡而散，以至破壞了雙方今後的進一步合作機會。因此，面對談判雙方的利益衝突時，首先要求談判者在談判中側重談判的實質利益，而非各自所持有的談判立場。也就是說，談判者首先應拋棄堅持立場的原則，應重視並設法找出雙方實質利益之所在，在此基礎上，應用一些雙方都認可的方法，來尋求最大利益的實現。

談判的利益衝突往往不在於客觀事實，而在於人們的想法不同。當談判雙方各執己見時，往往雙方都是按照自己的思維定勢考慮問題，這樣一來，必然會出現僵局。因此談判中，重要的原則之一，就是要將人的問題與實質利益區分開來，千萬不要試圖用實質利益的讓步來解決人的問題。可以嘗試站在對方的立場上考慮問題，不要以自己爲中心推論對方的意圖；最好能相互討論彼此的見解和看法，並找尋讓對方吃驚的一些化解衝突的行動機會；一定要讓對方感覺到參與了談判達成協定的整個過程，協定是雙方想法的反映；在協定達成時，一定要給對方留面子，尊重對方的人格。

■扮豬吃老虎

基於這些談判的大原則，諸葛亮親自面對猶豫不決的孫權時，他先這樣說：「現在天下大亂，您起兵據有江東，我家老闆劉備也在荊州佔有一席之地。現在曹操剛平定北方，就要來侵犯荊州，我老闆因爲英雄無用武之地，才遁逃到夏口。請您好好想一想，如果想和曹操一戰，就趁早宣戰吧；如果覺得自己無法抗衡，不如早點投降。現在事情這麼緊急，您還不能果斷決策，只會給人猶豫不決的印象，到時候就麻煩大了。」諸葛亮這番話，講得不卑不亢，擲地有聲。平心而論，劉備哪有在荊州佔一席之地？但面子不能丟啊，雖然是去求人的，若能製造平起平坐、雙方互蒙其利的印象，才能爲我方爭取最大的利益，這正是談判之道。

在談判桌上，遊說這方的第一步是告訴對方，眼前你們可走的路只有戰與和兩條，不能混水摸魚採觀望態度。觀望態度是行不通的，最後會兩面不討好，會裡外不是人，會偷雞不著蝕把米。要嘛戰要嘛和，兩條路選一條吧。如此遊說的目的，是想將對方原本寬闊的選擇權，逼到只剩下二選一的地步。

這樣的談判技巧，源自於一種嚴肅的哲學命題，戰國時代的孟子就說了：「魚，我所欲也；熊掌，亦我所欲也。二者不可得兼，舍魚而取熊掌者也。生，亦我所欲也；義，亦我所欲也。二者不可得兼，舍生而取義者也。生亦我所欲，所欲有甚於生者，故不爲苟得也。死亦我所惡，所惡有甚於死者，故患有所不辟也。」孟子用魚與熊掌來做比喻，認爲人在很多時候，不能想大小通吃，想「整碗捧去」，而必須有所選擇：要活著，可能活得沒尊嚴；要尊嚴，可能活不了。你必須二選一，不能又要魚又要熊掌，不能要當警察又當強盜，不能要當上帝又當撒旦。天下沒有那麼「好康」的事情，人都需要選擇。

孟子之外，屈原也有類似的看法。他去見太卜鄭詹尹，說：「余有所疑，願因先生決之。」接著，便把自己心中一肚子的「疑」都說了出來：

吾寧悃悃款款，朴以忠乎？
將送往勞來，斯無窮乎？
寧誅鋤草茅，以力耕乎？
將游大人，以成名乎？
寧正言不諱，以危身乎？
將從俗富貴，以媮生乎？
寧超然高舉，以保眞乎？
將哫訾栗斯，喔咿嚅兒，以事婦人乎？
寧廉潔正直，以自清乎？
將突梯滑稽，如脂如韋，以絜楹乎？
寧昂昂若千里之駒乎？
將氾氾若水中之鳧乎？
與波上下，偷以全吾軀乎？
寧與騏驥亢軛乎？
將隨駑馬之跡乎？
寧與黃鵠比翼乎？
將與雞鶩爭食乎？
此孰吉孰凶，何去何從？

世溷濁而不清；
蟬翼爲重，千鈞爲輕；
黃鐘毀棄，瓦釜雷鳴；
讒人高張，賢士無名。
吁嗟默默兮，誰知吾之廉貞！」

屈原不斷用對比的方式談到自己的疑惑，其中的重點在於：「寧正言不諱，以危身乎？將從俗富貴，以媮生乎？」他也面臨魚與熊掌的困境，最後他不肯「從俗富貴」，不願「媮生」，選擇了「危身」的道路，抱石投江自殺。

諸葛亮的這招「二選一」的談判技巧，在他去見孫權之前不久，劉表部下韓嵩、劉先也用過。當時曹操與袁紹正爭奪北方地盤，在官渡對峙，坐擁荊州的劉表成爲曹、袁兩方拉攏的焦點。袁紹甚至派人前來求助，劉表答應了，卻沒有派兵前往，但也不幫助曹操，只想保住荊州，觀望誰勝誰敗。這時候，韓嵩、劉先兩人看不下去，要劉表趕快表明立場：「豪傑相爭，兩雄僵持，天下的關鍵在你身上。如果你想有所作爲，可趁此時他們螳螂捕蟬，我們黃雀在後，大撈一筆；如果不想有所作爲，起碼要二選一，看要支持袁紹還是曹操。你有十萬大軍在手上，卻在這裡坐著好好的，妄想觀望，不幫任何一方，最後不管他們誰勝誰敗，都會恨死你的，到時候你想保持中立也不可得了。」這番見解和後來諸葛亮對孫權所說的如出一轍，可見英雄所見略同。劉表聽了，自己沒主見，又問兩人該支持誰比較好。兩人賭曹操會贏，並認爲曹操一贏袁紹，下個目標一定是劉表，因此最好先向曹操示好。話已經講這麼白了，劉表又舉棋不定，要韓嵩去曹操那裡看看情況。韓嵩去了半天後，回來告訴劉表，說曹操有多好多讚，應該送兒子去當人質，以確保雙方關係。劉表這人「雖外貌儒雅，而心多疑忌」，他懷疑韓嵩搞不好被曹操收買了，暗中派人跟蹤，最後發現根本是他多心。他雖不殺韓嵩，卻也不採用韓嵩的建言，白白錯失良機。後來陳壽分析劉表會搞到「社稷傾覆」，是他自己活該！「外寬內忌，好謀無決，有才而不能用，聞善而不能納」，是陳壽認爲劉表完蛋的主因。這種個性，若是諸葛亮去遊說他，恐怕也未必能成功呢。

相形之下，劉備就比劉表好多了。赤壁之戰結束後，劉備帶人到益州，伺機要搶奪劉璋的地盤，但他心裡猶豫不決，此時龐統要劉備三選一，選哪個都好，就是不要考慮過多，「若沈吟不去，將致大困，不可久矣」。他的「上計」是：精選一批最強壯的士兵，連夜趕路，偷襲劉璋的老巢成都，「一舉便定」。「中計」是：偷襲劉璋的首席大將楊懷、高沛，讓他們繳械，然後進軍成都。「下計」是：撤軍回荊州，以後再打算。劉備想了想，選擇了中計。

相形之下，孫權也比劉表好多了，諸葛亮要他二選一，他的個性「好謀能決，有才能用，聞善能納」，心中已經有了底。可是孫權也不是省油的燈，知道諸葛亮講這些話，骨子裡是爲劉備在作打算，於是他反問諸葛亮一句：「如果劉備像你說的那麼行，他爲什麼不先二選一？」問得沒錯啊，劉備到底安的是什麼心？孫權可不願成爲他的棋子。諸葛亮回答是：「田橫是戰國時代齊國的壯士，他寧可一死，也不願投降受辱，何況我家老闆是金枝玉葉、皇室之後，英才蓋世，天下人對他的仰慕猶如河水流向大海。我們寧可被消滅，也絕不投降！」好慷慨激昂的一番說詞！諸葛亮表明，劉備也許實力不如人，但還是很帶種的，「威武不能屈」！這番充滿激將味道的話，果然刺激到孫權的自尊心，他很生氣地說：「我也不可能拿江東之地、十萬之兵去投降曹操，我決定奮力一搏！但是，你們能拿什麼抵抗曹操？」孫權不愧是個精明的人，在憤怒時還能保持神智清楚。劉備要和他談合作，可以，他能拿出十萬大軍，劉備呢？總不能都叫他出力吧！他又不是凱子，除非能談妥條件，否則他不會任憑對手開價的。更何況，眼前的劉備根本沒有任何談判資本，派諸葛亮來，是求援，而非合作。

諸葛亮面對孫權的連番質疑，顯然有備而來，他說：「我家老闆雖在長阪輸了一仗，生還的士兵加上關羽的水軍，還有上萬人，而劉表的兒子劉琦在江夏也有一萬左右的戰士。曹操的大軍遠來，必定很累，加上又派人追殺我們，每天要走三百里路，更是累壞了。他們是北方人，不會水戰，來南方很吃虧，荊州的人也討厭他們。如果你我能合力對抗曹操，穩勝不敗。曹操輸後北返，我們就可平分南方，和曹操形成三足鼎立的態勢。成敗的關鍵，就在此刻了。」劉備的殘兵是否眞有一萬人，我們和孫權一樣不得而知，但諸葛亮講得那麼自信，跟眞的一樣，不由得孫權不相信。曹操是何等善戰的人物，諸葛亮爲了長孫權信心，不惜將曹軍說得那麼糟。最重要的是，他還跟孫權預約勝利後的好處：三足鼎立。對孫權來說，他本來就已經鼎立在江東了，還要鼎立什麼？這根本是「扮豬吃老虎」嘛！

沒錯，諸葛亮這招，又叫加値談判法。傳統上最佳的談判方法是讓談判對手猜測，不要透露太多自己的期望，並用強勢地位主導談判，以及運用各種談判伎倆和陷阱。卡爾・阿爾布萊特（Karl Albrecht）曾提出「新」的談判方法──「加値談判」，可幫助談判雙方成功圓滿達成協議。加値談判和標準的一輸一贏的談判不同，也有異於僞裝的一輸一贏，甚至和目前盛行的雙贏談判（哈佛談判法）也不一樣。加値談判的哲學是爲談判雙方增加價值，並維持雙方良好的合作關係。其實，這種談判方法一點也不新穎，諸葛亮早就用過了，他在隆中對裡就提出「西和諸戎，南撫夷越，外結好孫權」的計畫，不只要圖利自己，也將利益分享給盟友，甚至跟盟友一起將餅做大，彼此共享共榮，既合作又競爭。這次東吳的談判之行，加値談判法當然是諸葛亮的錦囊妙計之一。以劉備當時的條件，在三方之中是絕對弱勢，連「跛腳」的本錢都沒有，諸葛亮竟然能憑他的三寸不爛之舌，讓孫權相信雙方聯合不只可以雙贏，還能增加價値。最後，諸葛亮不但爲劉備爭取到了「一足」，戰後又先「借用」了荊州，這實在太神奇了。也就是說，在前面跟曹操打仗的是孫權，在後面撿便宜的是劉備，孫權眞是活生生、血淋淋的凱子，被諸葛亮削了！

【第三篇】

壯大人生的藝術

聯合次要敵人

■荊州未爆彈

在〈隆中對〉中，諸葛亮曾對劉備分析當時的兩大強權：曹操與孫權。他指出，曹操是劉備的主要敵人，孫權是次要敵人，只有聯合次要敵人來打擊主要敵人，劉備才有可能在那個亂世中脫穎而出。與孫權的「策略性結盟」，從此成了劉備陣營立國的「基本國策」。

以長江為界，北方是曹操的勢力，實力佔中國整體的百分之四十九，南方是孫、劉的勢力，加起來有百分之五十一的實力。孫、劉兩方一和，曹操就無法得逞；孫、劉一分裂，曹操便能獲利。諸葛亮深知「三國不過半」，為了取得絕對優勢，勢必拉攏甲來抗衡乙。曹操是「漢賊」，當然不在考慮之列，那只能拉攏孫權這一方了。聯孫抗曹，便成了劉備這邊不變的「基本國策」。

這一基本國策的正式落實，與赤壁之戰有關。曹操來勢洶洶，有一舉統一中國的可能，孫權和劉備為了自保，便啓動「國家安定聯盟」，彼此暫拋成見，先聯合一致抗曹。取得勝利後，劉備借到荊州的土地，又娶到孫權的妹妹，是最大的受益者，東吳除了維持現狀外，什麼好處都沒分到，雙方關係難免產生矛盾。

隨著時間的拉長，聯孫抗曹這個基本國策，一直很不穩定，隨時都有撕裂的可能，最大的變數有二：一是荊州的爭奪戰，二是關羽的鐵齒性格。這兩個變數是孫、劉結盟的不定時炸彈，不時牽動雙方的緊張神經，整個三國時代的強弱盛衰也與此息息相關。

關於荊州的爭奪戰，我們在細談「隆中對」時已經說過了，諸葛亮要劉備搶荊州，魯肅也要孫權搶荊州，荊州成了雙方的兵家必爭之地。荊州爲何如此重要？荊州包括今天的河南南部、湖南、湖北一帶，人口眾多，物產豐富，生活水準極高；加上它的東邊是江東，西邊是益州，被夾在中間的它，等於是最關鍵的「中間選票」，孫、劉兩方都勢在必得。這種情況下，雙方的矛盾與摩擦就很難避免了。

荊州問題這樣嚴重，卻遲遲沒被引爆開來，原因有二：一是赤壁之戰讓孫、劉暫時放下成見，全力對抗曹操。二是雙方有識之士多方設法，努力避免衝突發生。

赤壁之戰前，諸葛亮前往江東，不但順利說服了孫權對抗曹操，他也在東吳廣結善緣，不但跟魯肅、周瑜這些當權派交上朋友，甚至很討孫權的喜歡，孫權一度想請諸葛瑾勸諸葛亮改投效孫權！諸葛瑾倒是個好哥哥，他沒有去強迫諸葛亮，而是跟孫權解釋說：「我弟弟是個重感情、講道義的人，他既然已經投效劉備了，這輩子就不可能再換老闆。他不會來投靠我們，就像我不會去投靠他們一樣。」這一番話講得實在漂亮，讚美了弟弟，也抬舉了自己，當然更順利化解了孫權出給他的難題。

此外，孫權的重臣張昭，也曾要諸葛亮留在江東效力，諸葛亮不肯，事後人家問他爲什麼，他說：「孫將軍也是個不錯的老闆，但他能知道我的好處，未必能用我的建議，所以我不想留。」儘管如此，他在東吳建立的人脈，對日後孫、劉雙方的友誼，還是有很大的加分效果，也暫緩了荊州問題的白熱化。赤壁之戰後，劉備向孫權「借」荊州，孫權一開始不肯，還是魯肅在一旁敲邊鼓，說將荊州借給劉備，能增加曹操的壓力，不至於將焦點都擺在江東這裡。魯肅所言，固然言之成理，然而諸葛亮把雙邊關係經營得不錯，恐怕也是孫權答應借荊州的原因。

劉備在赤壁之戰沒有任何功勞，卻「借」走了荊州，與曹操、孫權成鼎足之勢，實力逐漸壯大。這時，孫權才驚覺自己好像上當了，但基於曹操這個大敵未除，孫權的妹妹又嫁給劉備，彼此的關係實在太親密，不宜太早兵戎相見，只好隱忍不發作。可是，時間拖得越久，孫權陣營內部不免出現兩種意見，一種是主戰派，如呂蒙等武將，一種是主和派，以魯肅、諸葛瑾為代表。魯肅的諸葛亮的摯友，諸葛瑾是他的哥哥，主和派的聲浪自然遠遠壓倒主戰派，荊州得以暫時相安無事。

荊州既然是「借」來的，總得還給人家吧。什麼時候要還呢？孫權這方急於知道，劉備卻是擺明不想奉還的，使出緩兵之計，能拖則拖，雙方的矛盾逐漸突顯出來。過了不久，孫權派人問劉備：「什麼要還荊州啊？」劉備回答說：「不急不急，等我拿下益州，正式有了自己的地盤再說吧！」孫權於是左等右等，等得實在不耐煩了，又派人去勸：「既然你們遲遲不動手，那讓我先攻益州吧。」劉備一聽，連忙耍賴說：「劉璋跟我同為漢室宗族，要我對付他，我於心不忍。如果你們要消滅劉璋，我活著也沒什麼意思，倒不如披頭散髮，到山中隱居吧！」為了不讓孫權路過荊州打益州，他還派關羽守江陵，張飛守秭歸，諸葛亮守南郡，自己則守孱陵，徹底封閉所有可能的道路。

只是，劉備才對孫權說自己於心不忍，沒想到不久後，就率軍開拔到益州去了，表面上是要去幫助劉璋抵抗漢中張魯的入侵，其實是要取而代之、併而吞之。劉備這趟遠行，因為有劉璋的手下張松、法正等人當內應，他認為十拿九穩，因此只帶部分人馬前去，軍師有龐統，武將有魏延，如此而已。其他如諸葛亮、關羽、張飛、趙雲等等，都留在荊州，一方面是派不上用場，一方面是想提防孫權硬要回荊州。這樣看來，劉備的野心很清楚了，他要一口吞下荊州和益州，不可能將荊州還給孫權的。

諸葛亮的方針永遠是「聯合次要敵人，打擊主要敵人」，他知道不管如何，都不能跟孫權撕破臉，一旦決裂，孫權倒向曹操，劉備就危險了。因此，他在荊州處心積慮，努力緩和孫權的不滿。也由於他的交際手腕高明，孫權被他理得服服貼貼的，彼此互有書信往來，閒話家常，好不愉快！孫權也不談荊州歸還的問題，只問他荊州有什麼人才，諸葛亮回信說：「龐統、廖立，楚之良才，當贊興世業者也。」

■「炸彈之母」——關羽

如果劉備順利拿下益州，荊州有諸葛亮料理，倒也不會發生意外。問題是劉備的陰謀穿幫，被劉璋看破手腳，兩方人馬正式起了衝突，開戰了！接著連番意外出現，先是張松遭人檢舉，被劉璋處死；沒多久後龐統也陣亡。軍師掛點，一時之間，劉備跟劉璋僵持不下。事到如今，諸葛亮知道自己非去幫忙不可，而且要多帶幾員大將支援，才能速戰速決，免得夜長夢多。他要離開荊州，勢必得留下一個夠份量、有智慧的人鎮守荊州。只有守住荊州，他的「隆中對」計畫才有可能實現。

要留誰下來呢？當時諸葛亮身邊有三個不錯的人選：關羽、張飛、趙雲。這三人都驍勇善戰，能獨當一面，而且忠誠度沒問題，很值得信任。最後留下來把守荊州的，竟是關羽！如果從結果論來看，趙雲可能是比較理想的人選，因為關羽和張飛在個性上都有嚴重的缺陷，《三國志》說：「羽善待卒伍而驕於士大夫，飛愛敬君子而不恤小人。」所謂小人，是指小老百姓、小士兵等等。關羽對屬下很好，在士大夫面前卻極為驕傲；張飛剛好相反，他對君子極為敬重，但喜歡鞭打、虐待屬下。這兩人任一人留在荊州，都是一大麻煩。我們不知道關羽出線的原因是什麼，也許是毛遂自薦，也許是劉備的意思，也許諸葛亮覺得關羽跟劉備較親近，又比張飛成熟，因此雀屏中選。本來荊州問題或關羽性格單獨出狀況時，都不足造成孫、劉雙方的翻臉。然而，如果將關羽擺在荊州這裡，便像極了在火災現場潑灑汽油一樣，那就一發不可收拾了。總之，這步棋眞的下錯了，整個三國局勢因此逆轉，劉備這方由強轉弱，從此只能偏安一隅，反攻無望。

熟讀《三國演義》的人對關羽的印象大抵不錯，但眞實的關羽可不是這麼討人喜歡的。沒錯，他有許多優點，但缺點卻極爲致命。後人太崇拜關羽，因而避而不談，甚至將他大意失荊州的錯都怪到別人身上去，這是不對的。關羽個性驕傲，一天到晚看不起人，人緣極差，而且有嚴重的派系觀念，老是害怕別人搶了他在劉備心中的份量。在他的觀念裡，只有劉備和張飛是自己人，其他都是外人，休想進去分一杯羹！從諸葛亮到馬超、黃忠等等，都要吃他的閉門羹、看他的白眼。諸如此類，種下他後來的敗果。他一開始就看不起諸葛亮。劉備聽從徐庶之言，三顧茅廬請來諸葛亮，沒想到引起關羽的不快，劉備拼命解釋自己和諸葛亮是「如魚得水」的關係，關羽才慢慢釋懷。後來諸葛亮屢建大功，又廣結善緣，關羽對他總算眞正心服口服。但諸葛亮只是個特例。之後關羽又看不起來降的馬超，還特地寫信問諸葛亮：「我和馬超誰較厲害？不妨找個時間較量看看！」諸葛亮太瞭解關羽的個性，知道他喜歡別人拍他馬屁，於是回信哄他：「孟起（按：馬超字）兼資文武，雄烈過人，一世之傑，黥、彭之徒（按：兩人都是秦末漢初的豪傑），當與益德（按：張飛）並驅爭先，猶未及髯（按：美髯子，指關羽）之絕倫逸俊也。」意思是說，馬超只能跟張飛這種粗人相比，根本無法跟優雅的『美髯子關將軍』相比啊！關羽一看，樂得不得了，拿著那封信向人四處炫耀。後來劉備封關羽爲前將軍，封黃忠爲後將軍，關羽再度抗議，說他不想跟這種過氣的老兵爲伍。劉備特地派了費詩去教訓他，說漢高祖劉邦重用韓信，老臣蕭何都沒抗議，你抗議個什麼東西？關羽才啞口無言。

關羽不但看不起自己人，甚至也看不起敵人、盟友，這就有點目空一切、唯我獨尊了。他曾投降曹操，只是權宜之計，並不是眞心的，兩人後來還因女色而結怨。他曾跟曹操去攻打呂布，城池不日可下。呂布派秦宜祿前來當說客，要投降。關羽跟曹操說，城破後希望娶秦宜祿的老婆杜氏爲妻，曹操答應了。後來城池將破，關羽又跑去跟曹操強調幾次，引起曹操的懷疑。等到城破之後，曹操將杜氏擄來一看，驚爲天人，自納爲妾，曹、關兩人從此結怨。關羽之看不起曹操，恐怕是因此事而起的。

看不起敵人，猶有話說；看不起盟友，這就非常不顧大局了。很奇妙的是，關羽對孫權的恨，似乎還在對曹操的恨之上，不知道爲什麼。孫權曾將妹妹嫁給劉備，這是示好的表現，又想替兒子說親，迎娶關羽的女兒，這也是很友善的舉動吧，畢竟兩家連姻，親上加親，有何不好？唯一的疑慮在於年紀，孫權的兒子當時只有十歲，關羽的女兒卻已十六，正是亭亭玉立的時候。關羽不重視情報戰，不知道這種年齡差距，曹操「好心」派人告訴他，順便「提醒」他說，孫權有意藉這次連姻，將關羽女兒軟禁，變相成爲東吳的人質。關羽禁不起這樣的挑撥，不但悍然拒絕孫權的提親，還罵孫權是畜生，這未免太過份了。孫權借兵給劉備打荊州，借荊州給劉備壯大實力，再怎麼說，都已仁至義盡，關羽怎麼能這樣對待人家呢？

劉備在諸葛亮、張飛、趙雲的支援下，果然速戰速決，逼降了劉璋，劉備順利入主益州。步入新時代的益州百廢待舉，需要大量的人力和物力，劉備、諸葛亮無暇顧及別的，荊州仍要全看關羽的本事。孫權見劉備已經得到益州，便寫信要討回荊州。劉備卻說，等到攻下漢中再還吧。至此，孫權總算確定劉備沒有還荊州的打算，他決定自力救濟，派人去接管長沙、零陵、桂陽三郡，沒想到被關羽毫不客氣地將這些人通通趕回去了。這下子，孫、劉的火藥味更濃，孫權乾脆派呂蒙帶兩萬人去搶這三郡。呂蒙足智多謀，他不費吹灰之力，便攻下這三郡。孫權不願雙方撕破臉，於是又派魯肅去跟關羽談判，這便是「單刀會」的背景。

《三國演義》中，羅貫中有意醜化魯肅，讓他在單刀會時表現得十分孬種，而關羽則機智、勇敢、從容，還徹底羞辱了魯肅一番。其實歷史上的單刀會剛好相反，當時兩軍對峙，魯肅理直氣壯的對關羽說：『荊州是我們東吳的土地，當初吳主看劉備走投無路，心生不忍，於是借他荊州，現在劉備既然有了益州，便該還我荊州，否則天下人會如何看待這件事？』關羽平日何等驕傲自大，此時居然不能反駁，久久才說：『這是國家大事，我不知道。』在魯肅的堅持下，劉備終於同意吐出半個荊州，還給孫權。雙方以湘水為界，長沙、江夏、桂陽以東屬於孫權，南郡、零陵、武陵以西屬於劉備，呂蒙攻下的三郡則都還給關羽。這一次談判，關羽徹底吃鱉，損失慘重，幸好雙方尚未正式決裂，荊州也起碼還保住一半。

坦白說，劉備會這樣讓步，跟當時益州的局勢有關。他雖然佔有益州，但北方的張魯在漢中蠢蠢欲動，實在礙眼。更礙眼的是在孫、劉雙方對峙的同時，曹操攻下了漢中，張魯溜到益州的西北方，劉備頓時要面對曹、孫、張三個敵人，如果此時與孫權撕破臉，益州可能不保，因此才立刻與東吳平分荊州，自己則率軍回去抗衡曹操。對劉備來說，孫權一方雖然不是可靠、可愛的朋友，但也是得罪不起的。

原本在諸葛亮的構想中，劉備得到荊州、益州後，如果「天下有變，命一上將將荊州之軍以向宛、洛，將軍身率益州之出於秦川」。換言之，進攻曹操的前提是「天下有變」，方法是分別由荊州、益州兩方夾擊。這個「基本國策」，劉備不可能不記得，與劉備最親近的關羽不可能沒聽說。但人在荊州的關羽居然自作主張，不等「天下有變」，不等劉備從益州發兵，自己便北伐曹操了。曹操當時在荊州北部的樊城布下重兵，統帥是曹仁，身邊有大將于禁、龐德等人。關羽可能在荊州悶久了，想一展雄風，於是舉兵進攻樊城。他的構想是，攻下這裡後，接著揮兵北上，可以直搗曹操的老巢許昌和洛陽。當然關羽也怕孫權偷襲荊州，因此只帶幾萬人北上。他的運氣眞好，當時樊城一帶大雨不停，漢水氾濫的機會，部署在低地的于禁、龐德部隊遭淹沒，關羽一鼓作氣，抓了于禁，殺了龐德，並包圍樊城。這是關羽事業的最高峰，史書稱他此時「威震華夏」，嚇得曹操想遷都！曹操的手下畢竟人才濟濟，司馬懿、蔣濟等人力勸曹操不可遷都，曹操總算回過魂來，一面下令曹仁死守樊城，不可輕易放棄，一面調遣徐晃、張遼兩大將率兵前去支援。

徐晃的援軍先到，關羽的攻勢受阻，樊城之戰頓時陷入僵局。此時的關羽也有自己的麻煩，他跟荊州的不少官員相處不睦，如襄陽的潘濬、公安的傅士仁、南郡的糜芳。關羽雖然總管荊州，但官位只是個襄陽太守，跟南郡太守糜芳照理說，是平起平坐的，他卻總是用命令式的口吻，要求這些人限期幾天內，將物資運到前線，違者軍法嚴辦！糜芳等人當然很不高興，尤其是糜芳，他和哥哥糜竺本是徐州有錢人，爲了幫助劉備，散盡家財，這麼多年來，沒有功勞，也有苦勞吧，哪能讓關羽這樣把他當小弟差遣？於是，他們與關羽的裂痕越來越大，物資的補給往往延誤，讓長期滯留在外的關羽調兵遣將時，不免捉襟見肘。爲了解決糧食不夠的問題，關羽居然異想天開，派手下到湘關去偷孫權軍隊的糧食！

孫權再也忍不下這口氣了。此時江東的主和派多已亡故，主戰派抬頭，呂蒙跟孫權提出一套「追殺關羽五部曲」：鬆其戒心，饜其驕心，收其將心，攻其不備，斷其歸路。孫權爲了討回面子和荊州，終於狠下心來，答應了呂蒙的建議。

鬆其戒心的方法是，以陸遜換呂蒙。呂蒙是江東大將，在赤壁之戰一炮而紅，此時鎮守在孫、劉邊界。關羽北伐時，對呂蒙頗爲投鼠忌器，因而留下重兵把守荊州，並在邊界設立烽火臺，一旦有事，可以火速通知關羽。爲了讓關羽誤判，呂蒙假裝生病，要到建業療養，推薦陸遜接任他的職務。陸遜沒什麼名氣，剛好能讓關羽鬆懈下來。

陸遜就任後，特地寫信拍關羽馬屁：

前承觀釁而動，以律行師，小舉大克，一何巍巍！敵國敗績，利在同盟，聞慶拊節，想遂席卷，共獎王綱。近以不敏，受任來西，延慕光塵，思稟良規。于禁等見獲，遐邇欣歎，以爲將軍之動足以長世，雖昔晉文城濮之師，淮陰拔趙之略，蔑以尚茲。聞徐晃等少騎駐旌，闚望麾葆。操猾虜也，忿不思難，恐潛增患，以逞其心。雖云師老，猶有驍悍。且戰捷之後，常苦輕敵，古人杖術，軍勝彌警，願將軍廣爲方計，以全獨克。僕書生疏遲，忝所不堪，喜鄰威德，樂自傾盡，雖未合策，猶可懷也。儻明注仰，有以察之。

前面說過，關羽最喜歡人家捧他，讀了這封信，忍不住得意洋洋，認爲陸遜是無名小卒、後生晚輩，不足懼也，於是又從荊州調兵北上。這招就叫「饜其驕心」，滿足關羽的虛榮心。

緊接著孫權這方開始拉攏麋芳、傅士仁，利誘他們投降。呂蒙、陸遜也開始行動，僞裝成商人，混進關羽設的烽火臺，控制守軍的行動，好說歹說後，將他們全部勸降成功。很快地，關羽的荊州未留一滴血，就失守了。

此時的關羽敗象頻現，屢遭徐晃擊敗，忽然又聽到荊州失守的消息，兩面受敵，他只好敗走麥城，打算伺機逃到益州，但遭到孫權手下的圍困。困守麥城時，關羽曾向上庸的劉封、孟達求救，這兩人拒絕出兵，大概也曾受過關羽的氣。尤其是劉封，他是劉備的老班底了，跟關羽相處日久，豈沒有被關羽看不起的經驗？最後關羽因此而死，對他個人來說，雖是自作自受、死有餘辜，但造成幾個重大負面影響：劉備痛失大將，又痛失荊州，孫、劉同盟正式破裂。

■劉備破壞自己的基本國策

關羽是劉備陣營中，少數能獨當一面、帶領大軍的將領，他的死，讓劉備的實力爲之一挫。荊州是諸葛亮「隆中對」的佈局中極重要的一環，如今丟了，更難以跟曹操對抗。然而影響最大的，還是孫、劉同盟的破裂。關羽一死，劉備震怒不已，急著要報仇，諸葛亮連番勸阻他，要以大局爲重。在諸葛亮的苦口婆心之下，劉備暫時忍下來。

就在此時，曹操也過世了，曹丕剛接老爸的位置不久，就逼漢獻帝「禪讓」皇帝的寶座給他，漢朝滅亡，魏朝取而代之。人在益州的諸葛亮聽到消息，要劉備也趕快稱帝，以「延續」漢朝的命脈。劉備稱帝後，國號爲蜀，第一件事就是找孫權報仇。這回誰也攔不住了，諸葛亮苦勸無效，只好讓劉備御駕親征，他自己則留在益州負責後勤補給。劉備兵敗後，諸葛亮嘆息說：「如果法正還在，就能阻止這場戰爭了。」法正是劉備很倚重的大臣，常常用許多奇怪而危險的方式來勸阻劉備。例如有次和曹操打仗，蜀軍的情勢明明不利了，劉備還要死撐，別人越勸他越氣，結果法正親自上戰場，劉備急忙勸他離開，他說：「你不退，我也不退。」劉備只好陪他一起退。法正死後，劉備要一意孤行，諸葛亮固然勸阻不了，連老將趙雲也莫可奈何，他當時也對劉備說：「國賊是曹操，非孫權也。且先滅魏，則吳自服。」還說：「曹操剛死，曹丕就篡位了，您應該順應眾人的想法，進攻魏國，天下一定紛紛響應來迎接我們。現在實在不應該先丟下魏國，而跑去跟東吳一戰。」連趙雲也知道「聯合次要敵人」的重要性，可見「連孫滅曹」這一基本國策，是深植蜀國上下心中的。至於劉備自己對孫、劉同盟的重要性，也不是不曉得。當初他到益州去打劉璋地盤的主意時，孫權突然遭到曹操的進攻，向他求救，他趁機向劉璋借兵借糧，理由是：東吳被曹操偷襲，情況危急，而「孫氏與孤本為唇齒」，若不相救，孫權完蛋了，我們也別想活了。劉備這番說詞，很可看出他也明白「聯合次要敵人」的重要性，只是關羽慘死，他實在嚥不下這口氣。

孫權得知劉備來攻後，幾次派人求和，劉備不為所動。當時擔任南郡太守的諸葛瑾寫信給劉備，說：「陛下以關羽之親，何如先帝？荊州大小，孰與海內？俱應仇疾，誰當先後？若審此數，易於反掌矣。」當時南方有傳言說，漢獻帝已經死了，故稱先帝。平心而論，諸葛瑾的這番話不無道理，如果劉備能仔細評估一下，關羽與漢獻帝相比，哪個重要？荊州與中國相比，哪個較大？事有緩急輕重，劉備實在不該意氣用事。孫權這邊殺了關羽，固然做得絕了點，但若不是劉備賴皮不還荊州在先，關羽態度惡劣在後，孫權也不至於要置關羽於死地。這時孫權已經派人求和了，劉備若能善用這個機會，狠敲孫權竹槓，大撈一筆，多少能彌補失去關羽與荊州的損失。然而，除非劉備自己能想通，否則身邊的人誰敢把話說白？說白了，倒好像要劉備趁關羽之死發財似的。

復興漢室是劉備的終極目標，而和孫權結合又是達成這一目標的必要手段，因此在這底下的所有策略，都該隨機調整，不可拘泥於一時。如果劉備聰明的話，面對東吳對荊州的志在必得，他該做些適度的讓步，除了割讓三郡，必要時也可放棄公安和江陵，只要確保幾處重要據點便可，如上庸。上庸可以漢中爲依托，就進攻取襄樊，十分方便。當然，在談判的過程中，劉備陣營可針對己方的讓步與誠意，向東吳索取補償，這些都是比兵戎相見更好的辦法。

只是，劉備始終不願罷手，吳、蜀雙方只好大幹一場。劉備是遠來之師，最忌諱對手只守不攻，偏偏孫權就是要這樣拖垮他，最後劉備兵敗山倒，病死白帝城。病死之前，孫權爲了息事寧人，先派人跟劉備示好，表明休兵之意，劉備勉強答應，派宗瑋到東吳去。蜀國先丟了荊州，又死了關羽，現在連老闆劉備也掛了，損失不可謂不慘重。這也可以看出劉備格局之小、器量之窄與眼光之短。他在請出諸葛亮之前，完全弄不出局面來，三顧茅廬時，諸葛亮明說不可亂動曹操和孫權這兩人，他現在不聽，落得這個下場，不怪自己，還能怪誰呢？

■諸葛亮鞏固基本國策

劉備死後，諸葛亮大權在握，第一件要緊事是派人再跟孫權同盟。此時的蜀國是戰敗國，又死了皇帝，有什麼本錢跟孫權談判？諸葛亮心想，非得派個智勇雙全、不辱使命的「藺相如」前去不可。藺相如是戰國時代趙國的大臣，每次出使超級強權秦國，總能不讓趙國丟掉面子和裡子。蜀國眼前也需要這種人才，雖然諸葛亮自己就是，但國務繁忙，他實在走不開。剛好這時鄧芝來找他，說：「我們的新皇帝剛即位，年紀又小，國家不穩，應派人跟孫權重修舊好。」諸葛亮答道：「這件事我想很久了，一直沒找到適合的人選，今天總算找到了。」鄧芝驚問是誰，不失赤子之心的諸葛亮哈哈一笑說：「就是你啊。」鄧芝到東吳後，因孫權害怕曹魏藉口南侵，一直不願接見鄧芝。鄧芝主動上表說：「我今天來這裡，不只爲了自己國家，也爲了貴國。」這番「雙贏」的說詞，搔得孫權心裡癢癢的，便加以接見。鄧芝說：「你我兩國佔了天下一半土地；貴國有大王這樣的『命世之英』，我國則有諸葛亮這樣的『一時之傑』；我們有險峻堅固的天然防線，貴國有長江的屏障；我們該聯合在一起，進可以兼併天下，退可以鼎足而立。如果大王您當乖乖歸順曹魏，他們一定向您要太子去當人質，您答應的話，顏面無存；不答應的話，他們就舉兵南下，我們也會過來插花一番，則東吳就會消失不見。」這段話讓孫權「默然良久」，顯然已經打動了他的內心深處。孫權會考慮到，眞正足以威脅東吳的，是魏不是蜀；而荊州已得，吳、蜀已無領土之爭；他向魏國稱臣進貢，坦白說實在丟臉丟到家；一旦吳、蜀聯合，他就可以稱帝，專心防衛魏國，不必擔心蜀國會來撿便宜。基於這些考量，孫權答應了鄧芝的提議，雙方再度結盟，這無疑是諸葛亮在外交上的一大勝利。

孫、劉再度結盟，年輕的皇帝劉禪也很高興。雖說劉禪的能力大大不如乃父劉備，但對諸葛亮的做法是很表贊同的，他也知道結盟的好處是「同恤災患，潛軍合謀，掎角其後」。孫權也很高興，畢竟雙方原本就是親家，合作久了，比較有信任感和安全感。此後，孫權常寫信跟諸葛亮、劉禪談公事，中間人是陸遜。陸遜是江東能打敗劉備的主將，此時是孫權的重臣，隨時接受孫權的諮詢。諸葛亮公事公辦，對此人毫不記恨，其格局、胸襟、眼光可想而知。

原本只想「輔漢」的孫權，在打敗劉備後，膽子大了起來，也自稱爲皇帝，改國號爲吳。孫權稱帝了，蜀國該不該去道賀呢？很多人反對，理由是劉備乃劉氏子孫，稱帝還說得過去，但孫權這老頭是什麼東西，居然敢沐猴而冠！他們建議諸葛亮，不僅別去道賀，甚至要用斷交來宣示決心。

這時，諸葛亮講了一段悶了很久的眞心話，可看出他對孫、劉結盟的眞正看法。他說，「權有僭逆之心久矣，國家所以略其釁情者，求掎角之援也。」意思是說，他早就知道孫權有「僭逆之心」了，之所以不計前嫌，是因爲需要孫權當「掎角之援」，來對抗魏國。「今若加顯絕，讎我必深，便當移兵東伐，與之角力，須爲其土，乃議中原。」如果跟孫權斷交，不但要重兵到蜀、吳邊界鎮守，而且需先吃掉孫權，蜀國才能放心北伐魏國。「彼賢才尚多，將相緝穆，未可一朝定也。」東吳的賢才很多，又一心爲國，蜀國很難在短時間內搞定他們。「頓兵相持，坐而須老，使北賊得計，非算之上者。」兩國這樣僵持不下，曹丕會坐收漁翁之利。「昔孝文卑辭匈奴，先帝優與吳盟，皆應權通變，弘思遠益，非匹夫之爲忿者也。」遙想當年，漢文帝對匈奴委曲求全，劉備優先與孫權結盟，都是權宜之計，爲了以後大局著想，因此不逞匹夫之勇。「今議者咸以權利在鼎足，不能爲力，且志望以滿，無上岸之情，推此，皆似是而非也。」有人認爲孫權只想三足鼎立，不願合力和我們對付魏國，這都是似是而非的論調。「何者？其智力不侔，故限江自保；權之不能越江，猶魏賊之不能渡漢，非力有餘而利不取也。若大軍致討，彼高當分裂其地以爲後規，下當略民廣境，示武於內，非端坐者也。若就其不動而睦於我，我之北伐，無東顧之憂，河南之不得盡西，此之爲利，亦已深矣。」諸葛亮很露骨地分析了吳、蜀聯合的好處：最好的情況是我們北伐時，東吳若想撿便宜，瓜分魏國，也會跟著北伐；最壞的情況是他們按兵不動，起碼也不會來偷襲我們，我們的北伐就沒有東顧之憂了。因此，諸葛亮還是派了陳震去祝賀孫權稱帝，這是很聰明的做法。此後，吳、蜀兩國未再發生任何爭端，魏國無法南侵，只有挨打的份。吳、蜀兩國或輪流攻打，或聯合北伐，魏國顧此失彼，很傷腦筋，這當然要拜諸葛亮的金頭腦所賜。他不只善於運籌帷幄，還知人善任，用了正確的人出使東吳，順利完成使命，這點也是要附帶一提的。

收好徒弟——馬謖與姜維

清朝學者崔述在五十三歲時，收了一個三十二歲的徒弟陳履和，兩人一生只相聚過兩個月，但陳履和一直在替崔述傳布著作。崔述的《考信錄》是中國歷史的石破天驚之作，他在那種不科學且權威充斥的時代，以土法煉鋼的方式，質疑了許多被奉爲圭臬的信史。也因爲這樣，他一生顛沛流離，思想無法發揚光大。在崔述死後九年，陳履和六十五歲，也死了。他死前爲老師刻書，自己窮得負債，連五歲的兒子也回不了家。崔述能收到這麼偉大的徒弟，眞是死而無憾了。

一九五九年十一月五日，胡適寫封信給趙元任，裏頭有段話說：「『交友以自大其身，求士以求此身之不朽』，這是李恕谷的名言，我曾讀了大感動。」李恕谷是清代學者，他這兩句名言的意思是，交朋友的目的在造成自己生前的勢力，但尋找知己和接班人，是想造成自己死後的勢力。

胡適一生寫作無數，當然希望有徒弟或接班人來繼續發揚他的思想。可惜的是，胡適生前的朋友和徒弟，在胡適死後都沒有盡到責任，幾十年下來，非但沒有編出任何的「胡適全集」，反而極力阻擋別人幫胡適出全集。現在由胡適紀念館編出來的一些選集，也都是遭竄改、刪減過的，只因胡適早年的政治立場較爲激烈，就這樣死不瞑目。崔述儘管生前不盡如意，卻有一個好徒弟；胡適生前風風光光，死後逐漸被人遺忘、曲解，誰說收徒弟不重要呢？

收徒弟這麼重要，可以「求此身之不朽」，英明蓋世的諸葛亮當然也想收個徒弟，盡傳絕學。他一輩子共收過兩個徒弟，前期是馬謖，後期是姜維。他對這兩個學生期許甚深，教導甚多，沒想到馬謖卻搞了大飛機，讓他失望透頂，連帶影響後來他對姜維的態度。

■「才器過人，好論軍計」的馬謖

馬謖是荊州襄陽人，生於西元一九〇年，只比諸葛亮小九歲。他們馬家有五兄弟，都是才子，鄉里間流傳一句諺語：「馬氏五常，白眉最良。」白眉是馬謖的三哥馬良，因為眉毛中有白毛，故名。又為何叫「馬氏五常」呢？因為馬家五兄弟的字中，都有一個「常」字，如馬良字季常，表示排行老三，馬謖字幼常，表示年紀最幼，排行老五，兩人差三歲。劉備佔領荊州後，聽說了馬家五兄弟的名氣，便聘請他們來效力，此時馬謖剛滿二十歲。劉備去「竊佔」益州時，帶馬謖一道前往，而將馬良留在荊州，成功後，兩人都升了官，從此各自不同的命運。

諸葛亮曾派馬良出使東吳，很得孫權的敬重。後來孫、劉兩家翻臉，劉備御駕親征前，特地請馬良去說服荊州南部的原住民起義響應，馬良順利完成任務，可惜劉備打了大敗仗，馬良也因此陣亡。馬良之死，讓他的結義大哥諸葛亮備感哀痛。

至於馬謖，《三國志》說他「才器過人，好論軍計」，深得諸葛亮的賞識。「好論軍計」指的是喜歡談軍事、兵法，能談得頭頭是道。諸葛亮最喜歡這種允文允武的年輕小伙子，自然極力要栽培他。但劉備對馬謖的評價可不高，在臨終前曾對諸葛亮說：「馬謖這個人言過其實，不可大用，希望你能明察秋毫！」一個人在死前交代的事情，必然是他認為最重要的。我們從這段話中，可看出兩個事實：一是諸葛亮平常一定跟馬謖來往甚密，且大表讚賞，使眾人為之側目，否則劉備也不會這麼無聊，在死前有限的時間裡，特別談及馬謖。二是劉備認為諸葛亮有看錯人的可能，特地點醒他，要他小心。但諸葛亮對自己的眼光很有信心，並不以劉備的話爲然。劉備死後，諸葛亮用馬謖爲參軍，兩人常常一聊就是整天。如果馬謖是個虛有其表的人，忙碌的諸葛亮會有空聽他扯淡嗎？

西元二二五年，諸葛亮四十五歲，馬謖三十六歲。就在這年，諸葛亮要征討南蠻，馬謖送別數十里路，諸葛亮說：「我們已經認識這麼久了，你要不要對此行給我什麼建議？」馬謖平常「好論軍計」，此時忍不住「技癢」，說：「南蠻人憑藉著地勢顯要，向來不服我們，這種事不是一天兩天造成的，縱使我們今天打敗他們，他們明天又會造反，這樣硬碰硬是沒用的。如果想要永絕後患，一定得花點時間，用軟性攻勢來降服他們。古人說，用兵之道，攻心爲上，攻城爲下，心戰爲上，兵戰爲下，我希望您能徹底收服他們的心。」諸葛亮聽了，非常讚賞，於是有後來「七擒七縱」的佳話，這實在是馬謖的功勞。

歷史多以成敗論英雄，後人多喜歡從劉備「言過其實，不可大用」論斷馬謖，其實這是不公平的。「好論軍計」不代表就是「言過其實」，如果諸葛亮眞的賞識馬謖，有意栽培他，就該不斷給他機會，以資磨練，像征討南蠻前的那段對話，顯然是諸葛亮對馬謖的考試，而馬謖也的確貢獻了寶貴的意見，給諸葛亮在南征時莫大的幫助，這像是「言過其實」的人嗎？

西元二二八年，諸葛亮兵分兩路北伐，他自己帶領一路，另派趙雲、鄧芝扮成疑軍。當他攻到祁山時，「戎陳整齊，賞罰肅而號令明」，魏國的南安、天水、安定三郡紛紛都叛魏降蜀，「關中響震」，魏國上下都大吃一驚，原以爲劉備死後，蜀國已經無力北伐了。這時蜀軍氣勢如虹，需要一員大將在街亭當前鋒，對抗魏軍。從征討南蠻成功到此時的三年之間，諸葛亮沒有再給馬謖任何磨練的機會，卻將大軍前鋒的位置交給馬謖，要他鎮守街亭，與張郃交手。這實在是極爲大膽的舉措！馬謖之前從來都只擔任諸葛亮的幕僚，不曾有過單獨帶兵的經驗，而且將要面對的敵人是大名鼎鼎的張郃！諸葛亮做這個決定時，其他人都認爲太冒險了，應該把前鋒的重責大任交給老將魏延或吳壹才對。但諸葛亮不聽，他居然認爲「好論軍計」的馬謖有辦法抗衡張郃！

張郃是何許人也？他一開始是袁紹的手下，後來投降曹操，曹操興奮地拿他與西漢的韓信相比。他後來攻打袁紹、馬超，均有大功，又隨曹操在漢中與劉備周旋，表現也很突出。《三國志》說他「識變數，善處營陣，料戰勢地形，無不如計，自諸葛亮皆憚之」。這樣一個連諸葛亮都不敢輕視的大將，馬謖又算老幾呢？而諸葛亮竟然如此輕敵，或者是對年輕的馬謖太有信心了，居然做這樣的安排調度，實在令人匪夷所思。

馬謖自信滿滿地率軍駐紮街亭後，毫無意外，沒多久就被張郃打敗了。《三國演義》曾生動地寫出這段經過：

爲說馬謖、王平二人兵到街亭，看了地勢。馬謖笑曰：「丞相何故多心也？量此山僻之處，魏兵如何敢來！」王平曰：「雖然魏兵不敢來，可就此五路總口下寨；爲令軍士伐木？，以圖久計。」謖曰：「當道豈是下寨之地？此處側邊一山，四面皆不相連，且樹木極廣，此乃天賜之險也？可就山上屯軍。」平曰：「參軍差矣。若屯兵當道，築起城垣，賊兵總有十萬，不能偷過；今若棄此要路，屯兵於山上，倘魏兵驟至，四面圍定，將何策保之？」謖大笑曰：「汝眞女子之見！兵法云：『憑高視下，勢如破竹。』若魏兵到來，吾教他片甲不回！」平曰：「吾累隨丞相經陣，每到之處，丞相盡意指教。今觀此山，乃絕地也：若魏兵斷我汲水之道，軍士不戰自亂矣。」謖曰：「汝莫亂道！孫子云：『置之死地而後生。』若魏兵絕我汲水之道，蜀兵豈不死戰？以一可當百也。吾素讀兵書，丞相諸事尚問于我，汝奈何相阻耶！」平曰：「若參軍欲在山上下寨，可分兵與我，自于山西下一小寨，爲犄角之勢。倘魏兵至，可以相應。」馬謖不從。忽然山中居民，成群結隊，飛奔而來，報說魏兵已到。王平欲辭去。馬謖曰：「汝既不聽吾令，與汝五千兵自去下寨。待吾破了魏兵，到丞相面前須分不得功！」王平引兵離山十里下寨，畫成圖本，星夜差人去爲孔明，具說馬謖自於山上下寨。……爲說司馬懿回到寨中，使人打聽是何將引兵守街亭。回報曰：「乃馬良之弟馬謖也。」懿笑曰：「徒有需名，乃庸才耳！孔明用如此人物，如何不誤事！」又問：「街亭左右別有軍否？」探馬報曰：「離山十裏有王平安營。」懿乃命張郃引一軍，當住王平來路。又令申耽、申儀引兩路兵圍山，先斷了汲水道路；待蜀兵自亂，然後乘勢擊之。當夜調度已定。次日天明，張郃引兵先往背後去了。司馬懿大驅軍馬，一擁而進，把山四面圍定。馬謖在山上看時，只見魏兵漫山遍野，旌旗隊伍，甚是嚴整。蜀兵見之，盡皆喪膽，不敢下山。馬謖將紅旗招動，軍將你我相推，無一人敢動。謖大怒，自殺二將。爲軍驚懼，只得努力下山來沖魏兵。魏兵端然不動。蜀兵又退上山去。馬謖見事不諧，教軍緊守寨門，只等外應。

這段記載是在史實的基礎上略加增色的。如果綜合《三國志》的說法，〈馬謖傳〉只說他「與魏將張郃戰於街亭，爲郃所破，士卒散離」；〈張郃傳〉則說他「依阻南山，不下據城。郃絕其汲道，擊，大破之」；〈諸葛亮傳〉說他「違亮節度，舉動失宜，大爲郃所破」；〈王平傳〉說他「舍水上山，舉措煩擾，平連規諫謖，謖不能用，大敗於街亭。眾盡星散，惟平所領千人，鳴鼓自持，魏將張郃疑其伏兵，不敢逼也」。從這些零星的史料中，我們可歸納出幾個重點：

一、街亭有水有城，馬謖放棄不用，跑去山上駐守。

二、諸葛亮任用馬謖當前鋒，必定曾交代他該如何做，但他違反了諸葛亮的命令，自作聰明。

三、張郃截斷馬謖的飲水來源，然後擊破之。

四、馬謖失守街亭，損失十分慘重，只有王平所領無事。

《三國演義》的說法，大致與史實無誤。馬謖的失敗，讓諸葛亮痛心疾首，一來行情大漲的北伐大業就此搞砸了，諸葛亮只能含恨撤軍；二來搞砸戰果的不是別人，而是自己的得意門生馬謖，他的吃驚、他的內咎，是可想而知的。然而，軍法無情，馬謖的錯誤造成蜀軍嚴重的內傷，諸葛亮不等撤軍回成都，來到漢中時就決定揮淚斬馬謖。馬謖臨終前，寫了一封信給諸葛亮，不是求情喔，而是表明自己「支持」諸葛亮的做法，他說：「明公視謖猶子，謖視明公猶父，願深惟殛鯀興禹之義，使平生之交不虧於此，謖雖死無恨於黃壤也。」馬謖眞不失為一條好漢，他告訴諸葛亮，你把我當兒子看，我也把你當父親看，希望你效法大舜殺鯀的方式，也把我殺了，以維護軍紀，也讓我們平生的交情沒有遺憾，但請好好照顧我的兒子，我雖死而沒有怨恨。傳說中的古代聖帝大舜殺了鯀，卻重用鯀的兒子禹，馬謖利用這個典故，婉轉向諸葛亮說明了他的遺願。馬謖死後，諸葛亮難過地掉下淚來，親自主持葬禮，並將馬謖的遺孤當成示馬謖看待。諸葛亮之嚴守律法、有情有義，由此可見。蜀軍見到此情此景，也大為感動，很多人都痛哭失聲。

■馬謖之死誰之過？

馬謖之敗、之死，該負最大責任的是諸葛亮。《三國演義》卻無端造謠，捏造了一段故事，來替諸葛亮開罪：

須臾，武士獻馬謖首級於階下。孔明大哭不已。蔣琬問曰：「今幼常得罪，既正軍法，丞相何故哭耶？」孔明曰：「吾非爲馬謖而哭。吾想先帝在白帝城臨危之時，曾囑吾曰：『馬謖言過其實，不可大用。』今果應此言。乃深恨己之不明，追思先帝之言，因此痛哭耳！」大小將士，無不流涕。馬謖亡年三十九歲，時建興六年夏五月也。後人有詩曰：「失守街亭罪不輕，堪嗟馬謖枉談兵。轅門斬首嚴軍法，拭淚猶思先帝明。」

事實上，諸葛亮沒有講過這段話，也不可能講過這段話。如果他要後悔，也該是後悔自己沒多給馬謖磨練的機會，倉促就授以大任。畢竟天才是不可靠的，還得靠後天的鍛鍊。諸葛亮剛出道時才二十七歲，劉備並沒有立刻重用他，而是由身旁的參謀當起；赤壁之戰後，升任軍師中郎將；搞定益州後，升任軍師將軍；蜀國建國後，升任丞相。這一系列的飛黃騰達，都是以「有功勞」做基礎的，而非突然跳級冒出頭。馬謖曾當過綿竹成都令、越巂太守等官，劉備逝世後，諸葛亮拔擢他爲身邊的參軍，這也只是個參謀性質的官位而已，之後就沒有任何晉升。這種資歷，何德何能可單挑張郃？

類似的情節，戰國時代也發生過。身爲戰國七雄之一的趙國，在同時擁有藺相如、廉頗、趙奢等賢臣猛將時，是全盛時期。後來趙奢死了，藺相如病重了，廉頗老了，秦國忽然來攻，趙王急忙派遣廉頗應戰。廉頗老雖老，仍有不錯的戰力，與秦國僵持在長平。秦國派人到趙國造謠，說：「我們秦國最怕的不是廉頗，而是趙奢的兒子趙括。」愚蠢的趙王聽了，信以爲眞，於是找來趙括代替廉頗。生病中的藺相如知道了，急忙勸阻：「趙括只會紙上談兵，不知變通，如果大王用他，無疑是膠柱鼓瑟啊。」愚蠢的趙王不聽，還是起用趙括。趙括跟馬謖有點像，從小學兵法，也好論軍計，認爲全天下沒人比他更懂。曾跟老爸趙奢談軍事作戰，趙奢講不過兒子，但不認爲趙括有本事。趙媽媽問趙奢緣故，趙奢說：「兵法是死的，打仗才是眞的，我們的寶貝兒子想得太簡單了。如果日後我國不用趙括，那就算了；如果用他，我國一定滅亡！」趙老爹也眞奇怪，既然認爲兒子只會紙上談兵，就該帶去戰場開開眼界才對，如果可磨練就磨練，以後也可成爲大器；如果不長進，起碼能讓趙括知道，戰場上不是你想得那麼簡單！或許趙括會有自知之明，收收狂傲之氣。但趙老爹不這樣做，趙括如何能心服口服，如何能成長進步呢？趙奢死後，愚蠢的趙王來請趙括出馬，趙媽媽不准，趙王很堅持，於是趙媽媽說：「如果我兒子搞砸了，你不能連帶要殺我。」趙王答應。趙括代替廉頗後，自得意滿，「悉更約束，易置軍吏」，跟秦國張郃等級的大將白起一打，果然大敗，趙軍幾十萬人投降，都被白起活埋。這就是既有名又恐怖的「長平之役」。白起大破趙括後，圍困趙國首都邯鄲，還好楚國、魏國及時來救，否則趙國眞要完蛋了。

趙括和馬謖的遭遇很像，其實錯不在他們，而在於他們的爸爸或老師沒有好好訓練他們。但趙括與馬謖犯錯是事實，不容否認。諸葛亮揮淚斬馬謖，後人多表讚賞，只有一個怪胎習鑿齒不以爲然，大發怪論，說：「諸葛亮之不能兼上國也，豈不宜哉！夫晉人規林父之後濟，故廢法而收功；楚成闇得臣之益己，故殺之以重敗。今蜀僻陋一方，才少上國，而殺其俊傑，退收駑下之用，明法勝才，不師三敗之道，將以成業，不亦難乎！且先主誡謖之不可大用，豈不謂其非才也？亮受誡而不獲奉承，明謖之難廢也。爲天下宰匠，欲大收物之力，而不量才節任，隨器付業；知之大過，則違明主之誡，裁之失中，即殺有益之人，難乎其可與言智者也。」這段話的重點是：諸葛亮不是個聰明人，第一，他拘泥於法律，不知變通，殺了有用之人，留下無益之人，對蜀國沒有幫助。第二，劉備曾告誡他馬謖不可用，他竟不聽！

諸葛亮在漢中逗留一段時間，蔣琬從成都趕來，原本想救馬謖，沒想到遲了幾步。蔣琬問諸葛亮：「春秋時代，楚王殺了賢臣，各國都在偷笑。現在天下未定，就殺掉這麼優秀的人才，難道不可惜嗎？」諸葛亮一聽，觸痛心頭的傷口，又痛哭起來，說：「孫武所以能制勝於天下者，用法明也。是以楊干亂法，魏絳戮其僕。四海分裂，兵交方始，若復廢法，何用討賊邪！」強調了「法律之前，人人平等」的重要性。唯有司法公正，「動搖國本也要辦下去」，人民對司法、政府才會有信心。諸葛亮回答蔣琬的這段話，剛好可以用來反駁習鑿齒。

當然，馬謖之死，諸葛亮這個做人家老師的，當然有責任。他回成都後，上書給劉禪，說：「臣以弱才，叨竊非據，親秉旄鉞以厲三軍，不能訓章明法，臨事而懼，至有街亭違命之闕，箕谷不戒之失，咎皆在臣授任無方。臣明不知人，恤事多闇，春秋責帥，臣職是當。請自貶三等，以督厥咎。」言下之意是，手下犯錯了，他這個上司當然要負起責任。人是他用的，如果他不隨便將鎮守街亭的重任交給馬謖，三國歷史也許有新的面貌也說不定。諸葛亮向劉禪認錯，並辭掉丞相一職，以示負責。問題是，諸葛亮辭職了，誰來治國？其實，這番話的宣示意義大於實質意義，他雖然降級為右將軍，仍然「行丞相事，所總統如前」。只是從這段文字中，我們可看出諸葛亮尊重體制、賞罰分明的個性，相當令人佩服。他對馬謖的內疚，也充分表現在字裡行間！

劉禪自然也知道諸葛亮對蜀國的重要性，隔年就發了一道聖旨，說：「街亭之役，咎由馬謖，而君引愆，深自貶抑，重違君意，聽順所守。前年燿師，馘斬王雙；今歲爰征，郭淮遁走；降集氐、羌，興復二郡，威鎮凶暴，功勳顯然。方今天下騷擾，元惡未梟，君受大任，幹國之重，而久自挹損，非所以光揚洪烈矣。今復君丞相，君其勿辭。」這道聖旨的重點有二，把街亭之敗的錯誤歸咎馬謖，此其一；強調事後諸葛亮有將功贖罪，此其二。有了這兩個理由，諸葛亮又恢復丞相一職。

馬謖是諸葛亮的得意門生，他死了，對諸葛亮日後有影響嗎？有的，最重要的影響有二：第一、讓他在用兵用人上更加謹慎。第二、讓他對下一個徒弟姜維的拔擢更加保留。

關於第一點，我們可從兩件事來分析。街亭之役慘敗後，諸葛亮轉回成都，有人建議他再接再厲，繼續出兵，他的回答是：「我軍上次在祁山打仗，人數對方多很多，最後不能破賊，反而為賊所破，關鍵不在於兵少，而在於我這個總指揮官沒幹好。我現在只想做兩件事，一件是減兵省將，減輕老百姓的負擔；另一件是明罰思過，我會好好地自我檢討。如果不能落實這兩件事，軍隊再多又有何用？今後，你們一定要對國家盡忠，時時告訴我，我哪裡做錯了？這樣一來，北伐才能成功，敵人才可消滅。」接下來，諸葛亮便積極尋訪民情，挖掘人才，向蜀國上下認錯，並公佈自己錯在哪裡。再來才是「厲兵講武」，準備下一次的作戰。由此一來，蜀國人民逐漸忘記上次失敗的陰影，又開始燃起鬥志。從這件事可看出，諸葛亮對於出兵之事，變得更謹慎，非得準備周全才進行。另外，北伐時，他一定堅持從祁山出兵，步步為營，不再隨便用人。大將魏延曾建議他從子午道、斜谷攻擊魏國，諸葛亮認為太冒險，不予採用。這都是馬謖之死對他日後用兵的影響。

■前車之鑑，冷凍姜維

馬謖雖然死了，諸葛亮在首次北伐時，卻有意外的收穫，即姜維來歸。姜維當時二十七歲，會來投降蜀軍，實在有點陰錯陽差。前面說過，諸葛亮初次北伐時，嚇壞了魏國上下，魏國西部的南安、天水、安定三郡都自動起兵響應。姜維是天水冀縣人，當時在天水郡做小官，隨太守馬遵出巡。馬遵聽說自己的轄區反了，便疑神疑鬼，覺得姜維可能也是蜀國的奸細，於是丟下姜維，自己趁夜溜到上邽。姜維追去，被上邽守軍拒絕，他只好回冀縣。沒想到冀縣也不讓他進城，他走投無路，最後投奔諸葛亮。諸葛亮對姜維做過一番調查和測試後，大感興奮，寫信給人在成都的蔣琬和張裔，說：「姜伯約忠勤時事，思慮精密，考其所有，永南、季常諸人不如也。其人，涼州上士也。」伯約是姜維的字，永南是李邵的字，季常是馬良的字。李邵是何等人物，史書上沒有記載，只說諸葛亮曾聘用他爲西曹掾，大概也是諸葛亮極爲賞識的人，否則也不會與馬良並列。諸葛亮稱讚姜維的能力在馬良之上，這可是極高的讚譽。此外，在信中還吩咐說：「須先教中虎步兵五六千人。」顯然想有計畫地栽培他成爲蜀國大將。又說：「姜伯約甚敏於軍事，既有膽義，深解兵意。此人心存漢室，而才兼於人，畢教軍事，當遣詣宮，覲見主上。」不但充分肯定了姜維的軍事才能與潛力，而且已研判出他的忠誠度沒問題，栽培成功後，可推薦給劉禪任用。諸葛亮才與姜維相處不久，就得到這麼多正面的結論。他剛忍痛殺了舊徒弟馬謖，又收了新徒弟姜維，未嘗不是「塞翁失馬，焉知非福」啊。

有了馬謖的前車之鑑，收了新徒弟的諸葛亮不敢大意，決定慢慢栽培姜維，急不得。除了先教他兵法之外，只讓他當「倉曹掾」的小官兼空頭銜「奉義將軍」，跟在自己身邊見習。往後的六年之中，姜維雖然升任中監軍征西將軍，諸葛亮仍不輕易讓他拋頭露面、獨當一面，這都是因爲揮淚斬馬謖的過往造成的投鼠忌器效應。姜維很聽話，默默跟在諸葛亮身邊學習，沒有任何怨言。

西元二三四年，諸葛亮五十四歲，諸葛亮最後一次北伐，而姜維三十三歲，當然也跟去。諸葛亮常對姜維機會教育，讓他快速成長。這一次途中，諸葛亮見對手司馬懿死守不出，便派人拿女人的衣服去嘲笑司馬懿，司馬懿不予理會，但他底下的人憤恨不平，急著出戰，司馬懿見壓不住了，於是飛書請示皇帝，皇帝派辛毗來宣示不准出戰的旨意。諸葛亮問姜維的看法，姜維說：「辛毗一來，司馬懿就不會出來應戰。」諸葛亮說：「你搞錯了，司馬懿原本就不想出戰，他只是想借皇帝的命令來壓制手下出戰的意念罷了。」姜維這時還正年輕，對於許多人性的爾虞我詐還不清楚，需要諸葛亮不時加以點破。

諸葛亮雖然如此器重姜維，但臨終前並沒有將國家大事託付給他，反而對劉禪的使者李福提示蔣琬，蔣琬之後則是費禕。費禕之後呢？諸葛亮竟然笑而不答！這太奇怪了，對姜維而言，他二十七歲時遇到諸葛亮，盡得孔明眞傳，照理說是少年得志，有極大的發揮空間。但諸葛亮病死五丈原，臨死前做了許多交代，卻沒有把姜維擺在重要的位置上，反而是看中蔣琬和費禕的治國守成的能力，把今後國家大權都交給了兩位穩重的大臣，實在令人困惑。諸葛亮畢生的志業是什麼？不外乎就是北伐中原，恢復漢室，以報劉備知遇之恩。從他的兩篇〈出師表〉和他晚年連年用兵的情況來看，便知道他對心中這個久懸的夢想，有著多麼急切的盼望，深恐時不我予。他在〈前出師表〉一文說：

今南方已定，甲兵已足，當獎帥三軍，北定中原，庶竭駑鈍，攘除奸凶，興復漢室，還於舊都：此臣所以報先帝而忠陛下之職分也。

在〈後出師表〉中又說：

先帝慮漢、賊不兩立，王業不偏安，故托臣以討賊也。以先帝之明，量臣之才，故知臣伐賊，才弱敵眾也。然不伐賊，王業亦亡。惟坐而待亡，孰與伐之？是故托臣而弗疑也。臣受命之日，寢不安席，食不甘味；思惟北征，宜先入南，故五月渡瀘，深入不毛，爲日而食。臣非不自惜也，顧王業不可偏安於蜀都，故冒危難以奉先帝之遺意。……臣鞠躬盡瘁，死而後已；至於成敗利鈍，非臣之明所能逆睹也。

在這些話語中，我們清楚看到諸葛亮的內心世界：他當然知道以他的能力，以蜀國的國力，是很難北伐成功的，但他還是要做，爲什麼？爲了使命感，爲了復興漢室，爲了報答劉備對他的知遇之恩。他堅定反對偏安的局面！他的意思這麼明顯了，在他死後，還有誰能繼承這個遺志的？環顧當時的蜀漢，老將凋零，新枝青黃未接，除了姜維，還有誰能擔負此如此重任？而諸葛亮心中的名單只有蔣琬和費禕，這未免太說不過去了。

除非，我們從諸葛亮的個性來考量。他生平處事愼重，不打沒把握的仗，因此，在臨終之前，內心必定經過一番掙扎：一方面思索姜維當他接班人的可能性，因爲只有姜維才能完成他的心願；但另一方面，他又想到，姜維只是個三十三歲的毛頭小子，年輕人血氣方剛，不知道會不會幹下什麼衝動的事情來，反而壞了大事，那就功虧一簣了。馬謖的教訓，一定不時浮現在他腦海，要他謹愼！基於愼重其事的個人行事風格，諸葛亮最後還是決定：讓姜維多磨練幾年，多沈寂一段時日。唯有這樣解釋，才能對諸葛亮的決定有一些體會。換成是你我或任何人，這也會是個很大的難題吧。

諸葛亮死前，對撤軍的事情做了一番交代。最值得注意的是，他讓魏延押陣，姜維次之，如果魏延不聽調度，則由姜維押陣。蜀軍當時面對的敵人已經不是張郃，而是比張郃強上數倍的司馬懿。司馬懿的智謀與諸葛亮相當，諸葛亮居然派出三十三歲的姜維押陣，要與司馬懿的追兵鬥智！這也是很大膽的調度吧，如果姜維沒搞好，蜀國全軍覆沒不說，還有可能讓司馬懿長驅直入，蜀國不就亡國在即了？

這個決定是很矛盾的。如果諸葛亮眞的信任姜維能夠抗衡司馬懿，爲何不將蜀國軍政大權分一些給姜維？如果諸葛亮因爲疑慮姜維能力、經驗不足，會將蜀國弄垮，又爲何要讓他押陣呢？當時蜀軍中仍有充滿經驗的老將，如王平等人，也足以託付押陣的重責大任啊。

這種錯亂、矛盾的做法，似乎更可看出諸葛亮心中的煎熬、掙扎。古人說：「人之將死，其言也善。」但前提必須是在思慮清楚的時候。如果迴光反照、腦袋不清，做出來的決定往往會有害大局，不知道諸葛亮在臨終前到底是怎麼回事？

■「膽大如雞卵」的姜維

可惜的是，人算不如天算，以結果論來看，諸葛亮這步棋顯然是下錯了、失算了。蔣琬和費禕兩人，守成固然有餘，但進取不足，幾十年窩在老巢裡，完全不思「反攻大陸」，有負諸葛亮的厚望。更要命的是，兩人不想「反攻大陸」，也就算了，但他們還拼命攔阻姜維「反攻大陸」，這就更對不起諸葛亮。尤其是費禕這老頭，甚至跟姜維把話講明了：「吾等不如丞相亦已遠矣，丞相猶不能定中夏，況吾等乎？且不如保國治民，敬守社稷，如其功業，以俟能者……。」諸葛亮交代託付給費禕的江山社稷，難道就是要他偏安一隅嗎？更何況蔣琬、費禕這些人，在巴蜀努力了十幾年，連一個本土的人才、「能者」都沒培養出來，王夫之早已認定這是蜀漢後繼無人的主因。唯一一個能打大規模戰爭的，正是姜維。如今，姜維肯替你們效力，你費禕反而在一旁說「以俟能者」這種風涼話，諸葛亮若地下有知，難道不會從墳墓裡跳出來，大罵：「所託非人啊！」蜀漢的氣數至此已盡，當非虛言。

事實上，姜維的軍事才能，在撤軍時就表露無遺。當時諸葛亮剛死，蜀軍雖然密不發喪，但司馬懿已經從祕密管道得到消息，舉兵追趕。蜀軍才死了元帥，魏延、楊儀這兩個不顧大局、不識大體的人又在火拼，蜀軍人人自危，人心惶惶。押陣的姜維知道自己的角色很重要，決定不介入魏延和楊儀這兩個渾球的紛爭，而是專心面對司馬懿。姜維把自己的部隊停下，故佈疑陣，拼命鳴鼓搖旗，做出好像要進攻司馬懿的樣子。司馬懿果然猶豫不前，害怕又是諸葛亮的詭計，於是掉頭轉回魏國，蜀軍順利撤出魏國國境。事後司馬懿知道眞相，大感後悔，急忙追趕，已經來不及了，姜維眞有乃師之風啊。

諸葛亮死的時候，姜維才三十三歲，能力雖然已經得到肯定，但只要有蔣、費兩位黨國元老在位，他就不可能有發揮的機會。姜維等了十二年，等到四十五歲時，蔣琬總算掛了。蔣琬一死，他馬上躍躍欲試起來，想要舉兵北伐。但費禕這隻攔路虎橫阻於前，除了講風涼話，偶爾拗不過姜維的要求，只得給他不到一萬人的兵力，任由他去。一萬人要怎麼跟魏國的大軍開打？然而姜維並不氣餒，四十六歲時，繞道隴西一帶，聯合胡人，小勝勝了魏軍。隔年，又出兵攻擊雍州，這次雖無功而返，但魏國的大將夏侯霸來降，算是一大收穫。隔年，再度沿著舊路線出擊，因爲兵力實在不足，又退了回來。

經過這幾次折騰，姜維知道費禕不死，大事難成。但姜維不失正人君子，他不搞暗殺的把戲，而是用自己的青春歲月去和費禕耗，只求費禕先他而死。終於，皇天不負苦心人，在他五十二歲時，費禕「總算」死了。費禕一死，他沒時間辦法會和追悼會，趕緊帶著大軍再度北伐，可惜中途糧食吃光了，全軍爲陳泰所敗。隔年，姜維再度出兵隴西，大勝，鑑於蜀地人丁太少，他把攻下的三個縣市的老百姓都帶回國，以充實戶口。隔年，姜維、夏侯霸這兩個「外省人」聯手出擊，在洮西大獲全勝，大喜之餘，犯了躁進的錯誤，又被陳泰打敗。隔年，北伐再度失敗，這會兒敗在他的天敵鄧艾手中。

隔年，雄心不已的姜維又出駱谷，與司馬望、鄧艾對峙於長城，拖了一陣子之後，兵疲馬困，徒勞無功，只得撤回國去。這時，他已是五十七歲的老人了。

自費禕死後，姜維連年出征，一方面顯示了他的抗魏決心，但一方面也因敗多勝少，民怨開始出現。迫於情勢，他只好休兵幾年。回顧姜維這幾年的作爲，他屢敗屢戰，偶爾戰勝了，也無法深入敵境，更上層樓。我們可以據此分析出兩個原因：一是本土人才不足，只靠姜維和夏侯霸兩個外省人在賣命，是不夠的。二是北伐的時機已過，蜀漢已如強弩之末。

關於第二點，還可以再解釋一番。諸葛亮生前頻頻北伐，固然耗損蜀漢的國力至鉅，但魏國也不堪其擾。諸葛亮死後，到姜維第一次北伐，之間有十三年的空檔，魏國仗著先天的條件好，國力已經復原得比蜀國還快。加上費禕只願給姜維不到一萬的兵力，所以姜維的北伐，無異以卵擊石，毫無投資報酬率可言。爾後，費禕死了，姜維可如脫韁野馬，盡情發揮，但蜀國每次北伐所花費的人力物力，都要遠比只守不攻的魏國來得多，誰在做賠本生意，不言可喻。這種毫無勝算的戰爭，相信諸葛亮的關門弟子姜維，是不會不知道的。既然心知肚明，還要「明知不可而爲之」，姜維的苦心、忠心，不難明白矣。四年後，當姜維已是個六十一歲的老人時，他再度出兵，結果這次又敗了。

就在這時，被姜維騷擾多次的魏國，開始打算認眞對付蜀漢。姜維畏懼朝中黃皓、閻宇等小人毀謗他，逗留在沓中，不敢回成都，沒想到這正好給魏國大好機會。爲了困住姜維，魏國居然很「抬舉」他，以五路人馬圍困他：鄧艾從狄道南下，楊欣從金城南下，另外還有隴西的牽弘、天水的王頎從沓中的東北方而來，諸葛緒則從祁山走武街到橋頭，剛好截斷姜維的歸路。這樣的方法，就是不讓姜維有機會回頭救援其他部隊。圍困姜維的同時，鍾會從漢中長驅直入，這是魏國的如意算盤。

姜維不愧是諸葛亮的關門弟子，很快就想出了應對之道。他迅速撤開了魏軍的四路圍攻，向東走橋頭，要到漢中對付鍾會。諸葛緒先佔領了橋頭，姜維急中生智，假裝要繞道橋頭北方，諸葛緒害怕姜維斷其歸路，急忙撤出橋頭，卻不知這正是姜維的聲東擊西之策。姜維一等諸葛緒離開橋頭，便迅速轉向，從橋頭偷溜過去，在劍閣擋住了鍾會大軍。比較讓他意想不到的是，鄧艾沒有東來劍閣，而是在陰平南方的馬閣嶺鑿山開洞、造橋鋪路，穿過那片險山峻嶺，直撲成都！鄧、鍾兩人都是不世出的大將，反觀蜀漢只有姜維一人，在顧此失彼的情況下，蜀漢亡國已是時間的問題。

沒多久，後主劉禪開門投降，要姜維也歸順魏國。但姜維是個永不放棄的人，不搞自殺、殉國這一套的傳統把戲。他知道鄧、鍾兩人不合，其中鍾會不只有政治野心，還對他言聽計從，他不妨將計就計。於是，姜維詐降了鍾會，準備實行他的「大逆轉四部曲」：借鍾會之手殺掉鄧艾、勸鍾會申討魏國、煽動鍾會自立爲王、他伺機殺掉鍾會，復興蜀漢。這是他的如意算盤！

果然，鄧艾鬥不過這兩個各懷鬼胎的陰謀家，眞的被害死了。接下來，第二步也順利實行了，卻有令人意外的發展。原來，鍾會帶來的那些士兵，並不想和祖國作對，更不想留在異鄉爲鍾會賣命。加上時局太亂，謠言不斷，有一種風聲說，姜維打算活埋鍾會的十萬大軍，大家更是人心惶惶。於是，阿兵哥先發制人，把姜維宰了。他失算了！

姜維被殺之後，魏兵將他開腸剖肚，發現「其膽大如雞卵」，大家都嚇了一跳。「其膽大如雞卵」的說法固然誇張，卻正好象徵他的大膽。照說，能在亂世中混出一點名堂的，膽子都不可謂不大，甚至可說，大膽應是一種基本的條件，曹操、關羽、陸遜之流，誰不如此？似乎大可不必特別強調，只是，姜維又當是膽大者中尤爲大膽的。綜觀姜維的一生，二十七歲得到諸葛亮的賞識，好運得令人眼紅。三十三歲開始，受制於蔣琬、費禕兩位黨國元老，無法一展長才。我們甚至可以說，雙方的關係，是一枚硬幣的關係，硬幣有兩面，當蔣、費兩人這一面老是朝上時，姜維這一面只好一直被壓在底下，不得翻身。等蔣、費兩人一一死去，他能全面作主時，他也五十二歲，老了。但一個半百之人，能夠不甘老驥伏櫪，能夠想盡辦法，非得要完成「不可能的任務」不可，並在蜀漢亡國後，來一記臨去秋波，弄死了兩位敵國大將，他的膽子，眞不是普通的大。姜維生當此時，卻要逆流而上，「雖千萬人，吾往矣」，即使當人民公敵也不在乎，這種勇氣，這種「膽大妄爲」，連奸雄曹操，也會自嘆不如吧。曹操當然也面對過人生的大泥淖，比方說官渡之戰吧，他的敵人是北方霸主袁紹擁兵百萬，旗下謀士大將無數，天下無人可比。曹操則初出茅廬，未成氣候。但別忘了，當時曹操底下已有不少良將和軍師可供使喚，可資差遣，他還有一些資本可言。姜維則不然，北伐一事，他以一人敵兩國，對內要對抗主和的聲浪，對外要獨自面對強敵。打勝仗了，沒有掌聲；打敗仗了，民怨四起。一個人孤獨地走完信念之旅。

我們試想，他曾經意氣風發過，那是諸葛亮還在世的時候，爲時甚短。其後，他寂寞了數十年，而數十年如一日。他沒有時間難過，沒有垂頭喪氣，他只是堅持他的信念，跌倒了再爬起來，在爬起來之前，還要看看地下有沒有錢可以撿。由得志到落寞，由落寞到更落寞，這一段從雲端上摔下來的歷程，他是怎麼度過的？怎麼訓練自己的？這不禁令人好奇，也使人感佩。我們相信，一定有一種信念在支持著他。這種信念，當然不是迷信各種怪力亂神，怪力亂神只能使人心生雜念，而不能產生信念。《傅子》說姜維「爲人好立功名，陰養死士，不脩布衣之業」，這是說他不甘於作小老百姓，他要的是建立功名，名垂青史。孫盛的《雜記》說姜維遇到諸葛亮之後，他媽媽叫他歸隱，他悍然地說：「良田百畝，不在一畝，但有遠志，不在當歸也。」他遇到了諸葛亮這麼好的良師，有機會施展他的「遠志」，還管什麼歸隱？

姜維既然以求功名爲志，爲何沒有走入奸邪一途，成爲攀龍附鳳之流？《三國志》提供了我們一點線索，說他「好鄭氏學」，喜歡讀鄭玄註解的經書，因此對聖人之道、君子之德，有所嚮往。姜維是「天水冀人」，「天水」這地方是那時胡漢雜居的交界地帶，姜維有可能是具有胡人血統的人，也可能他是漢人，但兼染胡風。無論如何，成長背景中，胡人的豪邁性格必然對他有所影響，使得他雖讀過儒家的聖賢之書，也不致於變成一般讀書不化的迂儒，他的個性和思想境界會比較開闊，以後在面對人生困境時，心態能較坦然、灑脫。因此，我們可以說，支持姜維「一路走來，始終如一」的信念，無疑是「好立功名」但又「心存漢室」這兩點，加上有堅強的意志力、灑脫的人生觀，才能成就往後的事蹟，博得「大膽」的美名。

後諸葛亮時期的蜀國，最能繼承諸葛亮遺志，最能發揮諸葛亮精神的，非姜維莫屬。諸葛亮的識人之明、善收徒弟，由此可見。我們甚至可以說，揮淚斬馬謖的教訓，諸葛亮真的記取了。他在收了另一個徒弟姜維後，一面栽培之，一面又冷凍之，似乎也有「苦其心志，勞其筋骨」的用意在。姜維必須要能通過重重的考驗，才能眞正成爲諸葛亮的接班人。姜維沒讓老師失望，諸葛亮也沒錯收徒弟，這對師徒，眞可謂歷史的佳話與典範。收徒弟的哲學，盡在其中矣。

選接班人

■誰有接班人困擾？

眞正的民主國家是沒有接班人問題的，因爲它們有健全的選舉機制，可以讓人民來自由選擇今後的國家領導人。更何況，縱使現任元首有心栽培某人當接班人，也必須面對反對黨推出之候選人的挑戰，最後訴諸民意，變數很多、很大。

只有獨裁國家和企業有接班人問題。前者如中共、北韓、古巴和前蘇聯等共產國家，他們的政權轉移方式很「古典」，不是「傳子」就是「傳賢」。北韓的金日成傳位給其子金正日，是爲傳子。至於傳賢，指的是現任領導人心目中的賢者：能繼承他的路線的人，能讓他放心的人，而不是人民心目中的賢人。但何謂「賢」？其中的不確定因素太多，必須經過一番權力鬥爭，最後勝利者才可能脫穎而出。中共過去的接班人之爭就鬥爭得很厲害，毛澤東曾選定林彪、劉少奇爲接班人，後來都被他自己廢掉了。毛死後，各方劇烈爭奪大位，最後鄧小平脫穎而出。鄧小平原本有意胡耀邦當接班人，後來又變成趙紫陽，接著是李鵬，最後是江澤民出線。江澤民現在選定胡錦濤爲接班人。

獨裁國家如此，資本主義下的企業也是這樣。大公司大老闆的接班人選也不出傳子與傳賢兩種方法。如要傳子，需及早栽培教養之，讓子女接受完整的教育，再從接掌子公司開始，步步爲營，最後順利接管總公司。如要傳賢，底下有機會的候選人也得明爭暗鬥一番，才有希望雀屏中選。

正因爲大企業和獨裁國家都缺乏民主運作的機制，接班人的問題往往成爲當權者的最大難題。如果處理不好，辛苦打下來的「江山」難保，輕則對簿公堂、元氣大傷，重則四分五裂、血流成河。如果要處理得好，難免會遇到兩個問題：要選誰當接班人？要如何擺平其他候選人？

要選誰當接班人？中國從夏朝開始，皇位都是世襲制度，皇帝將大位傳給長子，這是最普遍的做法。這種方法的缺點是，萬一長子是個白痴呢？是個混蛋呢？年紀太小呢？的確，這些都是缺點。但它的優點是穩定，如果只有長子有繼承權，其他人就得認命、死心，沒有所謂擺不平的問題。在那個時代，這種傳位給長子的做法，的確有其必要性、安全性。

而傳賢則是上古時代的傳說，是純粹儒家的「痴心妄想」，堯禪讓給舜、舜禪讓給禹的故事是捏造出來的，不足爲憑，民國初年的史學家顧頡剛，已曾針對這個問題做過考證。他認爲，在西周的文獻中只有大禹其人，到了春秋時代卻多了堯、舜的事蹟，戰國時代又知道堯、舜之前有黃帝，而秦、漢的人更知道黃帝之前有伏羲氏、神農氏，似乎越後代的人知道越多上古事蹟，這實在是太不合理的事情。因此他大膽斷定，堯、舜以上的聖賢故事都是後人捏造出來的。這是很合理的論述。從現實層面來看，人類斷無可能剛開始發展文明時，就懂得「禪讓」這套文謅謅且充滿權謀的方式，必定得經過血淋淋的一番鬥爭，才有可能分出高下。果然，在另一本古書《竹書紀年》中，記載的皆是堯、舜、禹如何爾虞我詐、流放對方的血腥鏡頭。

在傳子、傳賢之外，古人又想出一種折衷的方式，就是傳賢子：傳位給賢能的兒子。古代統治者大抵兒子眾多，長子未必賢能，庶子未必無能，從中挑一個最棒的繼承皇位，是每個統治者的夢想。但問題是哪個兒子最賢能呢？這可不是一兩句話可以解決的，縱使用現在選擇的方式，也必然會發生太多人為介入的因素，何況在古代？或裝模作樣，或籠絡皇帝的親信，或結交朝中大臣，每個「太子候選人」都想跟老爸證明，自己是最賢能的。這樣一來，兄弟鬩牆的慘劇就無法避免了。最有名的例子是唐太宗，他不是長子，卻覬覦皇位，於是發動玄武門兵變，將兄弟殺光，他的老爸傷心之餘，只好立他為太子。更妙的是，他為了將自己這些醜事合理化，妄想要奠定傳位給「賢子」的新制度，結果不只他的兒子開始明爭暗鬥，此後唐朝近三百年的歷史，不斷上演皇子惡鬥的先例，這是得不償失的。

諸葛亮是個很特別的例子。他不是皇帝，但權力等同皇帝，在他的「輔佐」下，皇帝劉禪只是個不折不扣的「虛位元首」。他過世後，誰來接手他的位置呢？綜觀中國歷史，能有諸葛亮這種才幹的，恐怕沒有幾人，何況是當時的蜀國？諸葛亮對眼前的形勢也很瞭解，西元二二五年，他打算親自南征，討平少數民族的亂事，王連勸諫他說：「南方是不毛之地、疫癘之鄉，你是蜀國最重要的人，不宜輕易冒險。」諸葛亮的反應很有趣，他「慮諸將才不及己，意欲必往」。這是當然的囉，蜀國的文官武將有誰比他還行的？

正因為「諸將才不及己」，諸葛亮在選擇接班人時備感痛苦。一般人的做法是，讓自己的兒子當接班人，應該是最能放心的事。曹操當丞相，當然選擇曹丕接任；司馬懿當丞相，當然選擇司馬師接任。當他們權力大到不行時，指定兒子接班，皇帝也不會講話。以世襲的方式繼續幹宰相一職，其實也很明顯暴露了當事者的野心。諸葛亮有沒有這種傳子的野心，我們不得而知，但他最終沒有這樣做，主因是他兒子的年紀太小。他逝世前不久，曾寫信給人在東吳當官的諸葛瑾，說：「瞻今已八歲，聰慧可愛，嫌其早成，恐不為重器耳。」當時他的長子諸葛瞻才八歲，再怎麼「聰慧可愛」，也不可能有「超齡演出」，接他的位置吧。

■接班人一號：魏延

傳子既然不可得，就只能傳賢了，他必須在大臣之中，選擇一個可靠的接班人，來繼承他的事業。他晚年心儀的接班人選有五個：魏延、楊儀、費禕、姜維和蔣琬。五人的能力雖然都不如他，但各有優點，份量也夠，亦可獨當一面。他的難題是，只能五選一，要挑誰呢？又該如何擺平其他四人呢？

很多讀者受羅貫中《三國演義》的「蠱惑」，以爲魏延是個大壞蛋，其實不然，有必要辯證一下。魏延在《三國演義》第四十一回首次出現，當時曹操率軍南下，荊州新任刺史劉琮投降，劉備等人奪命而逃，來到襄陽城外：

行至襄陽東門，只見城上遍插旌旗，壕邊密布鹿角，玄德勒馬大叫曰：「劉琮賢侄，吾但欲救百姓，並無他念。可快開門。」劉琮聞玄德至，懼而不出。蔡瑁、張允徑來敵樓上，叱軍士亂箭射下。城外百姓，皆望敵樓而哭。城中忽有一將，引數百人徑上城樓，大喝：「蔡瑁、張允賣國之賊！劉使君乃仁德之人，今爲救民而來投，何得相拒！」爲視其人，身長八尺，面如重棗；乃義陽人也，姓魏，名延，字文長。當下魏延輪刀砍死守門將士，開了城門，放下吊橋，大叫：「劉皇叔快領兵入城，共殺賣國之賊！」張飛便躍馬欲入，玄德急止之曰：「休驚百姓！」魏延只管招呼玄德軍馬入城。只見城內一將飛馬引軍而出，大喝：「魏延無名小卒，安敢造亂！認得我大將文聘嗎！」魏延大怒，挺槍躍馬，便來交戰。兩下軍兵在城邊混殺，喊聲大震。玄德曰：「本欲保民，反害民也！吾不願入襄陽！」孔明曰：「江陵乃荊州要地，不如先取江陵爲家。」玄德曰：「正合吾心。」於是引著百姓，盡離襄陽大路，望江陵而走。襄陽城中百姓，多有乘亂逃出城來，跟玄德而去。魏延與文聘交戰，從巳至未，手下兵卒皆已折盡。延乃撥馬而逃，爲尋不見玄德，自投長沙太守韓玄去了。

這段話純粹是羅貫中虛構出來的情節，魏延根本沒有這段奇怪的經歷。在《三國演義》第五十三回，羅貫中又造謠一次，說當時赤壁之戰剛結束，劉備派人接收荊州各城，關羽來到長沙，跟長沙太守韓玄的手下黃忠大戰，彼此惺惺相惜：

黃忠回到城上來見韓玄，玄便喝左右捉下黃忠。忠叫曰：「無罪！」玄大怒曰：「我看了三日，汝敢欺我！汝前日不力戰，必有私心；昨日馬失，他不殺汝，必有關通；今日兩番虛拽弓弦，第三箭爲止射他盔纓，如何不是外通内連？若不斬汝，必爲後患！」喝令刀斧手推下城門外斬之。爲將欲告，玄曰：「但告免黃忠者，便是同情！」剛推到門外，恰欲舉刀，忽然一將揮刀殺入，砍死刀手，救起黃忠，大叫曰：「黃漢升乃長沙之保障，今殺漢升，是殺長沙百姓也！韓玄殘暴不仁，輕賢慢士，當爲共殛之。願隨我者便來！」爲視其人，面如重棗，目若朗星，乃義陽人魏延也。自襄陽趕劉玄德不著，來投韓玄；玄怪其傲慢少禮，不肯重用，故屈沈於此。當日救下黃忠，教百姓同殺韓玄，袒臂一呼，相從者數百餘人。黃忠攔當不住。魏延直殺上城頭，一刀砍韓玄爲兩段，提頭上馬，引百姓出城，投拜雲長。雲長大喜，遂入城。

這段情節最大的破綻是，在歷史上，劉備南征荊州四郡武陵、長沙、桂陽、零陵，並沒有遇到任何抵抗，因此不可能發生《三國演義》中說的事情，在這時將魏延扯進來，實在是毫無道理的事情。如果只是這樣，捏造的都是魏延的正面形象，那還沒話說，最可惡的是，羅貫中緊接著居然假借諸葛亮之口這樣厚誣魏延：

玄德待黃忠甚厚。雲長引魏延來見，孔明喝令刀斧手推下斬之。玄德驚問孔明曰：「魏延乃有功無罪之人，軍師何故欲殺之？」孔明曰：「食其祿而殺其主，是不忠也；居其土而獻其地，是不義也。吾觀魏延腦後有反骨，久後必反，故先斬之，以絕禍根。」玄德曰：「若斬此人，恐降者人人自危。望軍師恕之。」孔明指魏延曰：「吾今饒汝性命。汝可盡忠報主，勿生異心，若生異心，我好歹取汝首級。」魏延喏喏連聲而退。

這段描寫的影響力很大，「魏延腦後有反骨」的說法從此深刻烙印在所有三國讀者心中，成了很難磨滅的偏見。

事實上，在《三國志》中，對魏延早年的經歷並沒有太多著墨，只說他「以部曲隨先主入蜀，數有戰功，遷牙門將軍」。這段話的意思是說，劉備要取益州時，出身行伍的魏延戰功不斷，受拔擢爲牙門將軍。在入蜀之前，魏延曾做什麼？何時加入劉備陣營？這已經不得而知。唯一可確定的是，他是從基層一路爬上來的，憑藉著是自己的本事。羅貫中爲了加強小說效果，誣賴了魏延，魏延眞是倒楣啊。

後來劉備拿下漢中，自稱漢中王，要回成都前，想留個大將鎭守漢中。當時大家心想，以劉備的作風，既然讓關羽留守荊州，大概會留張飛當漢中太守，張飛也自以爲是這個位置的當然人選。沒想到最後結果出來，竟是魏延！大家都嚇了一跳。劉備爲了服眾，特地大會群臣，公開問魏延：「我將這個重任交給你，你會怎麼做？」魏延很豪邁地說：「如果曹操率領所有軍隊前來，我會爲大王擋住他們；如果曹操只派個將領帶十萬人前來，我會爲大王吃下他們！」劉備覺得很棒，其他人也心服口服。

蜀漢有所謂五虎將，魏延不在其中。但五虎將只是好聽的名字，關羽、張飛、馬超、黃忠早就掛了。劉備死後，陪諸葛亮北伐的，只剩下一個老頭子趙雲，但他參加一次北伐後也病死，這時候，魏延的重要性就顯現出來了。當時的蜀國已經出現青黃不接的窘境，文官多而武將少，尤其上將、大將更少，魏延是最閃亮的明日之星，一點也不令人意外。諸葛亮每次北伐，都會帶魏延前往；甚至在西元二三〇年，還讓魏延獨當一面，帶兵北伐，大破魏國將領費瑤、郭淮等，其軍事才華可想而知。《三國志》說魏延「善養士卒，勇猛過人」，眞不是蓋的。街亭之戰，諸葛亮大膽起用馬謖爲先鋒，結果被張郃打敗，事實上，事先許多人都認爲先鋒的適當人選是老將魏延或吳壹，而不該是馬謖，諸葛亮不聽，才會自取失敗。

魏延既成爲諸葛亮的重要左右手，有時會在旁邊出些大膽的點子。諸葛亮首次北伐，行前於漢中開了一次軍事會議，討論此次行動的所有方案。魏延提出一個方案：由他率五千精兵，直出褒中，由子午谷向北，不到十天就可直驅到長安，讓鎭守長安的都督夏侯楙措手不及，棄城而逃，等到魏國調軍來援救，必然是二十多天後的事，到時候諸葛亮的大軍也已由斜谷到長安來了。按魏延的計算，此舉只要個一個月就可以底定咸陽以西。諸葛亮聽了，當場傻住，他認爲魏延這個提議太冒險了，不如從坦途出發，「平取隴右」再向關中。魏延覺得諸葛亮太膽小，很遺憾自己的才華抱負未能得到施展。

事實上，我們可以根據以下幾點，證明魏延的戰略是行不通的：

第一、火器未發明前，攻城之難絕非今日可以想像。以司馬懿的天才，潛兵攻打未設防之上庸城，以四倍兵力八面速攻，十六日未能下；諸葛亮第二次北伐，攻打陳倉二十餘日都沒結果；曹操屢攻濡須不下；孫權屢攻合肥不下；關羽久攻樊城不下；周瑜攻江陵一年多（後來是曹操退出江陵）。長安是古來大城，豈有如此容易就被魏延攻下之理！

第二，後來事實證明，曹眞和張郃都能及時趕到更遠的郿縣及街亭，去迎戰蜀軍，則他們到長安絕對不會晚魏延多久。

第三，魏延坐鎭漢中多年，自以爲懂關中那方面局勢。魏國名將郭淮領雍州刺史三十年，治所就在長安，諸葛亮北伐時正當他就任九年，豈可認爲長安沒有人才？

總之，諸葛亮鑑於以上考量，並不急著與曹軍決戰，而爲持久之計，遂將戰場定於隴右，這也是諸葛亮不贊同魏延子午谷之計的原因。

雖然如此，魏延還是當時蜀國的第一戰將，而蜀國要完成北伐，必須有驍勇善戰的大將不可，在這種考量上，魏延一度是諸葛亮心中的接班人選。他也覺得自己最有可能接諸葛亮的班，因此言談舉止間，多少跩一點，旁人都避之唯恐不及。獨獨楊儀不買帳，三不五時要跟他嗆一下，兩人形同水火，常要勞駕諸葛亮和費禕出面和解。「性矜高」正是魏延的致命缺點，驕傲自大、口出狂言、自以爲是等等，使得他的人際關係極差。諸葛亮自己治國多年，長袖善舞，很得人心，他深知喜歡惹是生非的人，是不適合接任大位的。諸葛亮嘴巴不說，心裡卻已漸漸將魏延排除在接班人選之外，只有魏延自己不曉得。

■接班人一、二號：楊儀和費禕

諸葛亮第二個接班人選是楊儀。楊儀是荊州襄陽人，本來在關羽底下做事，後來奉派去見劉備。劉備跟他談論軍國大事，驚爲天人，開始重用他。但他的人際關係不佳，與替劉備寫詔書的劉巴不合，遭貶官。諸葛亮很賞識他，日後出征時，都會帶他在身邊辦事。《三國志》說：「亮數出軍，儀常規劃分部，籌度糧穀，不稽思慮，斯須便了。軍戎節度，取辦於儀。」這幾句話中，「不稽思慮，斯須便了」是最大重點，說明楊儀既聰明又有才幹，反應機靈，辦事效率奇高。這樣難能可貴的人才，他的致命缺點是「性狷狹」，也就是心胸狹窄，沒有度量。如果讓楊儀繼承諸葛亮的位置，可想而知他的第一步勢必是有仇報仇，展開秋後算帳，則國家永無安寧之日。諸葛亮嘴巴不說，心裡也已漸漸將楊儀排除在接班人選之外，只是楊儀自己不曉得。

對於魏延和楊儀，諸葛亮實在大感頭痛，「深惜儀之才幹，憑魏延之驍勇，常恨二人之不平，不忍有所偏廢」。「不忍有所偏廢」的結果，讓這兩人誤認爲諸葛亮鍾情自己，更加自認是「最佳男主角」了。

費禕是荊州江夏人，從小就是孤兒，跟著伯父費伯仁討生活。很巧的是，費伯仁的姑姑是劉璋的媽媽，靠著這層關係，費禕得以來到益州，跟董允齊名。許靖死了兒子，費禕要和董允一道前往致意，因爲路途遙遠，董允向父親董和要車。董和給了一輛鹿車，董允見了，覺得太過寒酸，不想坐，費禕則不以爲意，大大方方地坐下。到了許靖家，諸葛亮等名人都來了，董允仍然覺得坐鹿車很丟臉，費禕則「晏然自若」。事後董和知道事情經過，哈哈大笑地對董允說：「你和費禕齊名，我一直覺得你們難分高下，現在我總算明白了。」

劉備在益州立劉禪爲太子後，以費禕和董允爲舍人。劉禪即位後，費禕又升爲黃門侍郎，都是小官。諸葛亮南征回來，所有大臣在成都城外數十里的地方歡迎，費禕也跑去看熱鬧。現場比費禕資歷更老、官位更大的人比比皆是，有趣的是，諸葛亮特地要費禕上車跟他一起坐。其他人看了嚇一跳，從此對費禕刮目相看，費禕的行情也開始水漲船高了。

費禕開始走紅後，諸葛亮三番兩次派他初始東吳。東吳的皇帝孫權喜歡搞笑，手下又多辯才無礙之人，常常拿費禕來尋開心。費禕的口才不佳，爭不過對方，就假裝喝醉，事後再回信給東吳君臣。信中所寫，條條有理，沒有遺失任何重點。諸葛亮見他辦事得體，拉他到身邊工作。當時魏延和楊儀互相憎惡，常常搞到場面不可收拾，魏延有時還會拿刀恐嚇、嚇哭楊儀，這時，費禕就得出來做調人。在諸葛亮還在世的時候，能夠讓魏延和楊儀各盡其力，不至於公然火拼，最大的功勞在於費禕。

這種調和鼎鼐的功力，是國家領導人最需要具備的特質。領導人不能專搞對立，製造衝突，臭罵在野黨，而是要當個公正的第三者，調和各方的不和諧，使得人盡其才，物盡其用。諸葛亮在蜀國執政多年，在這點上是十分成功的，看他努力安撫魏延、楊儀雙方的情緒，便可見一斑。他在選擇接班人時，「調和鼎鼐」的功力，自然也是重要條件之一，費禕在這點上是沒話說的。

但費禕有兩大缺點，讓諸葛亮對他不盡放心。一是工作態度，二是思想內容。關於第一點，有個有趣的故事說：「于時軍國多事，公務煩猥，禕識悟過人，每省讀書記，舉目暫視，已究其意旨，其速數倍於人，終亦不忘。常以朝晡聽事，其間接納賓客，飲食嬉戲，加之博弈，每盡人之歡，事亦不廢。董允代禕爲尙書令，欲學禕之所行，旬日之中，事多愆滯。允乃歎曰：『人才力相懸若此甚遠，此非吾之所及也。聽事終日，猶有不暇爾。』」這個故事告訴我們，費禕是很聰明的，有過目不忘的本事，辦事效率奇高。但他喜歡邊工作邊玩耍，特別喜歡喝酒、下圍棋，儘管總是將事情辦妥了，看在諸葛亮眼裡，又是一番什麼感受呢？我們需知，諸葛亮是個很嚴肅的人，鐵面無私，正經八百。有個故事說，諸葛亮「用法峻密」，一聽說哪個屬下在摸魚，在玩樂，他甚至會親自查勤，加以處罰。當時有個叫何祉的胖子擔任督軍從事，他很會吃，又好聲色，諸葛亮聽說了，親自前往察看。何祉聽到這個消息，急忙臨時抱佛腳，徹夜將公文公事背熟，等到諸葛亮一來，他對答如流，順利化險為夷。諸葛亮對一個小小的何祉都會如此在意，難道會對費禕的工作態度置若罔聞？有的人可邊玩邊工作，有的人必須絞盡腦汁才行。但諸葛亮不是這種人，他認為工作就該全神貫注、全力以赴，像他一樣。費禕在這方面，顯然是被扣分了。

再來是思想內容。蜀國的基本國策是「連孫滅曹，復興漢室」，這是永遠不變的。但費禕顯然是個超級保守派，他曾對姜維說：「吾等不如丞相亦已遠矣；丞相猶不能定中夏，況吾等乎！且不如保國治民，敬守社稷，如其功業，以俟能者，無以為希冀徼倖而決成敗於一舉。若不如志，悔之無及。」這種失敗主義的論調，這種「反攻無望論」的說法，自然不為諸葛亮所喜。諸葛亮需要的是個有積極進取心的接班人，對內可以安民，對外可以「復興漢室」。在這點上，費禕又被扣分了。

魏延、楊儀、費禕都有各自致命的缺點，不為諸葛亮所喜，那麼姜維這個年輕人如何？關於姜維，之前已有詳談，這裡就不贅述諸葛亮不選他的原因，我們只看看為何蔣琬最後能脫穎而出。

■接班當選人：蔣琬

蔣琬是荊州零陵人，年輕時就在劉備底下做事，但一直沒受到重視。劉備入主益州後，任蔣琬為「廣都長」。廣都是個小得不得了的地方，當這種地方的「首長」，蔣琬心中的鬱悶可想而知。劉備巡視廣都時，發現蔣琬「眾事不理」，又天天喝得酩酊大醉，根本是怠忽職守。劉備非常生氣，要將他移送法辦，這時候，獨具慧眼的諸葛亮出來說話了，他說：「蔣琬，社稷之器，非百里之才也。其爲政以安民爲本，不以修飾爲先，願主公重加察之。」照理說，諸葛亮跟這個「廣都長」是不熟的，但他如何看出蔣琬是「社稷之器」，而「非百里之才」，我們無從得知，但從結果論來看，諸葛亮很有眼光。劉備向來敬重諸葛亮，於是放蔣琬一馬，將他免官了事。劉備在世時，蔣琬就這樣沈淪下去，不見天日。

劉備死後，諸葛亮當政，立刻聘任蔣琬爲東曹椽。東曹椽是丞相底下的幕僚人員，官位不高，但有實權，且可磨練學習，姜維一開始也是當東曹椽。諸葛亮的權力可以爲所欲爲，但他很克制，對於自己很重視的人，不會跳級、破格任用，而會一步步磨練對方，等時機成熟了，再慢慢拔擢。這既可看出諸葛亮對體制的重視，也是對菁英的苦心栽培。如果蔣琬、姜維一開始就當大官，掌大權，會徒然引起許多不必要的嫉妒眼光，這當然是諸葛亮最不想看見的。蔣琬知道諸葛亮的苦心，辦起事來也認眞許多。他曾推薦劉邕、陰化、龐延、廖淳等人，諸葛亮趁機給他機會教育，說：「思惟背親舍德，以殄百姓，眾人既不隱於心，實又使遠近不解其義，是以君宜顯其功業，以明此選之清重也。」這段話的意思是，你要推薦某甲，必須讓他有表現才能的機會，才能服眾，否則大家會輕視你和你推薦的人。這番話，也可看作是諸葛亮的用人哲學。

蔣琬在諸葛亮的栽培下，步步高升，慢慢在蜀國有了重要地位。諸葛亮出征時，常帶費禕、魏延、楊儀一起前往，而將蔣琬留在成都，一般人會以爲諸葛亮較不重視蔣琬，其實不然。蔣琬在成都，負責後勤補給事宜，責任相當重大。後勤補給有多重要呢？在電玩中，戰爭類的遊戲頗受玩家歡迎，但設計遊戲者往往將戰爭簡化到幼稚的地步。事實上，不論古今中外戰爭，對進攻的一方而言，補給物資和路線的暢通，絕對是勝敗的關鍵之一。但遊戲設計者都忽略了這點，好像只要有兵有將，就可橫行無阻。雖然有的遊戲會要求玩家出征前，要帶糧食、金錢，甚至要組一支輜重隊，但都只流於形式，失之輕描淡寫。中國古代的戰爭，進攻一方如果有十萬將士要負責打仗，它必須要另外找五萬到十萬人當後勤部隊，除了要運送十五到二十萬人的物資（後勤部隊也要吃穿吧！），也必須保護運送路線。換言之，要發動一次戰爭，後勤部隊的人數起碼佔了全體的三分之一到一半。這個數據一點也不誇張，二〇〇三年美國要入侵伊拉克，後勤部隊甚至佔了總人數的百分之七十！後勤部隊不負責打仗，卻任重道遠，忙得很，不可能找農民來兼差，必須另外招募人選。因此每次發動戰爭，國家的開銷非常大，很容易掏空國力。防守的一方吃住都在自己地盤，以逸待勞，只要死守不出，進攻的一方不易成功。進攻一方要贏，後勤部隊要很強大不可。曹操能打贏官渡之戰，最重要的因素是後勤部隊超強。他的後勤隊長是荀彧，也屢次爲了前線龐大的軍資傷透腦筋，可見這種工作眞不是人幹的。諸葛亮、姜維北伐十多次，都無功而返，這不是他們無能，而是只要魏國這方採取守勢，時間拖久就贏了。後來魏國派鄧艾、鍾會要滅蜀，姜維堅守劍閣不出，讓鍾會糧草不繼，急著跳腳。鄧艾直取成都，糧草也不夠，如果劉禪不採用譙周的投降建議，而能繼續死守成都，鄧艾只能打道回府。

正因進攻一方的後勤部隊非常重要，也是最吃力不討好的。打贏了，算前方將士的功勞，打輸了，就找後勤隊長開刀。李嚴好歹是劉備特別囑咐的第二號顧命大臣，只因沒如期支應前線軍糧，加上謊話連篇，就被諸葛亮移送法辦。關羽去打曹操時，居然找自己的仇人麋芳、傅士仁負責補給，只要這兩人稍有延遲，關羽立刻破口大罵，還語帶威脅，揚言回去要給他們好看。麋芳、傅士仁一聽，當然更要扯後腿了。《三國志》說：「亮數外出，琬常足食足兵以相供給。」可見蔣琬擔任後勤隊長一職，是相當稱職的。諸葛亮常對人說：「公琰托志忠雅，當與吾共贊王業者也。」公琰是蔣琬的字。蔣琬辦事如此穩當，又沒有魏延、楊儀、費禕等人的缺點，看來看去，諸葛亮心目中最好的接班人選，就是他了。

■「後諸葛亮時期」的紛擾

選擇了蔣琬，如何發佈？何時發佈？又該怎樣擺平其他四人？這是諸葛亮接著要面臨的難題。西元二三四年，諸葛亮最後一次北伐，途中生了重病，他感到自己將不久於人世，於是偷偷寫了一封密信給劉禪：「臣若不幸，後事宜以付琬。」再來就是處理剩下四人的問題了。姜維、費禕都不是小器的人，對諸葛亮的交代不會有異議，麻煩的是魏延和楊儀這對「歡喜冤家」，如果讓他們知道「新娘不是我」，不知道會捅下什麼簍子？諸葛亮得先預先防備才好。他想到了之前如何處理劉封的。關羽被孫權手下圍困麥城時，曾向鎮守上庸的劉封求救，劉封不理，眼睜睜看著關羽遇害。後來劉封又把上庸搞丟了，逃回成都。「諸葛亮慮封剛猛，易世之後終難制御，勸先主因此除之。於是賜封死，使自裁。」這段往事，諸葛亮並沒有忘記。眼前的魏延比劉封「剛猛」太多，更難「制御」，楊儀雖只是個文人，鬧起事來不知有何後果。如果不得已要在魏延和楊儀兩人之中選擇一個，他該怎麼辦呢？兩人都是難得的人才，也同樣趾高氣昂、心胸狹窄，而且野心勃勃，這實在太讓諸葛亮爲難了。

羅貫中似乎與魏延有仇，老是找機會毀謗人家。《三國演義》第一百〇三回，他先以迷信色彩描寫諸葛亮作法保命：

是夜，孔明扶病出帳，仰觀天文，十分驚慌；入帳謂姜維曰：「吾命在旦夕矣！」維曰：「丞相何出此言？」孔明曰：「吾見三台星中，客星倍明，主星幽隱，相輔列曜，其光昏暗：天象如此，吾命可知！」維曰：「天象雖則如此，丞相何不用祈禳之法挽回之？」孔明曰：「吾素諳祈禳之法，但未知天意若何？汝可引甲士四十九人，各執皂旗，穿皂衣，環繞帳外；我自于帳中祈禳北斗。若七日內主燈不滅，吾壽可增一紀；如燈滅，吾必死矣。閑雜人等，休教放入。凡一應需用之物，只令二小童搬運。」姜維領命，自去準備。時值八月中秋，是夜銀河耿耿，玉露零零，旌旗不動，刁斗無聲。姜維在帳外引四十九人守護。孔明自于帳中設香花祭物，地上分布七盞大燈，外布四十九盞小燈，內安本命燈一盞。孔明拜祝曰：「亮生於亂世，甘老林泉；承昭烈皇帝三顧之恩，託孤之重，不敢不竭犬馬之勞，誓討國賊。不意將星欲墜，陽壽將終。謹書尺素，上告穹蒼，伏望天慈，俯垂鑒聽，曲延臣算，使得上報君恩，下救民命，克復舊物，永延漢祀。非敢妄祈，實由情切。」拜祝畢，就帳中俯伏待旦。次日，扶病理事，吐血不止。日則計議軍機，夜則步罡踏斗。

接著把魏延的「可惡」、「反骨」表露無遺：

爲說司馬懿在營中堅守，忽一夜仰觀天文，大喜，謂夏侯霸曰：「吾見將星失位，孔明必然有病，不久便死。你可引一千軍去五丈原哨探。若蜀人攘亂，不出接戰，孔明必然患病矣。吾當乘勢擊之。」霸引兵而去。孔明在帳中祈禳已及六夜，見主燈明亮，心中甚喜。姜維入帳，正見孔明披髮仗劍，踏罡步斗，壓鎮將星。忽聽得寨外爲喊，方欲令人出問，魏延飛步入告曰：「魏兵至矣！」延爲步急，竟將主燈撲滅。孔明棄劍而嘆曰：「死生有命，不可得而禳也！」魏延惶恐，伏地請罪；姜維忿怒，拔劍欲殺魏延。

魏延踩熄了延命燈，姜維欲殺魏延，諸葛亮作何反應呢？羅貫中在第一〇四回這樣寫道：

為說姜維見魏延踏滅了燈，心中忿怒，拔劍欲殺之。孔明止之曰：「此吾命當絕，非文長之過也。」維乃收劍。孔明吐血數口，臥倒床上，謂魏延曰：「此是司馬懿料吾有病，故令人來試探虛實。汝可急出迎敵。」魏延領命，出帳上馬，引兵殺出寨來。

「反骨」是魏延的「原罪」，再經這麼一寫，「都是他害死諸葛亮」這一形象，遂在讀者心中牢不可破。這段故事雖屬虛構，但寫得栩栩如生，不由得讀者不信。

諸葛亮臨終前，祕密找來楊儀、費禕和姜維，指示他們如何在司馬懿的面前從容退兵。他的計畫是：讓最老經驗的魏延殿後押陣，姜維次之，其他人轉頭先走；如果魏延不聽從命令，大軍別理他，先行離開，由初生之犢的姜維押陣。這個計畫最妙的是，不僅不讓魏延參與密會，且已事先預防魏延鬧事的可能。這樣做，不代表魏延眞會鬧事，只是有備無患而已。沒想到被羅貫中小題大作，在《三國演義》硬是栽贓魏延，捏造出諸葛亮死前的感人鏡頭：

姜維入帳，直至孔明榻前問安。孔明曰：「吾本欲竭忠盡力，恢復中原，重興漢室；奈天意如此，吾旦夕將死。吾平生所學，已著書二十四篇，計十萬四千一百一十二字，內有八務、七戒、六恐、五懼之法。吾遍觀諸將，無人可授，獨汝可傳我書。切勿輕忽！」維哭拜而受。孔明又曰：「吾有『連弩』之法，不曾用得。其法矢長八寸，一弩可發十矢，皆畫成圖本。汝可依法造用。」維亦拜受。孔明又曰：「蜀中諸道，皆不必多憂；惟陰平之地，切須仔細。此地雖險峻，久必有失。」又喚馬岱入帳，附耳低言，授以密計；囑曰：「我死之後，汝可依計行之。」岱領計而出。少頃，楊儀入。孔明喚至榻前，授與一錦囊，密囑曰：「我死，魏延必反；待其反時，汝與臨陣，方開此囊。那時自有斬魏延之人也。」孔明一一調度已畢，便昏然而倒，至晚方蘇，便連夜表奏後主。後主聞奏大驚，急命尚書李福，星夜至軍中問安，兼詢後事。李福領命，趲程赴五丈原，入見孔明，傳後主之命，問安畢。孔明流涕曰：「吾不幸中道喪亡，虛廢國家大事，得罪于天下。我死後，公等宜竭忠輔主。國家舊制，不可改易；吾所用之人，亦不可輕廢。吾兵法皆授與姜維，他自能繼吾之志，爲國家出力。吾命已在旦夕，當即有遺表上奏天子也。」李福領了言語，匆匆辭去。

羅貫中很「奸詐」，在這段話中刻意營造兩種印象：一是姜維乃諸葛亮的傳人，二是魏延「死後必反」。

孔明爲支病體，令左右扶上小車，出寨遍觀各營；自覺秋風吹面，徹骨生寒，乃長嘆曰：「再不能臨陣討賊矣！悠悠蒼天，曷此其極！」嘆息良久。回到帳中，病轉沈重，乃喚楊儀吩咐曰：「王平、廖化、張嶷、張翼、吳懿等，皆忠義之士，久經戰陣，多負勤勞，堪可委用。我死之後，凡事俱依舊法而行。緩緩退兵，不可急驟。汝深通謀略，不必多囑。姜伯約智勇足備，可以斷後。」楊儀泣拜受命。孔明令取文房四寶，于榻上手書遺表，以達後主。……孔明寫畢，又囑楊儀曰：「吾死之後，不可發喪。可作一大龕，將吾尸坐于龕中；以米七粒，放吾口內；爲下用明燈一盞；軍中安靜如常，切勿舉哀：則將星不墜。吾陰魂更自起鎮之。司馬懿見將星不墜，必然驚疑。吾軍可令後寨先行，然後一營一營緩緩而退。若司馬懿來追，汝可布成陣勢，回旗返鼓。等他來到，爲將我先時所雕木像，安于車上，推出軍前，令大小將士，分列左右。懿見之必驚走矣。」楊儀一一領諾。是夜，孔明令人扶出，仰觀北斗，遙指一星曰：「此吾之將星也。」爲視之，見其色昏暗，搖搖欲墜。孔明以劍指之，口中念咒。咒畢急回帳時，不省人事。爲將正慌亂間，忽尚書李福又至；見孔明昏絕，口不能言，乃大哭曰：「我誤國家之大事也！」須臾，孔明複醒，開目遍視，見李福立于榻前。孔明曰：「吾已知公復來之意。」福謝曰：「福奉天子命，問丞相百年之後，誰可任大事者。適因匆遽，失于諮請，故復來耳。」孔明曰：「吾死之後，可任大事者：蔣公琰其宜也。」福曰：「公琰之後，誰可繼之？」孔明曰：「費文偉可繼之。」福又問：「文偉之後，誰當繼者？」孔明不答。爲將近前視之，已薨矣。時建興十二年秋八月二十三日也，壽五十四歲。

這段話最大的敗筆是，羅貫中一方面刻意營造將死後大權託付給楊儀的印象，一方面又對李福說蔣琬和費禕是「可任大事者」。如此一來，要如何解釋諸葛亮對姜維和楊儀的器重？如果說姜維可繼承他的遺志，爲何他會對李福那樣說？如果說費禕是除了蔣琬外最合適的人選，爲何諸葛亮要將死後的軍事指揮權交給楊儀？豈不是兩面矛盾嗎？羅貫中爲了符合史實，又想寫出自己的看法，於是落入這種自打嘴巴的窘境。

諸葛亮在北伐途中病重，曾密信告訴劉禪，接班者是人在成都的蔣琬，這是不爭的事實。當時魏延、楊儀、費禕和姜維都在諸葛亮身邊，諸葛亮既然有防備魏延之意，剩下的三人之中，以楊儀最爲老資格。楊儀是有野心的人，諸葛亮死後，他以接班人自居，密不發喪，且擅自指揮調度，又怕魏延反抗，派費禕去探口風，魏延說：「諸葛丞相過世了，怕什麼？還有我在呢！丞相府裡的人可以發喪，並還葬成都，我則率領大軍擊賊。怎麼可以因爲一個人死了，就荒廢北伐大業呢？何況我魏延是什麼人，居然還得聽楊儀的調度，門都沒有！」魏延是武人，腦袋不如老謀深算的費禕，還跟費禕籌畫要如何幹掉楊儀。費禕敷衍他，說：「就這樣辦！我回去將楊儀解職，改宣布您的命令，如何？」說完就溜走了。魏延越想越不對勁，已經來不及追趕，便派人去偷窺其他將領在幹什麼。當他發現所有部隊都正在撤退時，大為光火，打聽出楊儀還在原地不動，便率軍先行南歸，放火燒了楊儀可能會撤退的路線。接著，兩人對幹起來，誰也攔不住。兩人一面火拼，一面展開激烈的告狀比賽，不斷派人飛書到成都，互指對方是叛徒、想謀反。人在成都的劉禪，一天可收到好幾封這種信件，心裡不免毛毛的，問董允和蔣琬意見。這兩人左思右想，建議劉禪：忍痛來個「棄魏保楊」吧！

這下魏延完了，底下的士兵跑得一乾二淨；又被王平偷襲，亂了陣腳；再被馬岱追殺，終於掉了腦袋。楊儀見到魏延的首級，用腳踩了又踏，罵道：「混帳東西！看你還能作怪嗎？」事後還殺掉魏延的三族親戚，從這裡可充分看出楊儀「狷狹」的個性。《三國志》對魏延的評價是：「原延意不北降魏而南還者，但欲除殺儀等。平日諸將素不同，冀時論必以代亮。本只如此，不便背叛。」原來，事實的眞相是，魏延只想殺掉仇人楊儀，並無背叛之意。他的最大的野心只是想「代亮」：代替諸葛亮的位置，如此而已。後人不讀書，隨著羅貫中的造謠起舞，實在可嘆！

魏延死後，諸葛亮擔心的問題解決了嗎？其實沒有，不過人在成都的蔣琬處理得很好。當諸葛亮的死訊傳回，成都的大臣都亂成一片，只有剛升任尙書令、益州刺史和大將軍的蔣琬若無其事，眞正做到「處變不驚，莊敬自強」的境界，其他大臣見了，情緒才慢慢安定下來。唯一心裡不安定的，只有楊儀。楊儀是諸葛亮接班人選中最資深的，當蔣琬還是個小小的尙書郎時，他就已經是尙書了。兩人後來同樣擔任丞相府的參軍長史，楊儀做的是非常「勞劇」累人的工作，且自認「年宦先琬，才能逾之」，以為自己是當定接班人了。回成都後，才發現「新娘不是我」，他只分到中軍師一職，「無所統領」，憤怒極矣，整天抱怨不已，「怨憤形於聲色，嘆吒之音發於五內」，其他人覺得他說的話很恐怖，不敢親近他，只有費禕基於老同事之誼，會前往慰問。楊儀對費禕大吐苦水，還說：「丞相剛死時，如果我去投降魏國，今天也不至於落得這種地步了。我眞是悔不當初！」這種大逆不道的話聽在費禕耳裡，是何等刺耳！他立刻告狀到劉禪那裡去，將楊儀廢爲老百姓。當了老百姓的楊儀並沒有比較安分，還是一肚子火，整天罵個不停，「辭指激切」，朝廷受不了，終於要他自我了斷，這件事才總算告一段落。

「後諸葛亮時期」，蜀國在蔣琬的帶領之下，休養生息，慢慢恢復元氣。他當政十幾年後病死，由費禕接任。前面已經講過，費禕是個超級保守派，只想偏安一隅，並沒有北伐的意思。他當初因爲愛喝酒而錯過了當諸葛亮接班人的機會，最後居然也因爲酗酒而遭暗殺身亡，死得很窩囊。

回過頭來看諸葛亮和他的五個接班人選，都是蜀國不可多得的人才，蜀國死了一個諸葛亮，又瞬間賠了兩個魏延和楊儀，損失不可謂不大大。爾後蜀國的上將只有姜維一人，後來才又跑來一個夏侯霸。如果魏延不死，以他的忠心、能力與氣焰，蜀國又何至於停滯在偏安的狀態？他和姜維兩人若能合力，也許北伐成功的機會更大。如果楊儀不死，蜀國就多了一個生力軍。陳壽很感嘆地說，「魏延以勇略任，楊儀以當官顯」，在蜀國都是「貴重」之人，最後會沾惹一身腥，「招禍取咎，無不自己也」，都是自找的啊。看來，諸葛亮縱使英明蓋世，也無法徹底搞定接班人的問題。

人盡其才

■諸葛亮的用人原則

「知人善任」是一門大學問，看似簡單，其實是天底下最艱難的事情。從古到今，每個領導人都知道要知人善任，也都以爲自己做到了，有的最後才發現自己錯了，有的至死不曾發現。

大凡領導人都是握有某些方面的權力，都要和想前來求職的人打交道，如何從一番對談中瞭解這人的優缺點，實在是當務之急。有些人或託之於星座、血型，乃至於更迷信的玩意兒，但在古代，可沒這些先進的「技術」，領導人該怎麼辦呢？求職的人千千萬萬個，每個當然都會表現出自己最好的一面，問題是他們是否表裡如一，還是誇大其詞，或者刻意隱藏其他重要缺陷，我們實在不得而知。況且，就算確知這人是個人才了，領導人要如何能「人盡其才」，把最適當的人放在最適當的位置，這更是難上加難。

並不讓人意外的，諸葛亮是其中翹楚，他不但很「識貨」，很能挖掘人才，而且能夠將不同類型的人才放在最好的職位上，去發揮最大的功能。他組織了一個龐大而有效率的「行政團隊」，彼此關心，互相協調，本著人性光輝的一面，才能將這些人才做最妥善的管理與運用。

諸葛亮用人的根本原則是「治實不治名」。「實」就是實質、實際，「名」就是名氣、名分。用他的屬下張裔的話來說，就是「爵不可已無功取」，嚴格限制權勢之門的攀親帶故。在他眼裡，只要是眞才實學的人，不論出身背景，都可破格任用；反之，如果徒有虛名，除非對蜀國有某種特殊的好處，否則他寧可束之高閣，絕不重用。如楊洪本是李嚴的手下，因爲「忠清款亮，憂公如家」，諸葛亮特地破格提拔，李嚴還沒當到太守，楊洪就已經升爲蜀郡太守了。又如何祉本是楊洪手下，因爲有「才策功幹」，沒幾年就當到廣漢太守，跟老長官楊洪平起平坐。這種方式跟現在國家的公務人員考核幾乎不同，諸葛亮唯才是用，看的是眞正的貢獻，而台灣公務人員看的是年資，厚著臉皮擔任公職越久，薪水越多，無異於米蟲，偏偏眾人的心態又很矛盾，一方面痛恨，一方面又趨之若鶩。

諸葛亮還有一種「調和鼎鼐」的能力，能調停各種紛爭。他不是在當鄉愿或和稀泥的和事佬，而是深知那些「偏才」型的人物彼此之間難免看不順眼，有時倒不是誰對誰錯的問題，而是個性或臭脾氣使然。能夠化解這些人的衝突，停止內鬨，對整個團隊來說都是好事。例如關羽看不起馬超，諸葛亮就私下寫信安撫關羽，化解敵意。例如關羽又看不起黃忠，諸葛亮曾提醒劉備注意此事，劉備果然派遣費詩去擺平關羽。又如楊儀和魏延一文一武，都是蜀國當時不可多得的奇才，可惜兩人常大吵大鬧，有賴諸葛亮不斷居間協調。以上都是比較有名的例子。其實，他還曾介入劉巴和劉備、張飛之間的紛擾，一個是人才，一個是老闆，一個是老闆的拜把兄弟，這才傷腦筋呢。事情是這樣的：張飛很敬重士大夫，曾住在劉巴家裡，劉巴卻看不起這個大老粗，懶得理他，張飛氣得火冒三丈，諸葛亮出來勸劉巴：「張飛雖是武人，卻很仰慕閣下。閣下才氣甚高，但爲了大局，請務必降低處世的姿態。」劉巴說：「大丈夫處世，應該結交四海英雄，我怎能跟一個兵子講話呢？」劉備聽說劉巴對張飛這麼不客氣，憤怒說道：「劉巴才智過人，但個性這麼傲慢，天底下大概只有我能忍受他，但我的忍耐也是有限度的。」諸葛亮見情況不妙，急忙打圓場：「在運籌帷幄的功力方面，我差劉巴差多了，請您多看他的能力吧。」眞正的領導人物，也該像諸葛亮這樣。如果只會製造衝突，那是不配擔任領袖的。我們可從以下一些例子中，來學習諸葛亮的用人智慧。

■短命的龐統

龐統與諸葛亮齊名，是個很有才華的人，人生觀也極特別。他有「看相」的特異功能，很多人喜歡來找他，而他給這些人的評語常常「多過其才」、言過其實，有故意捧人家開心的意思。有人很好奇他的用意，他說：「當今天下大亂，人心不古，好人少而壞蛋多，正需要我們來移風易俗。如果我們不常讚美人家，他們的名聲好不起來，也許眞的不向善了。今天我讚美了十個人，如果有五個人回去後還是繼續向下沈淪，起碼還有五個人向善啊。多多讚美人家，可『使有志者自勵』，不是很好嗎？」他也會看自己的相，心得是：「論帝王之祕策，覽倚伏之要最，吾似有一日之長。」他自認是軍師的料。

這樣奇特的能力，並沒有替他帶來好運。劉備剛佔領荊州時，用他爲耒陽令。耒陽是個很小的鄉鎭，他做的相當於今天的鄉鎭長一職。龐統到耒陽就任後，無所事事，怠忽職守，劉備知道了很生氣，將他免官。東吳的魯肅寫信給劉備說：「龐統這種人才不適合當小官，應該升爲治中、別駕，方能發揮他的才幹。」諸葛亮也跟劉備講了類似的話。劉備半信半疑，找龐統前來一聊，「大器之」，「親待亞於諸葛亮，遂與亮並爲軍師中郎將」。從這裡既可看出諸葛亮的識人之明，也可發現他是個有雅量的人，不怕龐統來跟他搶位置，反而積極向劉備推薦。

後來劉備要到益州，諸葛亮決定收斂自己，讓龐統有表現的機會。劉備將和劉璋在涪縣會面時，龐統建議他趁這個機會綁架劉璋，「則將軍（按：指劉備）無用兵之勞而坐定一州也」。劉備認為自己在益州沒任何聲望，不宜輕易下手。涪縣會面後，劉璋回成都了，龐統又提供上中下三計讓劉備挑選，劉備挑了中計，偷襲劉璋的手下大將，雙方大戰正式爆發。在龐統的運籌帷幄下，劉備部隊的進展頗為順利，一路挺進。然而，在進攻雒城時，龐統因親自指揮作戰，不幸被流箭射中，傷重不治，享年不過三十六歲而已。劉備大感痛惜，每次談到龐統都忍不住要痛哭流涕。

龐統比諸葛亮大五歲，如果他不這麼早死，日後能和諸葛亮同心合作，「鳳雛」加上「臥龍」，蜀國的命運也許會有不同也說不定啊。

■有才無德的法正

法正原本是劉璋的手下，因為不受重用，又被他的老鄉控告品行不端，始終在官場上擔任下僚，鬱鬱不得志，常和好朋友張松互吐苦水，認為劉璋「不足與有為」，他們該找個機會「琵琶別抱」才對。

劉璋統治益州，只想偏安一隅，害怕北方漢中的張魯南侵，想結交外援以自壯，於是派張松到曹操那裡打聽消息。曹操才統一北方不久，正要南下打赤壁之戰，志得意滿，沒有將張松放在眼裡。張松一肚子火，回益州後，剛好曹操在赤壁慘敗，張松趁機公報私仇，對劉璋痛陳曹操的強大與可惡，並說曹操如果併吞漢中，接下來勢必會找益州開刀。這番說詞，把膽小怕事的劉璋嚇壞了，連問怎麼辦。張松說：「劉備和您是同宗，又是曹操的死敵，加上善於用兵，若能請他來益州幫忙，十個曹操都不夠看！」並推薦法正去見劉備。劉璋不知其中有詐，答應了，派法正和孟達帶大量物資和四千名士兵送給劉備，當作「見面禮」。

法正本來就不想再幫劉璋做事，這一趟遠行，他決定爲自己打算。到荊州後，他跟劉備和諸葛亮幾次深談，覺得自己有必要倒戈，於是對劉備輸誠，將益州的所有祕密，包括重要物產、軍事重地、交通要道等等，毫無保留地說出來，並勸劉備應該拿下益州。益州的重要性，諸葛亮在「隆中對」裡就說得很清楚了，此時有法正、張松、孟達等人當內應，無疑是天下掉下來的禮物，劉備陣營豈有不答應之理？

法正抱對大腿後，回去跟張松商量，聯手積極運作劉備前來益州的事宜。劉璋手下許多人見狀，大表反對，認爲此舉無疑是引狼入室。但劉璋是個判斷力很差的領導人，眼前他只相信張松和法正的片面之言，滿懷期待劉備的到來。《三國志》說劉備前來益州時「入境如歸」。這四個字用得妙極了，劉備本來該是客人，卻有賓至如歸、反客爲主的意味，這都是法正和張松的功勞。

這兩人原來的計畫是法正到劉備陣營，張松留在劉璋身邊，裡應又可外合，不料事機提前敗露，張松被劉璋殺了，雙方正式撕破臉，展開大戰。法正對益州很熟，又懂得各種戰略與戰術，甚至還針對劉璋的心理弱點，寫信勸降。最後，劉備能以最少的損失打下益州，法正實在功不可沒。劉備爲了嘉許他，讓他當蜀郡太守、揚武將軍，不但是首都市長，還一躍成爲劉備身邊最可靠的「謀主」，也就是最高參謀長，地位凌駕在諸葛亮之上。

諸葛亮最了不起的地方在於，他並沒有因此吃醋、嫉妒。他很清楚法正的優點在於「智術」、「奇畫策算」，而非人品。《三國志》說他們兩人「好尚不同」，作風、性格都有很大差異，但仍「以公義相取」，能爲大局著想，達到「互補」的效果。

法正「不以德素稱」，他的老鄉說他品行不端，不是沒有道理的。他當上大官後，開始濫用公權力，「一餐之德，睚眥之怨，無不報復」，恩怨分明，恩仇必報。曾對他好的，他一定回報；曾對他壞的，他也一定討回來。因此，成都一片肅殺之氣，與他曾有過節的人都被宰了。有人看不下去，對諸葛亮說：「法正在成都實在太囂張了，您應該告訴主公，以壓抑他的作威作福。」諸葛亮的回答很妙，他說：「我們主公窩在荊州時，內憂外患不斷，北邊有曹操，東邊有孫權，家裡還有一隻母老虎。在那個時候，如果沒有法正的幫忙，主公是無法從牢籠裡飛出來的。現在主公成功了，自然要好好報答法正，這又有什麼不對呢？」諸葛亮說的那隻母老虎，指的是嫁給劉備的孫夫人。孫夫人是孫權的妹妹，喜歡玩刀弄槍，手下有奴婢一百多人，隨時隨地都拿著武器待命。劉備每次去找她，「衷心常凜凜」。諸葛亮知道劉備很寵信法正，因此講了這些話，幫法正開脫。

諸葛亮會這樣說，不無道理。自古以來，才能與德行兼備者實在寥寥可數。當太平盛世的時候，也許可以忍受有德無才的人治理天下；一旦遭逢亂世，領導人在招募人才時，德行的考量便退居第二，能否有一技之長才是最重要的，不然手下都是一堆聖人，這個領導人恐怕也成不了什麼大事吧。早在劉備入主成都的前四年，曹操就曾下了一到詔令，裡頭談到：

自古受命及中興之君，曷嘗不得賢人君子與之共治天下者乎！及其得賢也，曾不出閭巷，豈幸相遇哉？上之人不求之耳。今天下尚未定，此特求賢之急時也。「孟公綽爲趙、魏老則優，不可以爲滕、薛大夫。」若必廉士而後可用，則齊桓其何以霸世！今天下得無有被褐懷玉而釣于渭濱者乎？又得無盜嫂受金而未遇無知者乎？二三子其佐我明揚仄陋，唯才是舉，吾得而用之。

這段話與諸葛亮的觀點大同小異，重點在於最後兩句：「唯才是舉，吾得而用之。」只要有才能，我就重用他，至於品德，先擺在一邊吧。曹操特別舉出齊桓公爲例，認爲人家可以成就霸業，是因爲用了管仲這個有才無德的人，所以他也不想拘泥在才德兼優這個迷思裡，而想要跳出來，唯才是用。

在三國之前，這樣的例子很多，尤其在兵荒馬亂時。戰國時代夠亂吧，秦國重用范雎而佔盡六國的便宜，儘管范雎本身的品德不佳，《史記》記錄了幾則他挾怨報復的故事，說他的個性是「一飯之德必償，睚眥之怨必報」，法正跟他簡直如出一轍。戰國之外，秦朝末年夠亂吧，劉邦崛起後重用陳平，陳平「常出奇計，救紛糾之難，振國家之患」，幫劉邦擺平其他對手。但陳平本身的品德不佳，劉邦的多名老部屬曾揭發這傢伙的醜行惡跡，說他曾逼姦嫂嫂，又換過好幾次老闆，忠誠度不高，而且喜歡收賄賂，給他紅包較大，他就對人家好，給他紅包太小，他就找人家麻煩。這些人對劉邦說，陳平是個反反覆覆的「亂臣」，應該開除！劉邦聽了，心裡有點動搖，問魏無知意見。魏無知說出他的眞知灼見：「我認爲才能最重要，您大概認爲品德重要。如果今天有個人的品德像聖人一樣高尚，論才能卻是個草包，您會重用這個人嗎？眼前我們最需要的人，是能用來打敗項羽，而不是他有沒有逼姦嫂嫂，有沒有收賄。」劉邦聽了，恍然大悟。

陳平的故事，後來成爲一種另類的典範。曹操在發佈上述命令後四年，又下令說：「夫有行之士未必能進取，進取之士未必能有行也。陳平豈篤行，蘇秦豈守信邪？」過了三年又下令：「韓信、陳平負汙辱之名，有見笑之恥，卒能成就王業，聲著千載……今天下得無有至德之人放在民間，及果勇不顧，應敵力戰；若文俗之吏，高才異質，或堪爲將守，負汙辱之名，見笑之行，或不仁不孝而有治國用兵之術，其各舉所知，誤有所遺。」連不仁不孝卻有才能的人都可出頭天，曹操的話說得多露骨啊。

諸葛亮對法正的看法，顯然是有理論基礎的，值得我們斟酌。由於諸葛亮充分認識了法正的優點，往後法正對劉備的裨益很大。曹操打垮張魯後，留下夏侯淵和張郃兩員大將鎮守漢中，法正建議劉備趁機攻打漢中。夏侯淵和張郃也是不好惹的角色，但劉備在法正的策劃下，派黃忠擊破敵軍，殺了夏侯淵，順利攻下漢中。曹操得知消息後，酸溜溜地說：「我就知道，劉備自己是想不出這些點子的，一定旁邊有高人指點。」

劉備自稱漢中王後，以法正爲尚書令，護軍將軍，權位之高，僅次於擔任丞相的諸葛亮。西元二二〇年，法正逝世，享年四十五歲，劉備爲此痛哭了好幾天。兩年後，劉備進攻東吳，兵敗回白帝城，諸葛亮很感慨地說：「如果法正還在，就能勸阻主公這趟沒有意義的戰事了。就算勸阻不了，只要他能跟去，主公也不會輸得這麼慘。」諸葛亮對法正的懷念溢於言表。

■有名氣無才德的許靖

諸葛亮用人的高竿之處，在於他能把每個人都擺在最適當的位置。以許靖來說，這位老先生根本是個投機份子，他一輩子換了好多老闆，從董卓一直到劉璋，他的向心力都奇低無比，有多次開溜、落跑的紀錄。劉璋遭到劉備大軍的圍困時，他甚至想打開城門投降劉備，被發現了，劉璋認爲當時情勢緊張，暫時沒殺他。劉備攻下成都後，很看不起許靖，法正出來說話，他的說詞也很妙：「天底下有一種虛有其表而無其實的人，例如許靖。但主公正要開始創業，不能不注意天下人的看法。許靖雖然名不符實，但世人不知，都以爲他很了不起，主公如果輕慢他了，大家就會以爲主公沒有禮賢下士的眼光與胸襟，以後就不來投靠了。不如將許靖拿來當樣板，展示給天下人看。」諸葛亮的看法與法正類似，對許靖也禮數周到，儘管打從心裡看不起這傢伙。

許靖到底有何本領能「虛有其表」呢？根據《三國志》的說法，他「愛樂人物」，與人為善，廣結善緣，人緣奇佳，此其一。他「誘納後進」，對於晚輩和年輕人多有提拔，此其二。「清談不倦」，此其三。關於「清談」的意義，後人多有誤解，甚至有「清談誤國」的訛傳，這是有待澄清的。今人唐翼明的《魏晉清談》是這類論著中的權威，可參看。唐氏對清談的定義是：魏晉時代的貴族知識份子，以探討人生、社會、宇宙的哲理為主要內容，以講究修辭與技巧的談說論辯為基本方式，而進行的一種學術社交活動。許靖既然精通這種當日貴族熱衷的「學術社交活動」，當然會受到極大的敬重。為了拿許靖當禮賢下士的招牌，劉備封他為太傅、司徒等職，以示尊重。他也很長壽，活了七十多歲。

■老闆的老部屬：糜竺、簡雍、伊籍

糜竺是個很會做生意的大商人，家裡有上萬個僕人，有數億資產。東漢末年，兵荒馬亂，任何有投資眼光的人，難免會想做點政治投資，糜竺也不例外。他一開始在徐州牧陶謙底下做事，陶謙死前，派他去迎接劉備。劉備當時只是個落魄的小軍閥，沒啥本錢，而且常常挨打，有時甚至連老婆兒子都被抓走。但糜竺是很厲害的生意人，他在劉備最低潮的時候加以贊助、押寶，雙手奉上自己的妹妹和全部家產，使得劉備能東山再起。

春秋時代，孔子能順利周遊列國，是因為有個「比爾蓋茲」級的徒弟子貢全額贊助。糜竺對劉備的幫助，相對於子貢對孔子，劉備對他當然感激莫名，以後有什麼好康的，自然不會錯過這個「投資人」。平定益州後，糜竺升任安漢將軍，且位階跟諸葛亮一樣崇高。但和許靖一樣，糜竺只是個招牌人物而已，他的職位純屬酬庸性質，並無實權。《三國志》說他「雍容敦雅，而幹翮非所長，是以待之以上賓之禮，未嘗有所統御。然賞賜優寵，無與為比。」言下之意，他是個好人沒錯，可是除了做生意，並沒有特殊才能，劉備為了報答當年的恩情，對他禮遇有加，看來糜竺真是押對寶了。諸葛亮面對這個位階與他等高的人，並無任何嫉妒或排擠之意，他知道糜竺的「功能」與「象徵意義」，是他諸葛亮無法取代的，兩人相處也很融洽。

糜竺受到優渥的禮遇，他的弟弟糜芳就倒楣多了，不僅沒能跟著到益州享福，還得待在荊州跟關羽鬥氣。糜芳名義上是南郡太守，和襄陽太守關羽平起平坐，事實上等於關羽的手下，一天到晚被碎碎念，被嫌東嫌西。關羽北伐曹操時，糜芳趁機在後方扯後腿，延誤物資的補給，關羽火大了，威脅要用軍法辦他。糜芳乾脆一不做二不休，投降孫權，坐視東吳搞死關羽。

糜芳將事情鬧得這麼嚴重，當人家哥哥的糜竺，急忙向劉備請罪。劉備雖在氣頭上，仍很有風度地安慰糜竺，認為「兄弟罪不相及」，對他依舊很好。但糜竺受不了「良心的譴責」，覺得是自己害死了關羽，一年多後就發病而死了。

簡雍是劉備的老同鄉，很早就跟隨劉備了，是老部屬。他和糜竺、孫乾都是清談的高手，口才不錯，有時會擔任使者的工作，滿稱職的。他也經常用滑稽、搞笑的方式勸諫劉備，有次他跟隨劉備出巡，劉備看到有戶人家藏有釀酒的工具，大怒，要移送法辦。當時蜀國的法律規定，天氣乾旱時要禁酒，釀酒的人有罪。簡雍見狀，隨手以路過的一對男女為例，說：「這兩個人想通姦，為何不抓起來法辨？」劉備問：「你怎麼知道他們要通姦？」簡雍說：「他們有用來通姦的『工具』，跟這戶人家有釀酒的工具一樣。」劉備一聽大笑，知道簡雍的意思，於是放了持有釀具的人家。

簡雍「性簡傲跌宕」，跟劉備同席時，常常坐沒坐相，或躺或趴，「威儀不肅」，只在意自己舒不舒服。更扯的是，有時諸葛亮剛離開，他便把身體伸展到諸葛亮的位置上。諸葛亮知道簡雍是劉備的老班底，口才好，又能用搞笑的方式勸諫劉備，因此很敬重他，處處忍受、退讓。

伊籍原本是劉表的部下，劉表死後，他改投劉備麾下，一路追隨到益州。他是個很有「才辯」的人，出使東吳，不辱使命，連孫權都很讚嘆。伊籍在劉備的團隊中，不是擺著好看的，他有眞才實學。諸葛亮要制訂蜀國的典章、法律制度時，慧眼獨具，找他一起編撰《蜀科》。這種工作很高難度，尤其在典章、考試制度中，考績之法可能是最複雜的，在三國時代已是一門專門的學問，好的考績制度可讓公務人員發揮最大的效率。我們喜歡嘲笑公務員是「米蟲」，那是因爲現在的考績方式是以年資計算，換言之，幹得越久職等越高、薪水越多，完全不講究實質的效率問題。《蜀科》雖然沒有流傳下來，我們從當日蜀國公務人員的超高水準表現，可以知道這套制度有多好，制訂者伊籍等人的能耐可想而知。

■腦筋急轉彎專家：秦宓

秦宓是四川人，博學多聞，卻淡泊名利，同鄉王商幾次向劉璋推薦他，他不肯出來。劉備拿下益州後，三番兩次請他出山，他才勉強擔任祭酒一職。能擔任祭酒的人，都是功勞很大或聲望很高的人。秦宓擔任祭酒後，以爲自己能言所欲言，剛好碰到劉備要征討東吳，他上書勸阻，卻被正在氣頭上的劉備抓去關，後來才勉強花錢出獄。

劉備死後，諸葛亮當益州牧，知道秦宓很博學，聘他爲別駕，不久又升任左中郎將和長水校尉，總算得到重用。諸葛亮知道他和賢人任安同鄉，問他任安有何長處，他說：「記人之善，忘人之過。」這也是很了不起的優點吧，起碼心胸不夠開闊的人是做不到的。東吳派遣張溫來蜀國出任務，蜀國百官都設宴迎接。諸葛亮聽說張溫這人很臭屁，想壓其銳氣，特別囑咐博學善辯的秦宓一定要參加，連續請了幾次，張溫不禁好奇問道：「他是什麼人？」諸葛亮說：「益州學士。」大牌的秦宓前來赴宴後，與同樣大牌的張溫有段精彩對話：

張溫：「你讀過書嗎？」

秦宓：「我們益州連小孩子都讀過書，何況是我？」

張溫：「好，那我問你，老天有頭嗎？」

秦宓：「當然有。」

張溫：「在哪裡？」

秦宓：「在西方。《詩經》說：『乃眷西顧。』以此推斷，頭在西方。」

張溫：「老天有耳朵嗎？」

秦宓：「當然有，在很高很高的地方，能夠聽到人間的聲音。《詩經》說：『鶴鳴於九皋，聲聞於天。』如果沒有耳朵，它要怎麼聽？」

張溫：「老天有腳嗎？」

秦宓：「有。《詩經》說：『天步維艱，之子不猶。』如果沒有腳，它要怎麼走？」

張溫：「老天有姓氏嗎？」
秦宓：「當然有。」
張溫：「姓什麼？」
秦宓：「當然是姓劉。」
張溫：「你怎麼知道？」
秦宓：「當今天子姓劉，老天是天子的爸爸，當然也姓劉了。」
張溫：「太陽是從東邊升起吧？」
秦宓：「太陽從東邊升起，卻從西邊落下。」

這段類似「腦筋急轉彎」的對話中，秦宓以他的博學、機智，順利化解了張溫的強人所難。秦宓說老天姓劉，有意強調蜀漢的正統性，張溫也不是蓋的，馬上說太陽是從東吳那邊升起的，但秦宓的回答更妙：太陽是從蜀漢這邊落下的。雙方話鋒不斷，高潮迭起。諸葛亮會特地找秦宓來參加這場「鴻門宴」，可見是經過事前評估的。

■諸葛亮的愛將：董和

董和原本是劉璋的手下，特別會跟少數民族打交道，「與蠻夷從事，務推誠心，南土愛而信之」。劉備攻佔益州後，派他接掌中郎將，並和軍師將軍諸葛亮一起主持大司馬府的事，雙方相處融洽。董和死後，諸葛亮曾對其他人表示：「一起主持大司馬府的事宜，最重要的是要集思廣益。由於參與的人很多，很難暢所欲言，功效就會大打折扣，而且人多意見雜，要如何協調、折衷，這也是很難搞定的事。董和和我共事七年，在這些方面做得很好，常常不辭辛苦，反覆和與會的人溝通。如果各位能像他那樣，我就可以犯下較少的錯誤了。」又說：「董和辦起事來，非辦好不可，我雖然未能完全採納他的建議，卻知道他是一片忠心啊！」

從這些話語中，我們可看出諸葛亮是如何跟同僚相處的。他雖然集大權於一身，卻能分辨善惡，並且十分重視溝通協調的工作，而不是硬幹、「凡事都要聽我的」。他不鴨霸，同僚的人當然願意知無不言、言無不盡了。

■性格小生：劉巴

劉巴是荊州人，與諸葛亮是舊識，劉表幾次請他出馬，他都不肯。劉表派周不疑向他求學，當時的劉巴只有十八歲而已，很跩地寫信拒絕了：「昔游荊北，時涉師門，記問之學，不足紀名，內無楊朱守靜之術，外無墨翟務時之風，猶天之南箕，虛而不用，賜書乃欲令賢甥摧鸞鳳之豔，遊燕雀之宇，將何以啓明之哉？愧於『有若無，實若虛』，何以堪之！」。他對劉表這邊的人，似乎有很深的成見。

劉表死後，曹操來攻，荊州的知識份子多向南投靠劉備，只有劉巴往北走，跑到曹操陣營去。曹操很器重他，想利用他的地緣關係，招納長沙、零陵、桂陽三郡。赤壁之戰後，曹操北逃，長沙等三郡被劉備搶下了，劉巴沒臉回去見曹操，寫封信給諸葛亮：「乘危歷險，到值思義之民，自與之眾，承天之心，順物之性，非余身謀所能勸動。若道窮數盡，將託命於滄海，不復顧荊州矣。」言下之意，他的能力不夠，不會回去找曹操，也不想留在荊州了。諸葛亮知道劉巴是個有才幹的人，很希望他留下來幫助劉備，於是遊說他：「你雄才蓋世，如果留在荊州，必定能有一番作爲，你還要去哪裡呢？」劉巴的回答很斬釘截鐵：「我受命而來，卻有辱使命，本該走人，你還想說什麼？」拒絕了諸葛亮的邀請。

劉巴脫離曹操後，不留在荊州，而是跑到更南邊的交阯遊玩，後來轉到益州投靠劉璋。劉璋派法正迎接劉備，劉巴勸諫：「劉備是梟雄，他一來必定會害你，你千萬不可接納他啊。」劉璋不聽。劉備來益州後，劉巴又勸劉璋把劉備抓起來，別縱虎歸山！劉璋還是不聽。劉巴無奈，辭職躲在家裡。

劉備包圍成都時，諸葛亮強力推薦劉巴，要劉備不念舊惡。劉備聽進去了，下一道命令：「誰敢傷害劉巴，我就殺他三族！」諸葛亮的面子可眞大啊。

劉備佔領成都後，劉巴對自己以前的所作所爲很不好意思，特地跟劉備道歉。此時，剛好劉備的手下爲了犒賞自己，把成都的金銀財寶都瓜分殆盡，一時之間，公家的軍用大爲不足，劉備十分擔心。劉巴自告奮勇，弄到不少物資，幾個月後，倉庫又充實起來了，劉備對他刮目相看。在諸葛亮的推薦下，劉巴步步高升，從尙書到尙書令。劉備稱帝後，他還擔任「總統府祕書室主任」，幫劉備寫各種詔令，從「昭告於皇天上帝后土神祇」到「文誥策命」，都是劉巴所寫的。

劉巴除了有才幹，在個人品德上也有讓諸葛亮稱許的，如他「退無私交，非公事不言」，也就是說，他老兄和其他大臣的關係，僅止於「公事公辦」，退朝、下班後，他便老實回家讀書、陪老婆，不跟同事上酒家喝花酒，或結黨營私等等，這種行爲在古代稱爲「大臣之風」，很難能可貴，也是身爲大臣的最高道德標準。

■談判高手：陳震

熟讀《三國演義》的人，對陳震都會有種錯覺，以為他誠如羅貫中所寫的，一開始是袁紹手下，後來如何跟劉備因緣際會，結下不解之緣云云。其實他是南陽人，很晚才加入劉備陣營，劉備佔領荊州後，他才慢慢出頭，後來雖陸續擔任了幾處太守，都沒有受到特別的重視。他人生出現轉折點，還是在劉備死後，諸葛亮掌權時，他升任為尚書，隨後又跳級當尚書令，多次出使吳國，均有不錯的表現。

西元二二九年，孫權稱帝，諸葛亮派陳震前往祝賀。這可是很吃力不討好的工作，一來孫權個性喜歡開人玩笑，若沒有很好的反應與機智，只怕會丟人現眼。自己的顏面丟了無妨，但使者代表國家，連帶使政府面子掛不住，這就是「喪權辱國」了。二來孫權稱帝，蜀國雖然向他道賀，但要如何做到不卑不亢、恰到好處，這也是需要大費苦心的。

諸葛亮派陳震前往，一方面相信他的能力，一方面也暗中保護他，私下寫信給頗受孫權重用的哥哥諸葛瑾，信中這樣談到陳震：「孝起忠純之性，老而益篤，及其贊述東西，歡樂和合，有可貴者。」孝起是陳震的字，諸葛亮等於先為他打強心針了，要老哥多罩弟弟的人馬。

陳震到東吳後，除了道賀孫權稱帝，也跟對方訂定了同盟合約，雙方約定來年消滅魏國後，要平分天下，徐州（今江蘇一帶）、豫州（今河南）、幽州（今遼寧）、青州（今山東）屬於東吳的，其他地方歸蜀國所有，以函谷關為界。

從結果論看來，這個同盟內容有點阿Q的意味。能不能消滅魏國，猶是未定之數，雙方居然已經開始在瓜分地盤了，這有點像台灣的國民政府之前對中國大陸的態度。但從當日的局勢來看，這種畫餅充飢，確實可以增強孫、劉兩方的同盟與交情，是很必要的外交手段。陳震能做到這個程度，算是很成功的外交之旅了。

■讓老闆「戰慄」的人：董允

劉備死後，諸葛亮在蜀國執政多年，能完全「架空」劉禪的權力，使自己在內政、外交、軍事的運作上，得以暢行無阻，「爲所欲爲」，愛怎麼做就怎麼做，完全沒有後顧之憂，最大的關鍵在於：他找到了最適當的人選就近「看管」劉禪，使這個年輕又無能的皇帝無計可施，搞怪不起來。這個適當的人選不是別人，正是董允。

董允是董和的兒子，爲人正派、嚴肅而有威嚴，是諸葛亮刻意栽培的人才。劉禪剛當太子時，他就受命「照顧」這個才十幾歲的小毛頭，有點像美國的超級奶爸或日本的教育媽媽。劉禪即位後，他當黃門侍郎，而且「貼身」得很，整天緊盯著劉禪的言行舉止與作息時間。劉禪從小在董允的「陰影」和「惡勢力」中長大，如果說他對諸葛亮是「敬畏」，那對董允就是「恐懼」了。

諸葛亮也知道這點，他要北伐時，「慮後主富於春秋，朱紫難別」，分不清楚好壞，或扯他後腿，特地要董允好好注意。在〈出師表〉中，諸葛亮更仔細叮嚀劉禪：「侍中、侍郎郭攸之、費禕、董允等，此皆良實，志慮忠純，是以先帝簡拔以遺陛下：愚以爲宮中之事，事無大小，悉以咨之，然後施行，必得裨補闕漏，有所廣益。……至於斟酌損益，進盡忠言，則攸之、禕、允等之任也。……若無興復之言，則責攸之、禕、允等之咎，以彰其慢。」這段話說得很客氣，要劉禪在董允等人不盡責時加以「責備」！其實，劉禪膽子再大，也不敢責備董允啊。後來，諸葛亮更進一步，升任董允爲侍中，並將皇宮的「宿衛親兵」交給董允和郭攸之帶領。郭攸之是個好好先生，「備員而已」，主要還是董允在管理。

平心而論，劉禪是個毫無自制力的領導人，如果沒有董允在旁邊「照顧」，縱使有諸葛亮輔佐，恐怕還是會在皇宮內外惹事生非的。

董允過問的事情很多，從公事到私生活，幾乎快「包屎包尿」了，包括劉禪喜歡什麼男人或女人。在男人方面，劉禪成年後，特別寵愛太監黃皓。坦白說，黃皓的性別不能算是男人。董允常常警告劉禪不得接近黃皓，又教訓黃皓不得接近劉禪。對兩邊「嗆聲」的結果，讓劉禪雖貴為皇帝，卻也無可奈何；黃皓雖是個大壞蛋，也不敢為非作歹。在董允還在世時，黃皓永遠只是個黃門丞，無法再高昇上去。而在女人方面，劉禪多次想「充實」後宮佳麗，董允一聲不准，劉禪就不敢肖想了。董允的理由是：按照古代的制度，天子的后妃加起來不能超過一打，如今劉禪已有十二個老婆，不能再增加了！《三國志》記劉禪對這事的反應是「益嚴憚之」，翻成白話，就是「更加怕他」之意。

董允如此緊迫盯人，劉禪很想擺脫，有一次，機會終於來了。尚書令蔣琬婉拒益州刺史一職，上疏推薦由費禕或董允擔任，還說董允「內侍歷年，翼贊王室，宜賜爵土以褒勳勞」。劉禪看了，高興不已。沒想到董允拒絕了，他寧可繼續經營他的「事業」，也不願當什麼益州刺史。看來，他是鐵了心腸，要一輩子「照顧」劉禪了。董允晚年曾當過尚書令，地位僅次於費禕，但他的「正業」與「興趣」還是在劉禪身上。

對劉禪來說，董允讓他痛苦的不只是以上這些，還包括長壽！董允大概很懂得養生之道，活到西元二四六年才死掉。如果統計一下，董允「照顧」劉禪的時間將近三十年，當他死掉時，劉禪已經當了二十三年的皇帝了，諸葛亮也過世十二年了，而十七年後，蜀國滅亡。董允的長壽讓雖劉禪痛不欲生，卻讓蜀國的內政多穩定了幾年。等到董允一死，劉禪開始重用黃皓等小人，誰都約束不了。蜀國能撐那麼久，董允是大功臣，他死後，蜀國人懷念不已，將他和諸葛亮、蔣琬、費禕合稱蜀國四相、四英。諸葛亮的知人善任，更是可見一般。

《三國志》說，董允死後，劉禪重用陳祉。陳祉很會拍馬屁，讓劉禪覺得茫酥酥的，想到以前董允對他那麼差，「追怨允日深，謂為自輕」。這倒是很自然的反應啊！

■文武全才：鄧芝

鄧芝是荊州新野人，是東漢開國功臣鄧禹的子孫。他雖是荊州人，年輕時卻先跑到益州的劉璋團隊。益州從事張裕很會看相，對他說：「你年過七十歲後，可當上大將軍的位置，並且加爵封侯。」劉備平定益州後，有次跟他聊天，驚為天人，讓他當縣長，後來升任太守，因為「所在清嚴有治績」，進尚書工作。他這一路升遷，憑的是自己的實力，而沒有任何關說或人情。

儘管如此，諸葛亮一直在觀察這個很有潛力的年輕人，想好好栽培之。劉備剛死，需要有人去跟孫權修補同盟關係，諸葛亮派鄧芝前往，果然讓孫權與魏國斷交，順利達成任務。

孫權有次喝醉了，對鄧芝說：「如果吳、蜀兩國合力消滅魏國了，平分天下，二主分治，不是一件很棒的事嗎？」鄧芝板著臉說：「天上沒有兩個太陽，地上不能有兩個皇帝。我們兩國合力消滅魏國後，非得分出個高下不可，這時戰爭才正開始呢。」孫權哈哈大笑，很佩服他的誠實無欺，以後常常寫信跟鄧芝問好，兩人成了不錯的朋友。諸葛亮曾寫信給孫權：「和合二國，唯有鄧芝。」認為鄧芝成功鞏固了蜀、吳兩國的交情。

鄧芝不只有外交手腕，在內政、軍事上也很有一套，諸葛亮幾次北伐，都會帶他前往。諸葛亮死後，他的任務是負責剿平蜀國境內偶而出現的動亂，最有名的在西元二五三年，涪陵有人起兵殺了地方首長，他率軍親自殺了賊首，「百姓安堵」。在這趟征討中，發生了一件怪事，本來鄧芝是很喜歡打獵的，這次在郊外時，看到一群猿猴在樹上，他以弓箭射下了一隻母猿，小猿急忙將媽媽身上的箭拔下，並用樹葉蓋住傷口，大聲哀嚎。鄧芝看了，嘆說：「慘了，違反大自然的規律，我大概活不久了。」沒想到三年後，他果真死了。

鄧芝擔任大將軍多年，「賞罰明斷，善恤卒伍」，有諸葛亮的風範。他生性節儉，開銷完全來自於公家給的薪水，他自己沒有額外的收入，有時連老婆小孩也要挨餓，過世時「家無餘財」。鄧芝個性剛直，從不掩飾自己的脾氣，因此其他同僚並不喜歡他。他佩服的人很少，除了諸葛亮，就是姜維而已。我們不得不佩服諸葛亮的眼光，刻意拉拔的總是這種了不起的人才。

■破格提拔：董恢

董恢是襄陽人，本來只是個小官而已，後來隨費禕出使東吳，大出風頭。原來，費禕喜歡喝酒，常常喝到不省人事，這次到東吳又故態復萌，喝得醉醺醺的，喜歡開人玩笑的孫權趁機問他：「楊儀和魏延都是奸邪小人，又常常內鬥。雖然古代孟嘗君曾經重用雞鳴狗盜之徒，然而你們一旦接受這種貨色了，讓他們的勢力越來越膨脹，內鬥越來越激烈，一旦諸葛亮死了，必定成爲你們的大患。你們實在愚蠢，不知道防患未然哩！」費禕聽了，當場愣住，東張西望，不知所措，董恢在他耳邊說悄悄話：「你可告訴他，楊儀和魏延只是因私人恩怨而內鬥，並沒有韓信那樣的野心。現在大敵曹魏當前，正是用人的時候，人才越多越好。楊儀有文才，魏延有武略，都是不可多得的人才。如果我們爲了預防後患而不用他們，就好像爲了怕遇風浪而不坐船過河一樣，是成不了大事的。」費禕聽了他的勸，酒也醒了一半，以此回答了孫權，孫權也覺得很得體。諸葛亮聽說董恢的事情後，佩服得不得了，在董恢回到蜀國不到三日，就立刻升他爲巴郡太守。

從董恢的例子，可知蜀國在諸葛亮的治理之下，人才都有出頭的機會，都有破格升遷的可能。蜀國在三國中土地最小，人口最少，國力最弱，而能屹立不搖達數十年，豈偶然哉？

■找劉備「毛」病的傢伙：張裕

張裕原本爲劉璋手下，會看相、算命，也喜歡耍嘴皮子。劉璋有次和劉備對談，張裕隨侍在旁，劉備見張裕鬍鬚濃密，便加以嘲笑，張裕也語帶譏諷地回嘴，不料說中劉備的痛處，後來大難臨頭。從今天的角度來看，兩人開的玩笑有點深奧，《三國志》原文如下：

初，先主與劉璋會涪時，裕爲璋從事，侍坐。其人饒鬚，先主嘲之曰：「昔吾居涿縣，特多毛姓，東西南北皆諸毛也，涿令稱曰『諸毛繞涿居乎』！」裕即答曰：「昔有作上黨潞長，遷爲涿令者，去官還家，時人與書，欲署潞則失涿，欲署涿則失潞，乃署曰『潞涿君』。」先主無鬚，故裕以此及之。

張裕是大鬍子，劉備則沒鬍子，劉備先拿對方的鬍子開玩笑，張裕反唇相譏。劉備用「特多毛姓」來嘲笑張裕鬍子太多，這倘可理解，但張裕那段話是什麼意思呢？我的老同學陳一弘博洽群書，提供了超勁爆的答案，此處又稍加敷陳，有點限制級，敬請讀者注意。

張裕那段話的關鍵是「潞涿君」，一弘從諧音去推敲，發現在古書《廣雅．釋親》中，「豚」是臀的意思，而「涿」的古音與「豚」接近，「潞」音諧露，因此「潞涿」猶言露臀，也就是露屁股的諧音。「潞涿君」就是「露屁股先生」。但露屁股跟鬍子有何關連？豈不聞人之上體下體各有一口？張裕的弦外之音是，你劉備的嘴巴旁邊沒毛（沒鬍子），下面的毛大概也付之闕如吧，暗指劉備有「白虎」之嫌。我們須知，鬍鬚從來都是男性第二性徵，長不出鬍子象徵男人有娘娘腔或雄風不振之嫌。對劉備來說，張裕在公開場合這樣糗他，害他盡喪男性尊嚴，斯文掃地，此仇不報非君子也。

果然，劉備攻佔益州後不久，即殺張裕洩憤。張裕先是自己烏鴉嘴，說「魏」會取代「漢」，又說劉備得益州九年後會掛掉，攻打漢中也會失利。劉備氣死了，將他下獄，準備處死。張裕是有才華有名氣的人，諸葛亮很愛護人才，也看不慣劉備公報私仇，於是問劉備：「處死張裕的罪名或理由是什麼？」劉備的回答很妙：「芳蘭生門，不得不鋤。」意思是說，家門口長了芳蘭，不得不鋤。呵呵，這根本是欲蓋彌彰的遁詞！芳蘭是香噴噴的植物，向來比喻賢人君子，領導人重用「芳蘭」都來不及了，哪會「不得不鋤」？劉備對那段玩笑的耿耿於懷，由此可知。阿德勒曾說每個人都有自卑感，看來，「無鬚」正是劉備自卑感的來源，誰想拿他嘴上無毛開玩笑，都要小心了。諸葛亮知道劉備心意已決，自己也救不了，張裕就這樣被殺了。

■裝聾作啞真大牌：杜微

杜微是益州人，任安的學生，名氣很大。劉璋請他當官，他稱病拒絕了；劉備請他當官，他假稱自己耳聾，閉門不出。劉備死後，諸葛亮掌政，親自拜訪，杜微還是不肯，並且裝聾作啞。諸葛亮無法，只好當面跟他「筆談」，說：「服聞德行，飢渴歷時，清濁異流，無緣咨覯。王元泰、李伯仁、王文儀、楊季休、丁君幹、李永南兄弟、文仲寶等，每歎高志，未見如舊。猥以空虛，統領貴州，德薄任重，慘慘憂慮。朝廷（主公）今年始十八，天姿仁敏，愛德下士。天下之人思慕漢室，欲與君因天順民，輔此明主，以隆季興之功，著勳於竹帛也。以謂賢愚不相爲謀，故自割絕，守勞而已，不圖自屈也。」這段話中，諸葛亮特別強調自己是外來政權，而劉禪英明有爲，需要像杜微這樣的本土菁英輔佐。杜微看了，堅稱又老又病，實在無能爲力，諸葛亮又寫了封信，說：「曹丕篡弒，自立爲帝，是猶土龍芻狗之有名也。欲與群賢因其邪僞，以正道滅之。怪君未有相誨，便欲求還於山野，丕又大興勞役，以向吳、楚。今因丕多務，且以閉境勤農，育養民物，並治甲兵，以待其挫，然後伐之，可使兵不戰民不勞而天下定也。君但當以德輔時耳，不責君軍事，何爲汲汲欲求去乎！」語氣一轉，改談曹丕對天下的禍害極大，希望杜微能以蒼生爲念，跟蜀國等「正道」力量一起消滅曹丕這個「邪僞」政權。諸葛亮並聲稱只想借重杜微的「德」，不會讓他參與軍事活動。這種讚美，無疑是極高的恭維，也可看出諸葛亮禮賢下士的誠意與手腕。劉璋、劉備都請不動杜微，諸葛亮卻請動了，杜微總算答應出來當諫議大夫一職。

就這樣，在諸葛亮的苦心經營下，「西土咸服諸葛亮能盡時人之器用也」。這是很不容易的，因爲劉備入主益州時，三方人馬攪在一起，一是追隨劉備多年的老部下，二是加入劉備陣營不久的荊州人士，三是先前跟劉備還是敵對狀態的益州官員。諸葛亮處在這三種勢力的中間，如何讓這些人盡釋前嫌，同心努力，令人好奇，以上所舉數例，或許可提供我們些許答案！

惡當除盡

■賞罰之信，足感神明

西元二二一年，劉備登基為皇帝，以「漢」為國號。國家既然成立了，百廢待舉，所有的典章、法律制度都有待制訂。要完成這個大工程，除了要有厚實的學問做基礎，還得能正確評估現實環境，才能制定一套最合乎時宜，最有獎懲效果的制度。負責這項工作的有五人：諸葛亮、伊籍、法正、劉巴和李嚴。這五人都是一時之選，諸葛亮的能力當然沒話講，伊籍是劉備的老幹部，其他三人都在蜀地多年，最瞭解當地的風俗民情。五人弄出來的《蜀科》，自然會是很不錯的制度。比較可惜的是，蜀漢亡國後，這套制度沒有保留下來，大多散失了。還好，我們從現存的史料中，仍可找到一些蛛絲馬跡，足以去探索《蜀科》的部分內容與精神。

要弄出一套好的制度，必須因地制宜，對症下藥。益州在劉備、諸葛亮之前，是由劉焉、劉璋父子統治的。劉氏父子「性寬柔，無威略」，對屬下和百姓都很放縱，或者說是無力約束。這樣一來，利弊得失互見。《三國志》卷三十九說：「蜀土富實，時俗奢侈，貨殖之家，侯服玉食，婚姻葬送，傾家竭產。」言下之意，劉氏父子既提供了益州經濟發展的機會，也拉大了貧富的差距，助長奢侈的風氣。同卷又說：「蜀郡一都之會，戶口眾多……士伍亡命，更相重冒，奸巧非一。」根據當時的統計資料，在西元二二一年時，蜀國登記有案的共有二十萬戶，九十萬人口，比起戰亂頻仍的北方，算是非常密集的。在生活富裕的社會，人民當然不想當兵，趁機落跑、冒名頂替者比比皆是。政府機關對該地區顯然缺乏約束力，當強敵入侵時，後果可想而知。

劉備佔有益州後，理所當然接收了劉璋留下來的好東西與爛攤子。爲了讓這些好東西得到充分的效益，諸葛亮決定徹底收拾這些爛攤子，他的方法是「嚴刑峻法」。有個故事很能反映他的心態與動機：

亮刑法峻急，刻剝百姓，自君子小人咸懷怨嘆，法正諫曰：「昔高祖入關，約法三章，秦民知德，今君假借威力，跨據一州，初有其國，未垂惠撫；且客主之義，宜相降下，願緩刑弛禁，以慰其望。」亮答曰：「君知其一，未知其二。秦以無道，政苛民怨，匹夫大呼，天下土崩，高祖因之，可以弘濟。劉璋暗弱，自焉已來有累世之恩，文法羈縻，互相承奉，德政不舉，威刑不肅。蜀土人士，專權自恣，君臣之道，漸以陵替；寵之以位，位極則賤，順之以恩，恩竭則慢。所以致弊，實由于此。吾今威之以法，法行則知恩，限之以爵，爵加則知榮；榮恩並濟，上下有節。爲治之要，於斯而著。

這段話最好玩的是，法正自己也是很殘酷的人，居然連他也覺得諸葛亮訂的法律太嚴格了，需要「緩刑弛禁」，可以想見諸葛亮的「嚴刑峻法」有多嚴峻！諸葛亮的回答很中肯，認爲劉璋的那一套看似很溫和，實際上沒有賞罰效果，也就是該賞五千卻給一萬，該處罰的卻放人一馬。諸葛亮自我辯解說，他眼前要做的，只是賞罰分明而已。

嚴刑峻法一向吃力不討好，短期間內可能會收效，會讓老百姓因恐懼害怕、「咸懷怨嘆」而不得不守法，但長時間後，或法律鬆弛、人亡政息，或上有政策、下有對策，反而得不償失。奇妙的是，諸葛亮的情況似乎相反，益州人民對他的做法一開始激烈反彈，後來竟然慢慢佩服起來，這是很令人驚訝的。追根究底，他的嚴刑峻法建立在公平、公正的基礎上，也就是賞罰分明，不但有嚴格無私的處罰，而且有功必賞。這樣說到做到的制度持之以恆後，不只人人樂意從善，犯錯了也勇於接受處罰，諸葛亮之所以受後人尊敬崇拜，不是沒有原因的。

蜀國滅亡後，樊建投降魏國，司馬炎問他：「諸葛亮是如何治國的？」他的回答很乾脆，說：「聞惡必改，而不矜過，賞罰之信，足感神明。」前兩句是諸葛亮的個人特質，能以身作則，故能服人。至於「賞罰之信」，我們應該特別注意這個「信」字，這代表賞罰的制度是有信用的，深得人民的信任。《論語》中曾記載孔子和學生的對話，學生問：「糧食、軍隊、信用都是國家重要的東西，如果要去掉一個，老師會怎麼選擇呢？」孔子說：「去掉軍隊。」學生又問：「如果糧食和信用又要去掉一個，老師會如何選擇呢？」孔子說：「去掉糧食。」學生問為什麼，孔子認為：政府「無信不立」。諸葛亮的做法接近孔子，認為「信」是政府能否維繫下去的最大關鍵。法律是用來約束人的，如果有人可以例外，可以「享有豁免權」，這樣的法律還有什麼意義呢？

所謂人心難測，像諸葛亮這樣獨具慧眼，富有識人之明的人，也有看走眼的時候，更何況是一般人。特別值得注意的是，諸葛亮看走眼的比例很低，常常都能防患未然，或者縱然事情發生了，他還能當機立斷，及時補救，這都是很難能可貴的，只有極少數的例子是他在生前一直沒能發現的。以上種種，我們都各舉些例子，來看看他的高明與「智者千慮，必有一失」之處。在〈兵要〉一文中，他談到對某種人的痛恨：言行不一，樹立私黨，違背公法；在外互相串連，誣陷忠良；在內又彼此惡意毀謗譏諷志士。這種人不除去，就會會敗壞朝政，引起禍亂。當然，要處罰任何人，都要依法有據，不可憑空捏造羅織。

兩面說謊，自毀前途：李嚴

李嚴是南陽人，出道很早，年輕時當郡裡的小官吏，「以才幹稱」，很得劉表的重視。曹操攻打荊州時，李嚴投奔劉璋，劉璋任他爲成都令，能力深獲肯定。西元二一三年，劉備和劉璋翻臉，兵戎相見，劉璋派李嚴擔任護軍，到綿竹對抗劉備，沒想到仗還沒打，李嚴就投降劉備。劉備佔領益州後，派李嚴當太守，封興業將軍。

劉備到漢中與曹操對抗時，蜀國大後方發生動亂，盜賊馬秦、高勝聚眾數萬人造反，李嚴不通報劉備，也不動用官兵，只集合了五千民兵，便平定馬秦、高勝的動亂，亂兵死傷慘重，星散流離，殘存的餘黨各自逃回家中，不敢再出來鬧事。不久，四川的少數民族聚兵包圍縣市，李嚴立刻前往營救，順利驅散對方。這些功勞，給李嚴帶來不少加分效果，劉備回來後，加封他爲輔漢將軍。三年後，晉升爲尙書令。

劉備征討東吳失敗，臨死前託孤，囑咐諸葛亮和李嚴爲顧命大臣，共同輔佐劉禪。這是李嚴這輩子最重要的一刻，他從基層出身，多年來靠著自身的能力，慢慢爬升到僅次於諸葛亮的位置，沒有運氣成分，純粹是埋頭苦幹而來的。諸葛亮也很器重他，每次出兵北伐時，就將後方的國事與補給事宜交他辦理，有次遇到魏國曹眞來攻，甚至派李嚴親自帶兵前往抵禦。李嚴曾在寫給孟達的信中說：「吾與孔明俱受寄託，憂深責重，思得良伴。」諸葛亮寫信給孟達時也說：「部分如流，趨捨罔滯，正方性也。」正方是李嚴的字，諸葛亮在這裡盛讚他辦事又快又準，不會拖泥帶水。談到這裡，我們不得不佩服諸葛亮的人際手腕，他雖然貴爲一國宰相，卻不以權勢威嚇別人，而是眞誠與人交心，因此君臣都喜歡他、尊敬他，他在蜀國之內根本沒有敵人或對手。

可惜的是，李嚴沒有好好把握機會，西元二三一年的一次說謊，斷送他自己的前途。當年春天，諸葛亮率軍北伐，頗爲順利，已經進軍到祁山了，唯獨物資有匱乏的現象，特別吩咐李嚴加緊運送。夏秋之際，四川下起綿綿大雨，天雨路滑，補給部隊「運糧不繼」，李嚴害怕諸葛亮責怪他，居然異想天開，派參軍狐忠、督軍成藩去叫諸葛亮撤軍；諸葛亮以爲後方有事，於是舉軍撤回。李嚴聽說諸葛亮撤軍了，更加擔心害怕，又裝瘋賣傻，一方面遣人送信問諸葛亮：「軍糧還很充足啊，你爲什麼要無緣無故回來呢？」一方面上疏劉禪，說諸葛亮撤軍的目的，是想誘敵深入，好加以迎頭痛擊。爲了替自己開脫運糧不繼的罪名，李嚴竟在兩邊說謊，結果當然是捅了更大的蜂窩！

諸葛亮回成都後，發現事有蹊蹺，下令徹查。徹查的主要方向是李嚴寫給諸葛亮和劉禪的信；兩相對照之下，果然牛頭不對馬嘴，李嚴「辭窮情竭」，無話可說，只好俯首認罪。諸葛亮大怒，向劉禪參了李嚴一本，內容的重點是：

自先帝崩後，平（按：幾年前，李嚴已經改名爲平。）所在治家，尚爲小惠，安身求名，無憂國之事。臣當北出，欲得平兵以鎭漢中，平窮難縱橫，無有來意，而求以五郡爲巴州刺史。去年臣欲西征，欲令平主督漢中，平說司馬懿等開府辟召。臣知平鄙情，欲因行之際逼臣取利也，是以表平子豐督主江州，隆崇其遇，以取一時之務。平至之日，都委諸事，群臣上下皆怪臣待平之厚也。正以大事未定，漢室傾危，伐平之短，莫若褒之。然謂平情在於榮利而已，不意平心顚倒乃爾。若事稽留，將致禍敗，是臣不敏，言多增咎。

諸葛亮在文中的口氣很明顯是極其憤怒的，細數李嚴多年來的罪過，包括劉備死後，李嚴不知道要「憂國」，只知道以顧命大臣的身份來「取利」，一下要這個，一下要那個，需索無度，而他一一應允，還拔擢了李嚴的兒子李豐。朝中大臣怪他對李嚴那麼好，他本來認爲國家尚未安定，要多看李嚴優點，少看缺點。沒想到李嚴不只貪心，這次還顛倒是非，實在太可惡了。諸葛亮參李嚴這一本後，意猶未盡，或者應該說是餘怒未消，又參了第二本：

平爲大臣，受恩過量，不思忠報，橫造無端，危恥不辦，迷罔上下，論獄棄科，導人爲姦，（狹情）情狹志狂，若無天地。自度姦露，嫌心遂生，聞軍臨至，西嚮託疾還沮、漳，軍臨至沮，復還江陽，平參軍狐忠勤諫乃止。今篡賊未滅，社稷多難，國事惟和，可以克捷，不可苞含，以危大業……輒解平任，免官祿、節傳、印綬、符策，削其爵土。

第一本專談李嚴過去犯的錯誤，第二本則明確指出要廢其官職，貶爲平民。以諸葛亮平日用法之嚴，這次沒殺李嚴的頭，算是法外開恩了。諸葛亮嚴辦了李嚴後，寫封信給李嚴的兒子李豐說：

「吾與君父子戮力以獎漢室，此神明所聞，非但人知之也。表都護典漢中，委君於東關者，不與人議也。謂至心感動，終始可保，何圖中乖乎！昔楚卿屢絀，亦乃克復，思道則福，應自然之數也。願寬慰都護，勤追前闕。今雖解任，形業失故，奴婢賓客百數十人，君以中郎參軍居府，方之氣類，猶爲上家。若都護思負一意，君與公琰推心從事者，否可復通，逝可復還也。詳思斯戒，明吾用心，臨書長歎，涕泣而已。」

看到這裡，才發現諸葛亮眞是個面面俱到的人。他法辦了別人老爸，還要寫信對人家的兒子解釋說：我會重用你，全是看在你老爸的面子上，本來以爲你老爸會因此學乖，沒想到變本加厲！希望你引以爲戒，好好跟蔣琬學習，以後也許可救你老爸。李豐讀了這封信，不知會作何感想。

在一般的情況下，家中有人犯罪，家人多半會受到牽連或歧視，然而諸葛亮卻將罪犯和罪犯家屬分開處理，並且對罪犯家屬循循善誘，加以開導，這是很不簡單的。他的動作這樣細膩，連帶也讓失官的李嚴不但沒有怨恨，還心懷感激，期待有一天諸葛亮能夠重新起用他。在李嚴看來，也只有諸葛亮能再度重用他，其他人都不可能的。爾後，當諸葛亮死的消息傳來，李嚴知道自己沒有東山再起的機會了，痛哭不已，抑鬱成疾，不久就發病而死。他的兒子李豐果然長進得很，後來當到了太守，對蜀國也有不小的貢獻。有人說，諸葛亮「可謂能用刑矣，自秦、漢以來未之有也」，的確不錯。刑罰雖是用來懲戒人的，但懲戒的目的在於使人改過遷善，而不是製造更大更多的對立、仇恨、隔離等等，諸葛亮眞的做到了，眞了不起！

■生錯時代，大難臨頭：廖立

廖立是荊州武陵人，劉備佔領荊州後，拉拔他爲長沙太守，當時他未滿三十歲，可謂英雄出少年。劉備帶龐統、魏延等人到益州時，將荊州交給諸葛亮管理，孫權派人來跟諸葛亮拉關係，順便詢問荊州有哪些了不起的人才，諸葛亮回信說：「龐統、廖立，楚之良才，當贊興世業者。」將廖立與龐統相提並論，這是很不得了的稱許，可見廖立的才幹一定很高，才能這樣深得劉備和諸葛亮的信賴。

但廖立沒有好好表現，在當了六年長沙太守後，出現了嚴重的失職。當時孫權派呂蒙偷襲荊州的長沙、桂陽、零陵三郡，零陵太守郝普雖不知名，但很帶種地堅守不降，而深受劉備、諸葛亮賞識的廖立，卻不戰而逃，還厚著臉皮到益州見劉備。劉備向來都是很厚待他的，並沒有怪罪，又讓他當巴郡太守；四年後，升任侍中。

劉備這樣寵他，使廖立產生幻覺，認為自己「才名宜為諸葛亮之貳」，前途無量。劉備逝世、劉禪即位後，廖立自認應該是蜀國的第一、二把交椅，沒想到只「分到」長水校尉一職，甚至比李嚴等人的地位還低，令他大失所望。失望之餘，常口出狂言，有一次李邵和蔣琬去拜訪他，他趁機大肆批評，蜀國上下的人幾乎都被他罵光了。他說：「當年我當長沙太守時，呂蒙來犯，先帝（劉備）不去搶漢中，卻跟東吳爭奪長沙、桂陽、零陵三郡，勞師動眾又徒勞無功，實在不智。如果曹操大將張郃、夏侯淵在那時候趁虛而入，別說漢中，先帝就連益州也會保不住。先帝後來去攻打漢中，害關羽將軍死在荊州，白白丟了一員大將和一州土地。」廖立老實不客氣地將劉備臭罵一番，意猶未盡，轉而批評其他人，說關羽「怙恃勇名」，帶兵根本亂無章法，一意孤行，最後活該被殺！說向朗、文恭這些大臣只是「凡俗之人」，文恭做事毫無綱紀，向朗以前亂捧馬良兄弟是聖人，如今擔任一個小小的長史，算是能力的極限了。又說郭演長只是個小跟班而已，成不了大事，居然當到侍中，這世界還有天理嗎？我國目前虛弱得很，居然還重用這些無能之人，前途堪憂啊。又說王連的能力不佳，使「百姓疲弊，以致今日」。

廖立拉拉雜雜地抱怨這麼多，所言對錯當然見仁見智。如果他生於今日，也許還會是個稱職的在野黨或異議份子，可是他處在言論不自由的古代，尤其是執法嚴格的三國時代，這種議論是倒大楣的罪。不久後，他被李邵、蔣琬這兩個證人一狀告到諸葛亮那裡去，諸葛亮參了他兩本：

第一本說：「長水校尉廖立，坐自貴大，臧否群士，公言國家不任賢達而任俗吏，又言萬人率者皆小子也；誹謗先帝，疵毀眾臣。人有言國家兵眾簡練，部伍分明者，立舉頭視屋，憤吒作色曰：『何足言！』凡如是者不可勝數。羊之亂群，猶能為害，況立託在大位，中人以下識眞僞邪？」指斥廖立比害群之羊更嚴重。第二本則說：「立奉先帝無忠孝之心，守長沙則開門就敵，領巴郡則有闇昧闒茸其事，隨大將軍則誹謗譏訶，侍梓宮則挾刃斷人頭於梓宮之側。陛下即位之後，普增職號，立隨比為將軍，面語臣曰：『我何宜在諸將軍中！不表我為卿，上當在五校！』臣答：『將軍者，隨大比耳。至於卿者，正方亦未為卿也，且宜處五校。』自是之後，怏怏懷恨。」

從以上兩本，再對照起諸葛亮細數李嚴罪過的篇章，我們發現諸葛亮在執法時，似乎有「清算舊帳」的習慣。也就是說，李嚴、廖立明明是因某事犯了某罪，但諸葛亮總會「順便」將他們以前的疏失一併舉發，條列出來，洋洋大觀，猶如放榜，好像這人果眞罪孽深重一樣。廖立既然被諸葛亮說得如此可惡，劉禪自然「從善如流」，下一道命令：「三苗亂政，有虞流宥，廖立狂惑，朕不忍刑，亟徙不毛之地。」於是，廖立的下場跟李嚴一樣，被廢為民，遷徙到偏遠的少數民族群居地汶山。到了汶山後，他很安分老實，跟老婆辛苦地耕作，自給自足。諸葛亮死時，廖立的反應跟李嚴很像，痛哭一場，說：「吾終為左衽矣。」嘆息自己不可能再回朝為官了。多年後，姜維經過汶山，特地去拜訪廖立，他「意氣不衰，言論自若」，一如當年。

■不該姓劉，早該逃走：劉封

劉封原本不姓劉，而姓寇，他的媽媽才姓劉。劉備逃難到荊州時，還沒生下劉禪，便收劉封為養子。劉備到益州時，劉封才二十多歲，「有武藝，氣力過人」，跟隨諸葛亮、張飛溯江去幫劉備的忙，開始嶄露頭角。益州平定後，他受封爲副軍中郎將。

不久，劉備派孟達奪取魏國的上庸，怕孟達勢單力薄，於是加派劉封從水路助陣，兩人在上庸會合。上庸太守申耽聽到蜀兵前來，舉城投降。劉封因功升遷爲副軍將軍，與孟達合力鎮守上庸。就在此時，正與曹操軍隊在樊城大戰的關羽，突然遭到東吳趁虛而入，丟了荊州，敗走麥城，岌岌可危之際，急忙派人向劉封、孟達求助，羅貫中的《三國演義》對這段經過有精彩描寫：

正議間，忽報吳兵已至，將城四面圍定。（關）公問曰：「誰敢突圍而出，往上庸求救？」廖化曰：「某願往。」關平曰：「我護送汝出重圍。」關公即修書付廖化藏於身畔。飽食上馬，開門出城。正遇吳將丁奉截往，被關平奮力衝殺，奉敗走，廖化乘勢殺出重圍，投上庸去了。關平入城，堅守不出。且說劉封、孟達自取上庸，太守申耽率爲歸降，因此漢中王加劉封爲副將軍，與孟達同守上庸。當日探知關公兵敗，二人正議間，忽報廖化至。封令請人問之。化曰：「關公兵敗，現困于麥城，被圍至急。蜀中援兵，不能旦夕即至。特命某突圍而出，來此求救。望二將軍速起上庸之兵，以救此危。倘稍遲延，公必陷矣。」封曰：「將軍且歇，容某計議。」化乃至館驛安歇，專候發兵。劉封謂孟達曰：「叔父被困，如之奈何？」達曰：「東吳兵精將勇；且荊州九郡，俱已屬彼，止有麥城，乃彈丸之地；又聞曹操親督大軍四五十萬，屯于摩陂：量我等山城之爲，安能敵得兩家之爲兵？不可輕敵。」封曰：「吾亦知之。奈關公是吾叔父，安忍坐視而下救乎？」達笑曰：「將軍以關公爲叔，恐關公未必以將軍爲侄也。某聞漢中王初嗣將軍之時，關公即不悅。後漢中王登位之後，欲立後嗣，問於孔明，孔明曰：『此家事也，問關、張可矣。』漢中王遂遣人至荊州問關公，關公以將軍乃螟蛉之子，不可僭立，勸漢中王遠置將軍于上庸山城之地，以杜後患。此事人人知之，將軍豈反不知耶？何今日猶沾沾以叔侄之義，而欲冒險輕動乎？」封曰：「君言雖是，但以何詞爲之？」達曰：「但言山城初附，民心未定，不敢造次興兵，恐失所守。」封從其言。次日，請廖化至，言此山城初附之所，未能分兵相救。化大驚，以頭叩地曰：「若如此，則關公休矣！」達曰：「我今即往，一杯之水，安能救一車薪之火乎？將軍速回，靜候蜀兵至可也。」化大慟告求，劉封、孟達皆拂袖而入。廖化知事不諧，尋思須告漢中王求救，遂上馬大眾出城，望成都而去。

精彩歸精彩，劉封、孟達果眞拒絕關羽的求助，但他們兩人拒絕的理由，並不是像羅貫中寫的那樣，什麼當初關羽阻止劉備收劉封爲養子啦，後來又反對立劉封爲太子啦，因此劉封要公報私仇云云。這些全是造謠、胡扯，根本沒這回事。原因是關羽人緣太差，將蜀國上下的人都得罪光了，劉封、孟達便以剛剛平定上庸，人心還未安定下來，以他們不宜擅離職守爲由，婉拒了關羽的請求。其實，在此之前，劉封、孟達曾派兵前去支援正在與魏國作戰的關羽，但關羽太驕傲了，認爲不需要，將援軍全都趕回去，最後兵敗被殺，坦白說，是咎由自取。

不過，以關羽和劉備的交情之深，劉封見死不救，劉備必定懷恨在心，劉封的倒楣只是時間早晚而已。很巧的是，劉封和孟達居然起了內訌，劉封甚至公然搶了孟達的東西。孟達氣不過，又覺得劉備不會放過他不救關羽的那筆帳，於是帶著手下投降魏國。魏文帝曹丕很欣賞孟達的「姿才容觀」，非常重用他，又派他和夏侯尚、徐晃等人偷襲劉封，準備搶奪上庸。孟達想不戰而勝，便寫信勸降，信中極力挑撥劉封和劉備的關係，說：「今足下與漢中王，道路之人耳，親非骨血而據勢權，義非君臣而處上位，征則有偏任之威，居則有副軍之號，遠近所聞也。自立阿斗爲太子已來，有識之人相爲寒心。」他故意要對劉封說，劉備和你沒有血緣關係哦，又立劉禪爲太子了，以後你要如何自處呢？

這番話滿有說服力的，奇怪的是，劉封居然不爲所動。

儘管劉封不爲所動，但上庸的內部已經動起來了，當初投降蜀國的申耽、申儀父子正式窩裡反，劉封在內外夾攻之下，只好放棄上庸，逃回成都。他一回成都，無疑是自投羅網。果然，劉備指責他犯了三個錯誤：不救關羽、欺負孟達、丟了上庸。諸葛亮在一旁出點子，他認爲劉封個性「剛猛」，劉備死後，恐怕很難有人能加以「制御」。基於這種考量，諸葛亮建議劉備趁這個機會除掉劉封。劉備心裡有點捨不得，但爲了維護軍紀，也爲了劉禪以後著想，只好忍痛對劉封賜死，要他自殺。劉封嘆息不已，後悔沒聽孟達的勸告。劉封死時，劉備爲之痛哭流涕。

諸葛亮的顧慮不無道理。魏蜀吳三國之中，蜀國最爲弱小，實在沒有本錢內訌。加上劉封又是劉備的養子，地位有點尷尬，既不像劉禪那樣名正言順，又較一般人和劉備來得親近，如果哪天劉封起來鬧事，尾大不掉，蜀國立國的基礎就會動搖。

■堅不吐實，死不認錯：彭羕

彭羕是個長人，和諸葛亮一樣，都有一米八十的身高，「容貌甚偉」。他很有才華，但「姿性驕傲，多所輕忽」，太跩了，看誰都很沒用，唯獨敬重同郡的秦宓，曾向太守許靖推薦秦宓。

彭羕一開始在劉璋手下做事，只是個文書小官，又因爲人緣太差，遭人在劉璋面前毀謗，貶爲奴隸。劉備進入益州時，彭羕覺得自己的機會來了，前去拜訪龐統。龐統不認識彭羕，現場又有其他的客人，一開始沒理他，彭羕直接坐到龐統身旁，一起吃飯說話，從白天說到晚上。龐統「大善之」，立刻推薦給劉備，加上法正以前就聽過彭羕的大名，四處加以美言。這下子彭羕「抖」起來了，開始受到劉備的重視，派去宣導各種政令，傳達各種消息，他都幹得很好，「識遇日佳」。

劉備攻佔益州後，破格提拔彭羕，這也讓彭羕有了幻覺，《三國志》對此的描述很生動，說他「一朝處州人之上，形色囂然，自衿得遇滋甚」，四處炫耀。這種姿態，跟廖立還眞像，當然下場也不會不同到哪裡去。諸葛亮見彭羕這副德行，心裡也很掙扎：這是個優秀人才，卻不懂自愛，該用該廢呢？幾經長考，諸葛亮做了決定。他在表面上仍然對彭羕十分客氣有禮，私底下屢次告訴劉備，說彭羕「心大志廣，難可保安」，繼續重用的話，後患無窮。劉備向來敬重、採信諸葛亮的建議，於是慢慢疏遠彭羕，最後調他出去做江陽太守。

如果彭羕乖乖就任去，也許什麼事都不會發生了，偏偏他「私情不悅」，一肚子火，臨行前跑去拜訪馬超，禍從口出。一開始馬超對他說：「你才具秀拔，優秀得很，主公對你相當看重，曾說以你的能力，應該跟諸葛亮、法正他們平起平坐。怎麼你現在會被調去小地方當太守呢？實在太讓人意外了！」馬超的這番話，原本是一番好意，想用來安慰彭羕，不料彭羕會錯意，當場痛罵起來：「劉備只是個亂七八糟的老兵，我跟他沒什麼好說的！」馬超聽了，爲之一愣。彭羕又突發奇想，建議馬超：「你負責外面，我擺平裡面，你我合作，天下還會搞不定嗎？」馬超本非劉備的舊屬，新加入不久，最怕別人說他有異心，如今聽了彭羕這種帶有「強烈暗示性」的話，當場嚇壞了，「默然不答」。彭羕離開後，馬超立刻出面檢舉，於是彭羕鋃鐺入獄。

彭羕在獄中寫封信給諸葛亮，自我辯解。他不寫給其他人，而只寫給諸葛亮，可見認爲諸葛亮會瞭解他的。這封信很有價值，宜分成幾部分詳談。信的一開始他說：「僕昔有事於諸侯，以爲曹操暴虐，孫權無道，振威闇弱，其惟主公有霸王之器，可與興業致治，故乃翻然有輕舉之志。」簡單說明了自己不投靠曹操、孫權和劉璋（劉璋受朝廷封爲振威將軍），是因爲看中了劉備有「霸王之器」，值得信賴。彭羕好像忘了，他並非那麼有眼光的，在劉璋底下做事那段歷史怎麼解釋呢？「會公來西，僕因法孝直自衒鬻，龐統斟酌其間，遂得詣公於葭萌，指掌而譚，論治世之務，講霸王之義，建取益州之策，公亦宿慮明定，即相然贊，遂舉事焉。」扼要回憶當年投效劉備的經過，包括法正和龐統的推薦，他才得與劉備對談「霸王之義建取益州之策」，深獲肯定。

說完了往事，當然就要解釋自己的心態了，他說：「僕於故州不免凡庸，憂於罪罔，得遭風雲激矢之中，求君得君，志行名顯，從布衣之中擢爲國士，盜竊茂才。分子之厚，誰復過此。羕一朝狂悖，自求葅醢，爲不忠不義之鬼乎！先民有言，左手據天下之圖，右手刎咽喉，愚夫不爲也。況僕頗別菽麥者哉！」他特別強調自己是很識相的，懂得知恩圖報。承蒙劉備厚待他，「分子之厚」劉備表示對他像對自己的兒子一樣好，他肝腦塗地加以回報都來不及了，怎麼會沒事找死呢？彭羕在這段提到自己「不免凡庸」，未免失之矯情，大概忘了自己平常是怎麼跩的，那樣子會是自認「凡庸」嗎？

接下來的辯解最好笑，他說：「所以有怨望意者，不自度量，苟以爲首興事業，而有投江陽之論，不解主公之意，意卒感激，頗以被酒，侻失『老』語。此僕之下愚薄慮所致，主公實未老也。且夫立業，豈在老少，西伯九十，寧有衰志，負我慈父，罪有百死。」他自稱當時不瞭解劉備將他外放江陽太守的用意，加上和馬超見面時喝了些酒，才不小心罵了劉備兩句。彭羕又狡辯，說劉備一點也不老！而且老不老絕非重點，周文王九十歲還老當益壯！這樣說還不夠，彭羕還稱劉備爲「慈父」。眞是越來越噁心，很像跪地求饒時所說的「爺爺饒命」！

好吧，就算罵劉備是老兵這件事是誤會一場，那麼你「負責外面，我擺平裡面」這句我內你外的話，又該怎麼解釋呢？彭羕說：「至於內外之言，欲使孟起（馬超字）立功北州，戮力主公，共討曹操耳，寧敢有他志邪？孟起說之是也，但不分別其間，痛人心耳。」他解釋說，他的確有講過那些話，但馬超想太多了，曲解他的意思，讓他好痛心！他只是想鼓勵馬超去討伐曹操而已，動機很單純，並沒有其他不良企圖。呵呵，彭羕這樣硬拗，誰能信？馬超老爸馬騰死在曹操手中，這是眾所皆知的事情。面對這樣的殺父仇人，馬超還需要彭羕的鼓勵，才會想殺曹操嗎？彭羕敢說不敢當，死到臨頭還強詞奪理，實在令人感嘆。

在信的末段，爲了對諸葛亮動之以情，彭羕寫了十分感性的句子：「昔每與龐統共相誓約，庶託足下末蹤，盡心於主公之業，追名古人，載勳竹帛。統不幸而死，僕敗以取禍。自我墮之，將復誰怨！足下當世伊、呂也，宜善與主公計事，濟其大猷。天明地察，神祇有靈，復何言哉！貴使足下明僕本心耳。行矣努力，自愛，自愛！」大意是說，我當年跟龐統發過誓，要追隨你的腳步，效忠劉備，以流傳千古。龐統不幸先過世了，我則咎由自取，怪不得別人！你是當代的偉人，要好好自愛，認眞替主公辦事。我寫這封信，只是想讓你瞭解我的本心，沒有別的意思……。

說眞的，如果單看這段內容，很多人都會爲彭羕掬一把同情的眼淚吧。不過，只要將他的所作所爲，搭配這封信一起看，一定會起雞皮疙瘩。如果他眞能坦白認錯，信中要後人以他爲戒，也許還會令人佩服，但是他偏偏是另一種口氣，好像是死不認錯的死刑犯對法務部長說：你要好好幹喔，別讓我失望！彭羕說這種話，根本是荒謬透頂的。諸葛亮沒有上當，彭羕最後還是被處死了，死時才三十七歲，說可惜嗎？好像又有點活該。

■用鞋子打老婆的怪人：劉琰

劉琰和諸葛亮一樣，都是山東人。劉備見他與自己同姓，風度翩翩，又「善談論」，對他十分敬重，不時帶在身邊聊天。不過，劉琰的優點很有限，僅於這樣而已，他在劉備團隊中，始終都是「賓客」的角色。但由於他是資深老部屬，德高望重，劉備平定益州後，派他當固陵太守。劉禪即位後，「黨國元老」的劉琰地位高漲，僅次於諸葛亮，跟李嚴平起平坐。他的官位雖高，和簡雍、糜竺等人沒有兩樣，有官無權，與現在的總統府資政、國策顧問無異。表面上他是車騎將軍，也領兵千餘人，實際上毫無實權，「隨丞相（諸葛）亮諷議而已」。也因為如此，他的生活重心完全擺在吃喝玩樂上，「車服飲食，號為侈靡」。最好笑的是，他還要求手下幾十個奴婢都要會唱歌跳舞，還得把〈魯靈光殿賦〉背熟。靈光殿是西漢景帝的兒子劉餘在山東建造的宮殿，又奢侈又華麗，作家王逸寫了一篇賦，加以讚嘆。劉琰對劉餘那種「境界」很嚮往，時常唱詠這篇賦。

西元二三二年，劉琰和魏延起了口角衝突，諸葛亮認為劉琰「言語虛誕」，把他責備一頓。劉琰事後很懊悔，寫了封信向諸葛亮認錯：「琰稟性空虛，本薄操行，加有酒荒之病，自先帝以來，紛紜之論，殆將傾覆。頗蒙明公本其一心在國，原其身中穢垢，扶持全濟，致其祿位，以至今日。閒者迷醉，言有違錯，慈恩含忍，不致之于理，使得全完，保育性命。雖必克己責躬，改過投死，以誓神靈；無所用命，則靡寄顏。」信中坦承自己有酗酒習慣，常常犯錯，希望諸葛亮能原諒他。諸葛亮見他頗有悔意，沒動他的官位，他又繼續奢侈糜爛的生活。

過了兩年，不知道是縱欲過度還是生活苦悶，劉琰突然精神失常，整天疑神疑鬼，很有可能得了

「被迫害妄想症」。剛好在這年正月，他的老婆胡氏進宮向太后賀喜，被太后留下一個多月才放出來，劉琰懷疑自己這個美麗老婆可能跟劉禪通姦，於是叫手下士兵痛毆之，這樣還不夠，又拿鞋子打她的漂亮臉蛋。最後乾脆一不做二不休，休掉了胡氏。胡氏有太后當靠山，到法院控告劉琰涉及婚姻暴力。法院判決劉琰有罪，罪名還眞奇怪：「卒非撾妻之人，面非受履之地。」意思是說，阿兵哥不是你能叫來打老婆的，臉也不是鞋子能踏的地方。言下之意，好像是說你可以打老婆，但不可叫別人打，應該親自動手；也不可以用鞋子打，而該用棍子打。這種罪名眞叫人匪夷所思！劉琰因此丟了性命。朝廷爲了避免類似的事情再度發生，從此嚴禁官員的老母和老婆進宮賀喜。諸葛亮在這次事件中，完全沒有出來說話。如果他想拉劉琰一馬，劉琰是可以逃過一死的。面對那奇怪的罪名，諸葛亮是默許了。

■不爭氣、沒出息的自己人：董厥、諸葛瞻

董厥是諸葛亮的親信，諸葛亮十分看好他，曾以「良士」讚美他，說「吾每與之言，宜愼宜適」。在這樣的品質保證之下，諸葛亮死後，董厥一路走紅，成爲蜀國晚期的重臣，當過尚書令、大將軍等要職。自從兇巴巴的董允過世，劉禪開始寵信黃皓等小人，以當時董厥的能力與職位，是可以阻止的，但他沒有，反而任由那股貪贓枉法、小人當道的風氣蔓延下去，諸葛亮地下有知，應該會後悔不已。

諸葛瞻是諸葛亮的長子，諸葛亮五十四歲那年，最後一次北伐曹魏，曾在途中寫信給老哥諸葛謹，提到「瞻今已八歲，聰慧可愛，嫌其早成，恐不爲重器爾」。諸葛瞻年紀還小的時候，諸葛亮已

經擔心這小朋友長大後會「少年得志大不幸」，難成大器。當然，諸葛亮忙於國事，無暇好好照顧自己的兒子，他的那番預言後來果眞不幸言中。這小毛頭十七歲時，便娶了劉禪的女兒，成爲駙馬爺。自古以來，駙馬爺的任務是當「種豬」，負責替皇家「播種」而已，鮮少能得到朝廷重用。但諸葛瞻不同，他是諸葛亮的兒子，而蜀國人又很懷念諸葛亮生前的德政，產生移情作用，他集各種期許、幻想於一身，很快在政壇上竄紅，年紀輕輕就一路爬升到侍中、尚書僕射、軍師將軍等要職。加上很會書法與畫畫，記憶力又好，蜀國人「咸愛其才敏」。最妙的是，每當朝廷做了好事，雖跟諸葛瞻無關，老百姓也會爭相走告說：「那是諸葛丞相家公子的點子。」因此，陳壽說他「美聲溢譽，有過其實」，當年諸葛亮擔心的不無道理。

蜀國晚期，人才凋零，姜維時常在外打仗，朝廷的大任就落在董厥和諸葛瞻身上。這兩人雖然大權在握，對蜀國卻沒有什麼實質的幫助，又不能矯正黃皓帶來的亂象，甚至還想阻止姜維北伐，實在有負諸葛亮的苦心栽培與期待。西元二六三年，魏國派兵攻蜀，諸葛瞻率軍到綿竹抵禦鄧艾，但他的等級差老爸太多了，根本不是鄧艾的對手，他和兒子諸葛尙都死在沙場上。諸葛尙死前很後悔地說：「我和老爸都受到國家的重用，卻不能及早剷除黃皓，搞成今天的局面，我們還有臉活下去嗎？」這番懺悔，很可看出諸葛瞻的失職。

■臉皮奇厚的賣國老賊：譙周

諸葛亮一生提拔人才無數，雖然有幾次看走眼的紀錄，但譙周應該是其中最嚴重的，這長壽的老頭直接導致蜀國的夭折，說他是蜀國的「禍害」，並不爲過。

譙周只個書呆子，讀古書會讀到「欣然獨笑，以廢寢食」。諸葛亮見他學問不錯，將他拉來朝中當官。譙周的口才很差，諸葛亮初次見他時，旁邊幾個手下都聽得哈哈大笑，事後有人建議把這幾個「沒禮貌」的傢伙移送法辦，諸葛亮說：「我自己都很想笑了，何況是其他人？」

諸葛亮死後，譙周開始寫文章散佈反戰思想，他的最主要論點是：蜀國太小，魏國太大，不宜以卵擊石。他大概忘了當年蜀漢爲何要建國的？不正是曹丕篡漢，因此劉備才以「復興漢室」爲號召嗎？這個目標，一直是蜀漢建國的基本國策，從劉備到諸葛亮到姜維，都沒有變更，也不能變更，否則立國的合理性就喪失了。譙周在諸葛亮生前不敢作聲，在姜維當政時才拼命扯後腿，又寫〈仇國論〉表明反對到底的立場，這對姜維的北伐事業帶來很大的傷害。但譙周的可惡不僅於此。魏國大將鄧艾來攻，圍困成都時，以當時的戰況來看，蜀國有三條路可走，上策是堅守成都，讓鄧艾絕糧而退，中策是轉進南部的大城建寧，下策是投靠孫權。但譙周提出了下下策的餿點子，勸劉禪投降，劉禪眞的照做了，正在前線作戰的將士得知消息後，無不氣得拔刀砍石！

後人提到這段歷史，不禁感慨萬千，最感無奈的是，蜀國的賢臣良將都短命而死，而最長壽的譙周卻是個賣國賊，造化弄人，又該怎麼說呢？諸葛亮當初提拔譙周時，怎麼會想到這傢伙是個牆頭草？我們都是事後諸葛，僅能嘆息而已。

【第四篇】

縱橫沙場的訣竅

以小搏大

劉備死後，諸葛亮當政十一年，對魏蜀交接的關隴地帶共用兵六次。後人習慣說諸葛亮六出祁山，其實是五次進攻，一次防禦。至於戰場，有四次是在隴山以西的甘肅境內，兩次在漢中。這六次的戰爭分別是：

一、西元二二八年春天，街亭之役。
二、西元二二八年年底，陳倉之役。
三、西元二二九年春天，武都、陰平之役。
四、西元二三〇年七月，曹眞攻漢中之役。
五、西元二三一年二月，上邽、鹵城之役。
六、西元二三四年二月，五丈原之役。

當時天下共十三州，蜀漢僅有益州，東吳佔有荊、揚、交、廣四州，曹魏佔有司隸、豫、冀、袞、徐、青、荊、揚、雍、涼、并、幽十二州。其中東吳佔荊、揚二州大部份，曹魏佔荊、揚、涼三州小部份。以郡來看，魏佔漢朝五十四郡，蜀漢佔十一郡，約爲五比一之數；蜀漢除了漢中、巴、蜀、廣漢、犍爲五郡外，其他多爲蠻荒之地。這樣明顯的大小差異，若要說天下三分，其實是抬舉了蜀國。再看三國兵力：蜀漢平時約有十餘萬士兵，全盛時期如諸葛亮守祁山時，用十二萬將士分成兩班，輪番把守要地，前線有八萬，後方有四萬，而蜀漢滅亡時，僅存十萬二千軍隊。至於曹魏，在西元二五七年左右諸葛誕作亂時，全國有六、七十萬大軍，平常約有四、五十萬人。這樣明顯的強弱差別，若要說蜀漢能恢復漢室，誰都不會相信。

■為何而戰？

雖然如此，諸葛亮仍連年率軍北伐，到底爲什麼？我們可由〈後出師表〉一窺端倪：「先帝慮漢、賊不兩立，王業不偏安，故託臣以討賊也。以先帝之明，量臣之才，故知臣伐賊，才弱敵強也。然不伐賊，王業亦亡。惟坐待亡，孰與伐之。是故託臣而弗疑也」。這是諸葛亮闡述劉備亡故後，蜀國對敵應採取之態度，亦說明了爲何諸葛孔明會選擇「以小搏大」、「以攻爲守」的作爲，把戰火引向曹魏，決戰於蜀國境外，明知徒然無功，還是要拼一拼，結果雖然一樣，意義卻截然不同，使蜀漢能勉強支撐了偏安一隅的局面。明知敵強己弱，但若圖存「偏安」的心態，必將使敵方勢力擴大、坐大，加上自己本來就弱，雙方的差距將愈來愈大。諸葛亮還說：「今民窮兵疲，而事不可息；事不可息，則住與行，勞費正等。」意即現在人民窮困、軍隊疲憊，可是討賊的事絕不可中止，那麼攻戰和防守，勞苦與費用正是相等。也就是說人民與軍隊在攻、守方面都要付出相當代價，應發動攻勢戰爭，以爭取較有利之形勢，不可在等待中消耗已見弱小的財力。

這種動作，也是一種擾敵或耗敵的方法。當時的形勢是魏強蜀弱，即使吳蜀聯盟，也只能勉強與魏國匹敵。所以諸葛亮了解到，除非魏國缺乏人才，否則以蜀國的力量，想藉幾次北伐來消滅魏國，這是非常不切實際的想法。務實的做法是先慢慢消耗敵人實力，等到對方疲憊，露出致命破綻，再一舉消滅之。

這種耗敵戰略的「教科書」是春秋時代吳國的孫武伐楚之役。當時吳國小、楚國大，孫武先以游擊戰術擾亂楚國邊境，而楚國國土大，大軍千里迢迢來到邊境時，吳國軍隊早已躲起來了，楚軍只好撤退，孫武再派兵騷擾楚境。楚國被這種敵進我退、敵退我進的游擊戰所困，造成軍隊疲於奔命，邊疆騷動不安，國力損耗，最後被吳國二次攻入國都，要不是秦國出兵解救，早就滅亡了。春秋吳國和蜀漢的背景非常類似，皆是敵大我小，諸葛亮北伐就是效法孫武的游擊戰術，用來消耗曹魏國力。當然時空背景不同，派少數兵力打游擊無法震驚關中，魏國只要以邊境郡守的部隊即可應付，所以諸葛亮必須虛張聲勢，派大軍正面出擊。

很可惜的是，蜀國上下能瞭解諸葛亮這種想法的，只有姜維一人，其他人在諸葛亮死後，無不抱持偏安的態度。最有代表性的是費禕，他多次阻止姜維北伐，理由是：「吾等不如丞相亦已遠矣；丞相猶不能定中夏，況吾等乎！且不如保國治民，謹守社稷，如其功業，以俟能者，無爲希冀徼幸，決成敗於一舉。若不如志，悔之無及。」黎東方說自己對費禕「實在難有好感」，也是這個原因。黎氏認爲，「費禕可說是蔣琬的信徒，卻不是諸葛亮遺志的執行者。他甚至並未瞭解什麼叫做『以攻爲守』」。什麼叫「以攻爲守」？《孫子兵法》上有句話說：「守則不足，攻則有餘。」這句話很容易被誤解成「兵力不足時就守，兵力有餘時才攻」，事實上，孫子的本意應該是：老是守，越守兵力越不足；如果敢攻，就會覺得兵力很夠用。這個道理並不難懂，因爲守的一方是被動，不能預測敵人將向我方哪一點進攻，因此不得不處處設防，「備多則力分」，兵力分散了，一旦發生狀況，只能挨打。反過來說，我方若敢攻，而且搶先去攻，只需集中力量，專攻敵人某一點，就不會覺得自己的兵力不夠。

諸葛亮的看法也正是如此，他用決戰境外的方法來困擾魏國。蜀國出動大軍當然也會消耗不少物質，但相對來講，魏國的損傷更大。因爲攻擊者有主動優勢，相關準備充分；防禦者匆忙應戰，軍資後勤難以妥善，形成浪費；而且戰場在自己國土，人員物質常被掠劫。諸葛亮每次北伐大多相隔不久，蜀國經過一段時間建設，尚足以承受；而魏國煩不勝煩、疲於奔命；甚至因不堪其擾，在西元二三〇年主動派大軍伐蜀，後因大雨等因素中途折返，可見諸葛亮的耗敵戰術達到效果，也同時解釋了爲什麼他每次北伐大多相隔不久。

此外，戰場既然在魏國，又能讓大家認識蜀軍的實力，達到好的宣傳效果，甚至不戰而屈人之兵！諸葛亮五次伐魏，以蠶食方法與魏國爭奪涼州州郡，不但可以奪取土地和資源，也讓當地少數民族和州郡官員了解：蜀漢用兵如神，你們如果與魏國聯合，或是抗拒蜀漢不降，便是非常不智的行爲。曹操也用過這招，他去攻打烏桓時，鮮卑族在一旁觀戰，發覺曹軍堅不可摧，便在烏桓被平定後，不戰而降曹。諸葛亮的北伐不只是要奪取有形的城鎮，更重要的是在擄獲無形的人心。北伐失利往往只是糧運不繼，並不算是失敗。蜀漢軍在涼州進退自如，魏軍莫可奈何。史書上說諸葛亮每次進攻魏國，魏國「百姓安堵」，不會將他們視爲敵人，因此才有第一次北伐時南安、天水、安定紛紛響應的場面出現。諸葛亮兵強多謀，使得司馬懿只敢躲在城寨，不敢出擊，甚至在諸葛亮病歿五丈原，蜀軍撤退時，司馬懿出兵欲追擊，姜維掉頭假裝要反擊，結果讓司馬懿嚇得跑回城寨。當地人看到了，流傳一句俏皮話：「死諸葛嚇跑活仲達（司馬懿字仲達）」，可見諸葛亮藉著北伐來建立蜀軍在當地的威望，可說是非常成功的。

諸葛亮以小搏大的另一個原因，源自於諸葛亮提出「伐惡」的主張。所謂惡，包括殘暴、忤逆者。如爲了除暴伐惡而出兵，順天應人，則理直氣壯，可產生強大的威力，獲勝的機會也相對的提高。諸葛亮認爲，弱者所從事的戰爭只要是正義的，就可能戰勝強者。「夫據道討淫（邪僞），不在眾寡」（《三國志・諸葛亮傳》裴松之注），在他看來，劉備雖然力量寡弱，但由於據有興復漢室的正道，完全可以贏得百姓簞食壺漿的歡迎，消滅邪惡，實現統一。晉朝成立後，有人問張儼：

兵者凶器，戰者危事也，有國者不務保安境內，綏靜百姓，而好開闢土地，征伐天下，未爲得計也。諸葛丞相誠有匡佐之才，然處孤絕之地，戰士不滿五萬，自可閉關守險，君臣無事。空勞師旅，無歲不征，未能進咫尺之地，開帝王之基，而使國內受其荒殘，西土苦其役調。魏司馬懿才用兵眾，未易可輕，量敵而進，兵家所慎；若丞相必有以策之，則未見坦然之動，若無策以裁之，則非明哲之謂，海內歸向之意也，余竊疑焉，請聞其說。

這段的重點在於：蜀國人少地小，照理說，諸葛亮應該防守地盤才是，他怎麼沒事就勞師動眾，出兵打沒希望的仗呢？張儼的回答是：

蓋聞湯以七十里、文王以百里之地而有天下，皆用征伐而定之。揖讓而登王位者，惟舜、禹而已。今蜀、魏爲敵戰之國，勢不俱王，自操、備時，彊弱縣殊，而備猶出兵陽平，擒夏侯淵。羽圍襄陽，將降曹仁，生獲于禁，當時北邊大小憂懼，孟德身出南陽，樂進、徐晃等爲救，圍不即解，故蔣子通言，彼時有徙許渡河之計，會國家襲取南郡，羽乃解軍。玄德與操，智力多少，士眾眾寡，用兵行軍之道，不可同年而語，猶能暫以取勝，是時又無大吳掎角之勢也。今仲達之才，減於孔明，當時之勢，異於曩日，玄德尚與抗衡，孔明何以不可出軍而圖敵邪？昔樂毅以弱燕之眾，兼從五國之兵，長驅彊齊，下齊七十餘城。今蜀漢之卒，不少燕軍，君臣之接，信於樂毅，加以國家爲脣齒之援，東西相應，首尾如蛇，形勢重大，不比於五國之兵也，何憚於彼而不可哉？夫兵以奇勝，制敵以智，土地廣狹，人馬多少，未可偏恃也。余觀彼治國之體，當時既肅整，遺教在後，及其辭意懇切，陳進取之圖，忠謀謇謇，義形於主，雖古之管、晏，何以加之乎？

這段話雖然認爲：「夫兵以奇勝，制敵以智，土地廣狹，人馬多少，未可偏恃也。」指出奇謀和智慧可以寡敵眾，但張儼所舉的例子，如商湯、周文王、樂毅等人，都有光明正大的出兵理由，都是正義之師，有號召力，因此能得到天下人的支持，摧毀強權。諸葛亮不斷北伐的用意，也正在於此。

最後，諸葛亮以小搏大，還可與吳國維持盟邦關係，並且表明正統。這話怎麼說呢？孫權出兵伐魏次數遠勝過蜀漢，雖然攻打兵力無法和蜀漢北伐軍相比，而且發覺無利可圖，便會馬上撤軍，但整體說來，吳國屢次攻魏，其積極的態度勝過蜀漢。蜀漢既然自稱漢室正統繼承者，口口聲聲漢賊不兩立，跟吳國又結盟對抗魏國，如果不出兵伐魏，或只是派很小的兵力偶爾騷擾魏邊境，不但無法對國內百姓解釋，而且若形成國家偏安的糜爛氣氛，更會被吳國瞧不起，即使盟約還在，彼此一定互相猜忌，給魏國可趁之機。因此，蜀國派大軍攻打魏國，乃是表明自己遵守聯盟，與魏國誓不兩立，絕對不會和魏勾結。

蜀漢堅持正統，並且出兵北伐，就好像國民政府退守台灣時堅持反攻大陸一樣，即使只是口號，還是要硬撐一下，不但表示自己有能力維持生存，而且足以攻擊對方，這對民心士氣有非常正面和深遠的影響。國民政府就是讓大家有這種「崇高」的目標，所以能順利推展各種改革與政策。

■北伐路線

既然決定要以小搏大，北伐魏國，接下來就要選擇進攻路線。諸葛亮在「隆中對」時原本計劃，蜀國若能跨有荊、益兩州，如果「天下有變」，一路自荊州以向宛城、洛陽，一路自益州以向秦川（今陝西南部），兩路夾擊，滅曹復漢。但在西元二一九年，關羽把荊州弄丟了，從此北伐少了右翼，影響很大。幸好同年劉備也已取得北伐之門戶漢中，建立了北出秦川的基地。

由成都攻往洛陽原本有三途：一爲出長江，自江陵、襄陽直趨宛、洛；一爲自漢中沿漢水東出直取宛、洛；一爲出漢中經過長安、潼關，以取洛陽。由於荊州丟了，諸葛亮只能以漢中爲北伐之重地，積極展開北伐大業。而漢中入關中（長安一帶），路途險阻，進兵路線約有六條：

一、故道：東北即爲散關、陳倉，爲古來之大道，也是韓信攻三秦、曹操攻張魯的路線。不過聰明的曹操在退出漢中時，將散關到故道間的棧道完全焚毀，並派兵築城防守，這時已難以通行。

二、褒斜道：這裡的南口叫褒谷，北口叫斜谷，谷長四百七十餘里，曹操稱爲「五百里石穴」，陳群所稱「斜谷阻險，轉運有鈔襲之虞」者。可由褒中（陝西褒城）直驅郿縣（陝西郿線北），但路途險阻，行軍不易。

三、儻駱道：南口儻谷，北口駱谷，谷長四百二十里，其中路曲處有八十里，且須翻越沈嶺、衙嶺、分水嶺三峰，易受阻塞。

四、子午道：北口子谷在長安南百里，南口午谷長六百六十里，這裡是劉邦入漢中燒絕棧道的地方。漢順帝時廢掉此道，改通褒斜道，到三國時代已不能使用。而魏延欲襲長安，也是經由此道。

五、渭川道：即渭水河道，由甘肅清水至陳倉（今寶雞東），谷道三百餘里，兩岸皆山，形狀像畚箕，又稱箕谷。山勢可攀，且可利用渭水行船運兵運糧。

六、關山道：爲隴山東西要道，西口叫街亭（甘肅秦安縣東北），東口叫隴城（陝西隴縣），山路約三百里，可鳥瞰秦川四五百里，流水匯注於渭水，適合行軍，因而成爲關中隴右間的大道。

如何充分靈活運用這些路線，達到最佳效果，在在考驗諸葛亮的智慧。這六條路線中，諸葛亮最想從關山道進軍，以取得隴右。日後他首次和第四次北伐，走的就是這個路線。平心而論，這一選擇是對的，取得隴右後，不但能保障後勤補給，穩紮穩打，而且還有其他的好處。宋代名將虞允文曾評西北形勢說：「關中天下之上游，隴右關中之上游，故欲控有關中，宜先控制隴右。」隴右即隴山以西，在今天甘肅黃河以東地區。隴右形勢較關中高，所以說是關中的上游，是控領關中的制高位置。此地人民習尚氣力，勤耕稼，修戰備，自古爲用兵之地。光是祁山一帶，就有一萬以上的戶口，與屢遭戰亂的關中地區相比，這裡顯得相當富庶。曹操也因隴右資源豐富，所以將漢朝三郡的建置擴爲六郡，是爲「隴右六郡」，計有：隴西郡、天水郡（上邽、祁山、街亭均屬於此郡）、南安郡、廣魏郡、陰平郡、武都郡（西元二二九年被諸葛亮攻下）。諸葛亮若取得隴右六郡，除地理制高的優勢外，更可以斷絕曹魏與涼州的交通。待取得涼州驍勇羌兵及馬匹增長勢力後，再向關、洛進兵，興復漢室。

除此之外，諸葛亮想先攻下隴右，更有以下幾個考量：第一、運糧問題在古時交通不便的情況下，往往決定了行軍的路線，甚至戰爭的勝利。嘉陵江發源自散關，南流至重慶入長江，眾多水脈均與其相接。若以嘉陵江水運軍糧，則北可達上邽，西則爲祁山，東可至故道斜谷。倘能善用此水道運糧，在以陸路運至渭河上游，再順渭河而進（關中地區即爲渭河盆地），則到洛陽都毋須操煩糧運。第二、祁山以西多產馬匹，而戰馬是蜀國最缺乏的。關中三輔及洛陽附近適合以騎兵作戰，又因幽、涼兩州產馬，所以曹魏本身多陸騎，要與魏國決戰，戰馬定不可缺少。第三、取得隴右後，可結好羌戎，助其復國大業。馬超投奔劉備，劉備以其領涼州牧，也有這方面的用意。第四、以行進路線而言，漢中直達關中諸道險阻難行，不似隴右大軍易於出入。

■第一次北伐

諸葛亮想要北伐，就必須先做好萬全的準備，第一步要先安內。西元二二五年，諸葛亮平定南方的少數民族的叛亂，雖然是以強擊弱，仍然堅持以心戰爲上，兵戰爲下，爭服南人之心，爲下一步攻魏創造安全可靠的後方，不但解除了蜀國的後顧之憂，獲得大量軍資，而且「收其勁卒」，分爲賓叟、青羌、突將、無前、無當五部，號稱飛軍。這五部人馬驍勇善戰，尤其長於山地作戰，對諸葛亮北伐的幫助甚大。

諸葛亮解決了內部的問題，還不能開始用兵，而是要使用些小手段，誘降魏將孟達，以壯大實力，減低傷亡。孟達本是蜀國將領，和劉封駐守上庸，因爲未能及時發兵救援關羽，怕被劉備降罪，而帶兵投降魏國，受到曹丕賞識，仍舊駐守上庸一帶。說巧不巧，諸葛亮解決南蠻問題後，接見魏國來降的李鴻。李鴻透露一樁天大的祕密，說前陣子李嚴的部將王沖叛蜀降魏後，跟孟達邀功：「你離開蜀國後，諸葛亮對你咬牙切齒，想殺你全家，還好劉備阻止。」孟達不相信，反而說：「諸葛亮能看清事情本末，不會這樣做。」諸葛亮一聽，認爲機不可失，便要策反孟達，縱使費詩反對，他還是寫了一封信給孟達，說：

往年南征，歲末乃還，適與李鴻會於漢陽，承知消息，慨然永嘆，以存足下平素之志，豈徒空託名榮，貴爲乖離乎！嗚呼孟子，斯實劉封侵陵足下，以傷先主待士之義。又鴻道王沖造作虛語，云足下量度吾心，不受沖說。尋表明之言，追平生之好，依依東望，故遣有書。

信中情意殷殷，委婉曲折，還設身處地的爲孟達說話。孟達得信後，大爲感動，從此陸續和諸葛亮通了幾次信，明顯有了反叛魏國的企圖。諸葛亮爲了堅定孟達的信念，還叫孟達在蜀國的好朋友李嚴寫信幫腔，孟達擔心回歸蜀國後不能得到重用，諸葛亮又寫信跟他拍胸脯保證。

二二七年，諸葛亮趁曹丕病死、曹睿繼位的時機，向後主劉禪上了〈出師表〉，同時調整軍政部署：命李嚴移駐江州築大城，負責後方軍政工作；命陳列駐紮永安，以防東吳；命張裔、蔣琬總理國內行政事務。而他自己則率趙雲、鄧芝、魏延、李恢、吳懿、向朗、楊儀、馬謖、王平、樊建、董厥等文武官員，統領數萬部隊，進駐漢中，並於沔水北岸的陽平關石馬山駐兵。但是諸葛亮並沒有在這一年立刻北伐，他在漢中忙於訓練士卒和囤積糧草，也積極打文宣戰。他以劉禪的名義，發表了一封〈伐魏詔〉，細數魏國政權的不合法，說明蜀國的正統性，宣揚蜀軍的軍威壯盛，並強調已經聯合了孫權和涼州一帶的少數民族，奉勸魏國境內的居民「棄邪從正」，否則將「嚴懲不貸」。

自劉備死後，曹魏見蜀漢數年無動靜，對隴西、關中並無禦敵的準備。曹叡在諸葛亮駐漢中時，曾想先發制人，被孫資勸阻，改採分兵守險的戰略，堅壁不出，以待國力強大，再伺機而動。

二二八年春天，諸葛亮展開第一次北伐，兵分兩路，一路以趙雲、鄧芝爲疑軍，自褒城北上，揚言要自斜谷進軍，並派兵大修斜谷道，裝成要出兵的態勢，吸引曹魏的注意；另一路由諸葛亮親率主力向西北祁山前進，準備在取得隴右後，直指關中。

諸葛亮正式進攻後，聲東擊西之計果然奏效，魏國主將曹眞的部隊誤以爲趙雲和鄧芝是主力，傾全力阻擋，沒想到諸葛亮卻從祁山而出。南安、天水、安定三地相繼叛魏，不戰而降，魏國朝野大驚，急忙派大將張郃率五萬人馬迎戰諸葛亮。

爲了面對張郃，諸葛亮從手下中挑出馬謖鎮守前線街亭。馬謖自作聰明，遭張郃擊潰，將士死傷慘重，幸虧王平故佈疑陣，總算擋住了張郃的攻勢。只是街亭之失，已讓整個情勢逆轉，蜀國疑軍趙雲和鄧芝兩支部隊疏於戒備，在箕谷與曹眞對壘時失利，趙雲親自斷後，燒毀褒斜道赤崖以北的閣道，迫使魏軍停止追擊。諸葛亮見東西兩線皆敗，曹軍已據險而守，可能反守爲攻，於是帶領西城千餘戶民家和冀縣數千人，撤還漢中整頓。曹眞見諸葛亮已撤，遂命張郃攻回三郡，三郡人民並受通敵重罰。諸葛亮以街亭、箕谷的失利結束了第一次北伐。至於諸葛亮原先策反成功的孟達，因對起義的時間猶豫不決，被司馬懿的快速部隊消滅，也完蛋了。

這次北伐，是諸葛亮最有機會成功的一次，他的疑兵策略奏效，使曹魏方面誤以爲蜀之主力在東，於是將主力對準趙雲、鄧芝。若不是街亭兵敗，隴右地帶將不復爲魏所有。再者，諸葛亮事前的策反與文宣工作得宜，三郡人民響應復漢而叛魏，天水、南安太守委城逃亡。可惜街亭兵敗，使得三郡遭魏國強力鎭壓，日後諸葛亮出兵，竟無人敢響應！他病逝五丈原時，老百姓還主動跑去通知司馬懿，可見後來的數次北伐，已無法再像這次一樣，獲得魏國老百姓的踴躍支持，「簞食壺漿以迎王師」成了幻想，這是蜀漢的一大損失。不過，得到一些百姓和姜維，算是諸葛亮的一點收穫，所謂千兵易得，一將難求，姜維在蜀漢末期的歷史上扮演了很重要的角色。

諸葛亮的首次北伐失利，不僅造成了蜀漢士氣嚴重的打擊，也引起曹魏對隴右涼州的重視，以往蜀漢無力進攻、徒固險自守的錯誤觀念，已被諸葛亮大軍北上的衝擊打破，曹魏開始認眞籌劃雍、涼兩州的防務問題。除了嚴懲叛魏應蜀的三郡人民，曹眞也估算諸葛亮此次兵敗，下次必將自陳倉而出，遂命西涼名將郝昭等駐守陳倉，並積極修建城堺，以備蜀漢進襲。

綜觀這次北伐失敗的主因，全在諸葛亮和馬謖身上。馬謖固然失職，諸葛亮用人不當也難辭其咎。回到漢中後，他先處斬馬謖，又殺了作戰不利的將軍張休和李盛，並對其他相關人員做了懲處。最重要的是，他上了一封〈街亭自貶疏〉給劉禪，表明自請處分之意，劉禪准了，解除他的丞相職務，降級爲右將軍。

■第二次北伐

儘管第一次北伐失敗了，諸葛亮仍不氣餒，留在漢中，繼續奮鬥。他對將士中有功績和爲國捐軀者，都一一加以獎勵、撫卹，無所遺漏。另外，也對自己的錯誤一再引咎自責，毫無隱瞞地公佈天下。就這樣，蜀軍的士氣又漸漸高漲了，軍民慢慢忘了上次失敗的陰影。

二二八年秋天，孫權派周魴向魏國揚州牧曹休詐降，曹休居然中計，以司馬懿治水軍沿漢水而下攻江陵，以張郃等將督關中諸將，受司馬懿節度，曹休本人則親帶步騎十萬，親下皖城，同時命賈逵領一軍攻濡須口，三路並進，接應東吳的叛降。孫權獲訊，立即趕至皖口，拜陸遜爲大都督，朱桓、全綜爲左右都督，三路挾擊曹休，於石亭大破魏軍。曹休幸好被賈逵的援軍所救，否則全軍覆沒。司馬懿沿漢水南下，因冬寒水淺，大船不得行，未達戰場就返回屯駐方城（江陵縣東）。曹休大敗，回去後鬱怒傷身，一命嗚呼。受創甚深的魏軍，急忙將關中大軍紛紛東調支援。諸葛亮見有機可乘，決定再次北伐。

這次北伐的路線與上次不同，走的是故道，從陝西寶雞西南大散嶺上的散關出去，進逼陳倉。陳倉是漢中和關中之間的交通要道，地勢顯要，是古代兵家必爭之地。諸葛亮打算攻佔陳倉後，再圖取關中。但很倒楣的是，他這次的計畫早就被曹眞料到了，並且派郝昭強力鎮守。諸葛亮率軍親自爲前鋒，循山崖陡峭、谷水奔流的綏陽小徑（在散關與陳倉之間）前進，因不想耗費太大兵力和時間在陳倉攻城，便派郝昭的老鄉靳詳去勸降。郝昭自恃城高堅厚，拒絕招降。蜀兵數萬，而陳倉守軍數千，諸葛亮又估計援軍不可能那麼早到，於是開始攻城。蜀軍用雲梯翻越城牆，用衝車攻擊城門，郝昭即命人以火箭射雲梯，以繩子綁石磨砸衝車。諸葛亮又命人造百尺高架（井欄），以箭射入城中，再運土填護城河，想要直接攀沿而上，郝昭即命人在城牆內再築上一道內城牆來應付。諸葛亮又想要掘地道來潛入城，郝昭就命人挖掘橫向壕溝來阻擋。

雙方晝夜相攻拒達二十餘日，難分難解。此時，曹眞已派費曜軍來救，而魏明帝曹叡也命張郃趕回洛陽，親自問張郃說：「等你的部隊到了，諸葛亮該不會已經拿下陳倉了吧？」張郃知道諸葛亮深入敵境，必定軍糧不繼，於是胸有成竹地說：「不用等我到達，諸葛亮就已經走了，臣屈指算算，他的糧食剩不到十天。」果然，諸葛亮聞聽援軍將至，加上軍糧不足，在費曜與張郃的援軍到達前，就退回漢中了，不過這已是下一年的事。

在退兵的過程中，郝昭派將軍王雙追擊蜀軍，王雙中了埋伏而死，這是蜀軍此行唯一的勝利。由此看來，並不是諸葛亮不會打仗，而是軍糧不夠，加上對手只守不攻，如果雙方在戰場上一較高下，諸葛亮必然是贏家。

綜觀這次北伐，諸葛亮若能配合東吳誘敵之計，在東西兩邊大開戰線，戰果應該會更好，可惜周魴誘敵之計在東吳內部是高度機密，根本不可能事先知會蜀漢。再者，曹魏陳倉守將郝昭忠勇善謀，陳倉才能在數倍敵軍的猛攻下屹立不搖，如果郝昭舉城而降，魏國少了二十日的應變時間，局面不知會是如何。

蜀軍此行唯一的收穫是退兵時斬了王雙，可看出諸葛亮的軍事能耐。通常退兵比進兵難，進兵時士氣高漲，退兵時士氣低沉，人心惶惶，部隊很容易因謠言或驚動而潰散，而諸葛亮退兵得非常成功，這是很難能可貴的。我們在後面的戰史中發現，他還曾利用退兵時斬了魏國名將張郃，甚至連司馬懿聽說諸葛亮死了，還是不敢追擊退兵的蜀軍，這是多麼高明之處！不論情勢如何演變，諸葛亮都不忘讓自己全身而退，這該是很能啓發人心的吧！

■第三次北伐

二二九年春天，諸葛亮又率軍進行第三次北伐。鑑於前兩次北伐的失敗，這次出師乃採取就近攻打武都、陰平兩郡的策略，他派將軍陳式先行，自己則親率大軍在後支援。魏國雍州刺史郭淮前來救援兩郡，諸葛亮突然潛師疾行到建威，郭淮唯恐後路被截斷，急忙退走，兩郡遂落在蜀漢手中，這是諸葛亮三次北伐以來最重要的一次勝利，「不戰而屈人之兵」，不費一兵一卒就攻下兩郡，這應該不是能力平庸的人做得到的。

街亭之役的失敗，有人一定會奇怪：人在祁山的諸葛亮，爲何不親自坐鎭前線街亭，非得派一員將軍前去，使得魏國有可趁之機呢？從第三次北伐的過程來看，諸葛亮的習慣是先派他人擔任前鋒，自己則居後策應，遙遙指揮、運籌帷幄，機動性較強，而且會讓敵人擔心，不知道他什麼時候會從什麼地方冒出來。要達到這個效果，前提是前鋒部隊不能太遜。陳式在蜀國並非名將，但擔任前鋒時，懂得遵守諸葛亮的指示與調度，故表現稱職；反觀馬謖就是自作聰明，違反諸葛亮的節度，才會兵敗山倒。

諸葛亮攻打這兩郡，絕不是率意而爲。武都、陰平緊鄰益州西北部，戰略價值極高，蜀軍拿下這裡，正如王夫之說的，可使魏軍「不能越劍閣以攻蜀之北，復不能繞價、文以搗蜀之西」，徹底鞏固了蜀漢西北邊防。十二年前，劉備進軍漢中時，也曾派張飛、馬超和吳蘭要搶下這兩郡，但魏國守將曹洪勇猛，不但逼退了張飛和馬超，還殺死吳蘭。劉備也知道兩郡的戰略地位，只是拿不下來而已，如今諸葛亮順利搶奪下來，算是彌補了劉備生前的遺憾。

這次戰爭獲勝了，消息傳回成都，劉禪下詔恢復諸葛亮的丞相職務。諸葛亮也班師回漢中，在重要據點上修築了漢城和樂城。這兩城的位置極其顯要，派兵駐守，可防阻魏國的侵襲，日後魏國派鄧艾、鍾會滅蜀，就曾在這兩處吃足了苦頭。此外，修築這兩城也可供移民屯墾，有利於逐步解決北伐大軍的糧食供應問題。

二三〇年秋天，魏國大司馬曹眞向朝廷提議：「漢人數入寇，請由斜谷伐之，諸將數道開進，可以大克。」魏明帝批准了這個建議，決定兵分三路進攻漢中，會師於南鄭。第一路大軍由司馬懿率領，從漢中之東泝漢水，由西城向南鄭挺進；第二路由張郃率領，由斜谷直驅漢中，攻取南鄭；第三路由曹眞率領，由子午谷徑取南鄭。這次魏國發動的三路合擊漢中的攻勢，調集了精兵良將，總兵力在二十萬左右，比蜀國部隊整整多了近一倍，來勢洶洶。而魏國會有這種動作，表示諸葛亮之前的三次北伐已對魏國帶來困擾，猶如芒刺在背，不得不拔之而後快。

諸葛亮聞訊後，預料漢中將有一場惡戰，除了積極佈局，還召江州的李嚴帶兵兩萬來援，並讓李嚴的兒子李豐接替老爸的職務。就在雙方戰事一觸即發的同時，關隴一帶忽然大雨滂沱，連下了一個多月。曹真在八月從長安出發，在子午谷遇到大雨，山徑峻滑、崎嶇難行，棧道毀壞甚多，糧食的運送出現問題，走了一個多月還走不出谷口。張郃和司馬懿的情況也類似，均被大雨圍困。九月，魏明帝下令撤軍，三路魏軍狼狽而退。

諸葛亮聚集將士，正準備以逸待勞、大顯身手，痛擊來犯的魏軍，沒想到敵軍卻退回去了。大失所望之餘，諸葛亮決定再次出其不意、攻其不備，便派老將魏延、吳壹率兵偷偷西入羌中，與魏將費曜、郭淮激戰於陽谿，大獲全勝。諸葛亮表奏兩人的功勞，將魏延升任為前軍師，拔擢吳壹為左將軍。這次的奇襲，雖然只是小勝，未能攻城掠地，卻重重打擊了魏軍的氣焰，也鼓舞了蜀漢的軍心士氣。

■第四次北伐

經過兩年的休息，二三一年二月，諸葛亮展開第四次北伐，走的是第一次的路線，進軍祁山。為了解決軍糧的運輸問題，諸葛亮做了三個調度：一是利用他新發明的「木牛」來運送；二是將李嚴留在漢中調度糧食；三是任命蔣琬擔任丞相長史，待在成都調度糧食。此外，又聯絡了鮮卑部落響應，聲勢遠比第二、三次北伐浩大許多。

這時魏國的政治情勢也起了變化，大司馬曹真病重，軍權落在司馬懿手中。司馬懿來到前線後，張郃建議分兵駐守，司馬懿認為這樣容易遭到各個擊破，因此只留下四千精兵鎮守上邽，自己則率主力部隊到祁山去。沒想到這又給了諸葛亮靈感，「圍魏救趙」、「項莊舞劍，意在沛公」等歷史故事在他腦中浮現，他留下王平屯兵南圍，繼續攻打祁山，自己則帶著魏延、高翔、吳班等人，假裝要迎戰司馬懿，私底下居然跑去偷襲魏軍後方重鎮上邽。上邽守將郭淮、費曜出城接招，被打得落花流水，只好退守孤城。諸葛亮知道郭、費兩人已嚇得半死，一定不敢出來，於是「明目張膽」、「目中無人」地收割上邽城外大批熟透金黃色的麥田，以充軍實。魏軍無奈，只能眼睜睜地看著蜀軍在魏國的地盤上爲所欲爲。

司馬懿從祁山撤回救援，屯兵於上邽之東，見蜀軍精銳勇猛，所向披靡，於是堅守不出。諸葛亮求戰不得，想引軍退還鹵城，沒想到司馬懿也跟來，雙方便在鹵城對峙。蜀軍人數雖少，但在諸葛亮的訓練下，能以一當十、以寡擊眾，人人躍躍欲試。面對司馬懿的按兵不動，諸葛亮不斷派人挑釁，魏軍總是緊閉寨門，拒絕應戰。好玩的是，魏軍中不想打的只有司馬懿，他知道拖下去對蜀軍不利，但自張郃以下的將領，都認爲當縮頭烏龜太丟臉，均主張開打，甚至有人還公開譏笑司馬懿，說他「畏蜀如虎」，會被天下人笑死。司馬懿丟了臉，面子上十分難堪，受不了刺激，於是開始對蜀軍發動攻勢：派張郃攻打祁山之南的王平部隊，他自己則率主力挑上諸葛亮大營。

這場戰事，應該是諸葛亮多次北伐最精彩的一役，也是唯一一次和司馬懿交鋒，雙方王拼王，上駟對上駟，旗鼓相當。蜀軍訓練有素，魏軍慣戰沙場；諸葛亮和司馬懿都有金頭腦，足智多謀；張郃是「名震關右」的老將，王平則以「忠勇而嚴整」著稱。雙方大戰後，王平「堅守不動」，加上率領的又是「無當」（無人能擋）的精銳，張郃久攻不下，士氣受挫。司馬懿的主力和諸葛亮旗下的魏延、高翔、吳班遭遇，經過一場血戰，魏軍大敗，蜀軍斬獲「甲首三千級，玄鎧五千領，角弩三千一百張」。魏軍吃了大虧後，還營自保，不敢出來。大陸學者萬繩楠曾開玩笑地說，「照這樣打下去，只要一百次，司馬懿的三十餘萬眾便消滅乾淨」。但玩笑歸玩笑，司馬懿可沒那麼笨，他再也不跟諸葛亮打了，寧可被罵膽小，也不想再被修理一次。由此看來，蜀國北伐難以成功，不是諸葛亮不會打仗啊！

諸葛亮想開戰，司馬懿不想，雙方就這樣僵持不下。眼見軍糧慢慢吃光，諸葛亮心中鬱悶，也奇怪李嚴為何一直未派人前來補充糧食。就在此時，李嚴因為天雨路滑，不利運糧，耽擱了不少時日，怕諸葛亮降罪下來，於是天真地想了蠢辦法，對諸葛亮和劉禪兩面說謊，令人假傳聖旨，調諸葛亮回師。諸葛亮以為後方有事，只好撤軍。司馬懿得到消息，忘了之前王雙的教訓，也可能是為了剷除異己，竟派張郃追擊。諸葛亮早有佈局，在木門道預設伏兵，待張郃進入圈套後，強弓勁弩萬箭齊發，張郃當場中箭身亡。諸葛亮雖然北伐未成，但殺了這位曹操眼中的五良將之一，造成魏國朝廷震恐，也是一大勝利。

返回漢中後，諸葛亮發現原來是李嚴在搞鬼，便加以撤職法辦，以儆效尤，但是在時機上已經有點慢了，畢竟撤軍之事已成了定局。就這樣，第四次北伐又失敗了。

■第五次北伐

前幾次北伐失利，主因是糧運不繼，儘管諸葛亮已經試過了幾個辦法，效果依舊不彰。因此，他在二三二年，開始將部隊帶到土地肥美的地方屯田墾殖，同時又發明了「流馬」加入運輸的行列，並在斜谷修建糧倉。

在準備了兩年後，二三四年二月，諸葛亮展開人生最後一次北伐，率領十萬人由斜谷道進軍武功。出師前，他派人知會孫權，希望能東西夾攻。孫權同意了，親率大軍攻打合肥，又派陸遜、諸葛謹攻打江夏、沔口，目標直指襄陽，並派另一路人馬攻打淮陰，聲勢驚人。魏明帝御駕親征對付孫權，派司馬懿去搞定諸葛亮，行前還特別囑咐司馬懿只可守不可攻，對諸葛亮的恐懼可想而知。

蜀、魏大軍在武功五丈原的渭水河畔僵持下來。司馬懿這次學乖了，不管諸葛亮如何派人挑釁叫罵，甚至拿女人衣服來羞辱他，他就是不出戰。魏軍陣營裡罵聲不斷，紛紛要求司馬懿「硬」起來，然而司馬懿寧可來軟的，被罵慘了也不在乎。過了不久，他實在壓不住陣腳了，便假惺惺派人請示魏明帝，「希望」能開戰。魏明帝大吃一驚，以爲司馬懿眞要打仗，急忙下令不准！司馬懿就用魏明帝的命令，暫時壓住了手下的不滿。

爲了逼迫魏軍正面對決，諸葛亮對司馬懿大玩心理戰，結果失敗了。此時，孫權的幾路人馬一聽說魏明帝親征，居然落跑！搞了半天，原來只是虛晃一招。司馬懿趁此回敬諸葛亮，故意叫魏軍大呼萬歲，聲音響徹雲霄。諸葛亮派人去問，司馬懿說：「孫權派人前來投降，我軍振奮不已！」聽到這種爛理由，諸葛亮不禁大笑，笑司馬懿年紀一大把了，還玩這種幼稚的把戲，如果孫權要投降，怎麼可能派人來到這裡呢？於是，司馬懿的心理戰也失敗了。

兩人的「寧靜戰爭」還沒結束，諸葛亮不斷派人去下戰書，司馬懿卻顧左右而言他，不談軍事，只問諸葛亮的作息情況。當他知道諸葛亮日夜操勞，食量變小時，心裡高興得很：「諸葛孔明食少事煩，其能久乎？」最後，諸葛亮果眞病死五丈原，蜀國的第五次北伐又告失敗。

諸葛亮多次北伐，用兵的原則是審時度勢，謹愼從事。北伐魏國是件高難度的事，尤其是要以一州之地攻擊數倍於己的大國。由於荊州已失，改由一路出兵，在「以小搏大」的情勢下進行，兵力至少呈現一比三的絕對劣勢。但諸葛亮懂得在其他方面挽回頹勢，例如在武器上做改良，在士兵的訓練上更嚴格，在戰術上更靈活，在文宣戰上更積極，又懂得配合、聯合其他勢力夾擊魏國。另外，他反對採用懸危的作戰方案，主張安從坦道，十全必克，乘敵無準備或兵力東下、關中空虛的時機出兵，並交替變化各次進軍路線，隔絕隴道，動搖敵境夷、漢人民。鑒於遠離本境作戰，他每戰力求速捷，一旦魏軍堅壁不戰，企圖疲弊蜀軍時，他立刻改在敵境久駐屯田，以求戰略上的持久作戰。如果攻城受挫後，便轉變以野戰爲主。每次退卻時，都十分愼重，採取在山地設伏等手段，以掌握主動，保證安全。因此蜀國雖小，當諸葛亮在世時，卻讓曹魏這個大國心裡怕怕的、毛毛的，這種以小搏大，看起來一點也不小嘛！

儘管諸葛亮北伐無功，但當時的人對此評價頗高，並沒有「以成敗論英雄」。如裴松之《三國志注》引張儼《默記》說：

> 孔明起巴、蜀之地，蹈一州之土，方之大國，其戰士人民，蓋有九分之一也，而以貢贄大吳，抗對北敵，至使耕戰有伍，刑法整齊，提步卒數萬，長驅祁山，慨然有飲馬河、洛之志。仲達（司馬懿）據天下十倍之地，仗兼爲之眾，據牢城，擁精銳，無擒敵之意，務自保全而已，使彼孔明，自來自去。若此人不亡，終其志意，連年運思，刻日興謀，則爲、雍不解甲，中國不釋鞍，勝負之勢，亦已決矣。

張儼是三國時吳國人，在當時吳國也算是蜀漢的敵國。敵國之人評論諸葛亮，猶如此崇敬，亦可見諸葛亮之才高德邵。

帶兵有方

■為陳壽喊冤

在談諸葛亮如何帶兵有方之前，先說說一樁「千古奇冤」。記錄三國史事的正史，是陳壽寫的《三國志》。這本書原本應該薄薄的，因為作者陳壽是蜀國人，蜀國滅亡後，他到晉朝當官寫史，立場實在尷尬，加上政治鬥爭的緣故，很多史料不能解密，他寫來備感辛苦，最後只完成傳記的部分，各種典章制度則付之闕如。南朝宋的裴松之收集兩百多種三國的史料，補充在《三國志》各章節的註釋中，才讓三國歷史看起來比較完備一些。

儘管如此，陳壽還是很用心、公正地寫史。舉例來說，《三國志》全書分成「魏書」、「蜀書」、「吳書」三部分，「蜀書」有十五篇，第一篇寫劉焉、劉璋父子，這兩人雖然不成材，好歹在劉備之前統治益州，放在首篇，合情合理。第二篇寫劉備，他份量很夠，獨佔一篇並不過份。第三篇專寫劉禪，很多人會覺得好笑。的確，劉禪很菜，有什麼事功嗎？當然沒有，不過他在位四十年，任內發生很多事情，陳壽按年寫出，倒像蜀國的大事年表。第四篇寫劉備的家人，包括老婆和劉禪除外的兩個兒子。第五篇寫諸葛亮，篇幅很長，應該對得起這位「功蓋三分國」的偉人了。第六篇寫蜀國五虎將，包括關羽、張飛、馬超、黃忠和趙雲。第七篇寫龐統和法正，這兩人是諸葛亮以外讓劉備最倚重的軍師，所以放在一起。接下來的人物超多的，第八篇放了許靖、麋竺、孫乾、簡雍、伊籍和秦宓六人，他們共同的特色是德高望重，有官無權，在蜀國是國策顧問、總統府資政的等級。第十篇收錄的都是「罪犯」，罪名不一，下場不同，像劉封、彭羕、廖立、李嚴、劉琰、魏延、楊儀。第十二篇專談一些儒生或隱士，諸葛亮不喜歡這些人，他們的地位都不高，也無實權，但在學術上有些貢獻。第十四篇只放三個人，都是「後諸葛亮時期」蜀國的超級大哥大，分別是蔣琬、費禕和姜維。至於第九、十一、十三、十五等篇，除了時間先後，實在看不出有其他的差異。他們都是蜀國重要的文官武將，像董和、董允父子，像馬良、馬謖兄弟，還有費詩、霍峻、王平、鄧芝等等，不勝枚舉。

陳壽盡其所能、客觀公正地寫完「蜀書」，卻還是被罵。很多人說他公報私仇，破壞諸葛亮父子的名聲。據《晉書》記載，陳壽的爸爸是馬謖的參軍，馬謖被諸葛亮殺了，陳壽老爸受到連累，陳壽從此懷恨在心，在《三國志》中毀謗諸葛亮「將略非長，無應敵之才」。另外，諸葛亮的兒子諸葛瞻看不起陳壽，陳壽從此也懷恨在心，在《三國志》中毀謗諸葛瞻「惟（只會）工書（寫毛筆字），名過其實」。還有，裴松之引用孫盛的《異同記》說，蜀漢史官常璩從鄉親父老口中得知，「陳壽嘗為瞻吏，為瞻所辱，故因此事歸惡黃皓，而云瞻不能匡矯也」。

這些看似舉證歷歷的證據，其實不堪一駁。事實上，陳壽從來沒說過諸葛瞻「只會」寫書法，而是說他「工書畫，強識念」。至於「名過其實」，陳壽也舉例說，蜀國人因為追思諸葛亮，愛屋及烏，對諸葛瞻特別偏愛，每當朝廷做出新政績，百姓不管三七二十一，就說這是諸葛瞻做的。這不是「名過其實」，又是什麼呢？諸葛瞻在眾人的厚愛中，不到三十歲就官居要職，如果他名符其實，就應該對國事有所匡正才是，不該放任黃皓等小人繼續胡搞瞎搞。

三國史書《華陽國志》提到蜀漢末年，當魏軍來攻，諸葛瞻在綿竹慘敗給鄧艾，他的兒子諸葛尚嘆息：「父子荷國重恩，不早斬黃皓，以致傾敗，用生何爲？」於是這對父子陣亡殉國。《元和郡縣志》提到蜀漢末年，鄧艾已經攻下江油，諸葛瞻說：「吾內不除黃皓，外不制姜維，進不守江油，吾有三罪，何面而返？」從諸葛瞻父子的話中，我們嗅出了一股很濃的悔恨和內咎的氣息。因此，南宋有學者認爲，諸葛瞻「任兼將相」，不能夠「極諫以除黃皓」，又不能讓劉禪覺悟，最後兵敗身死，「雖不能降，僅勝於賣國者耳」。這是更嚴厲的指控！依此看來，陳壽何曾毀謗過諸葛瞻？

至於說陳壽毀謗諸葛亮「將略非長，無應敵之才」，這更是天大的冤枉！陳壽不只從來沒說過這種話，他還連篇累牘，對諸葛亮讚譽有加，甚至編輯諸葛亮文集，這難道是毀謗嗎？如果要說他對諸葛亮有所批評，只不過是這幾句：「然亮才，於治戎爲長，奇謀爲短，理民之幹，優於將略。」「蓋應變將略，非其所長歟？」意思是說，諸葛亮雖然帶兵有方，卻比較不會「出奇制勝」，治理百姓的能力又比打仗行。這番話，其實是比較而來的，是說諸葛亮帶兵比應變強、治國比帶兵強，並非暗示他在軍事上很拙。「非其所長歟？」這是疑問句，不是肯定句。

這樣看來，陳壽對諸葛亮未能打勝仗，是充滿著疑惑和惋惜的，絲毫沒有毀謗之意，眞不知後人是怎麼讀書的？況且陳壽也提出諸葛亮在軍事上連連受挫的可能原因：「而所與對敵，或値人傑，加眾寡不侔，攻守異體，故雖連年動眾，未能有克。」陳壽認爲，不是諸葛亮太笨，而是遇到司馬懿這種旗鼓相當的對手，加上寡不敵眾，而且吃了許多進攻時先天上的劣勢，所以才無法取勝。陳壽另外還指出，諸葛亮雖有管仲、蕭何的能力，但沒有大將的輔助，「故使功業陵遲」，非戰之罪啊！試問，這是毀謗諸葛亮嗎？

事實上，諸葛亮在軍事上的成就一點也不遜色。例如第一次北伐時，他選在魏國認爲蜀漢不會出師的時機出兵，另派趙雲、鄧芝聲東擊西、虛張聲勢。魏國主帥曹眞果然上當，對上趙雲和鄧芝，而兵力較弱的張郃只是偏師，面對的是諸葛亮的主力部隊。這也是爲什麼即使街亭大敗，諸葛亮還能從容將魏國居民遷到益州的原因。如果馬謖不失策，諸葛亮的首次北伐，百分之百是出奇制勝的優良典範。

另外，《三國志・郭淮傳》也提到：「……亮盛兵西行，（曹魏）諸將皆謂欲攻西圍，（郭）淮獨以爲此見形於西，欲使官兵重應之，必攻陽遂耳。其夜（諸葛亮）果攻陽遂……。」由此可知，諸葛亮常用聲東擊西的奇策。可惜算他倒楣，所遇「正値人傑」，老是碰到司馬懿、郭淮這種高手，雖屢用奇策，卻難以建功，他不像韓信遇到的對手智商都不高。

諸葛亮死後，司馬懿曾路過其紮營之地，讚嘆說：「天下奇才也！」這可不是隨便恭維的話，南宋思想家陳亮曾說司馬懿此嘆乃「怳然自失，不覺其言之發也，可以觀其眞情矣。」在三國時代，司馬懿稱得上是數一數二的謀略家和軍事天才，他曾經數次擊敗孫權大軍、建議曹操收買孫吳，偷襲關羽後方、十幾天內討平孟達叛變、裝病趁機兵變，奪取曹魏軍政大權、百日之內討平在遼東稱王的公孫淵，可說是戰攻彪炳。這樣謀略高強的人掌握曹魏大軍，遇到諸葛亮北伐軍時，居然只會躲在城寨不敢應戰。如果只是躲個十天半月，那或許是耗敵戰術，如果撐了數月半載也不敢出戰，那就表示他遇到了相當棘手的人物。畢竟通常攻擊軍在外地駐紮久了，一定會露出破綻，守衛軍可趁機攻擊，如陸遜在夷陵之戰撐了六個月後，抓到劉備破綻，一舉大敗蜀漢。諸葛亮死後，司馬懿還鬧出「死諸葛嚇跑活仲達」的笑柄，可見諸葛亮的謀略常讓曹魏武將感到深不可測。如果這樣的諸葛亮還不擅奇謀，三國時代恐怕沒有値得一提的人物了。

南朝時，梁將陸法和征蜀，率大軍到白帝城，對部下說：「諸葛孔明可謂名將，吾自見之。」這是多大的敬佩！後人捏造唐太宗李世民與李靖的談話，編成《唐太宗李衛公問對》一書，書中涉及到的軍事家有十七人，多次被提到的軍事家有八人，被問及的次數是：孫武二十一問；諸葛亮十三問；姜太公九問；曹操六問；司馬穰苴五問；管仲三問；吳起三問；韓信三問。從這樣的數據來看，諸葛亮在後人心目中的地位，僅次於兵聖孫武了。

■嚴格的軍紀

諸葛亮在軍事上如此受到推崇，當然是他帶兵有方之故。蜀國人口較少，爲了用有限的兵力抗衡和戰勝大國，諸葛亮主張把建軍重點放在提高軍隊質量上，從多方面增強戰鬥力。街亭失敗後，他精簡將士，實行變通之道，強調「若不能然者，雖兵多何益」。晉人袁宏談論諸葛亮的帶兵之道，說：「亮之在街亭也，前軍大破，亮屯去數里，不救；官兵相接，又徐行，此其勇也。亮之行軍，安靜而堅重；安靜則易動，堅重則可以進退。亮法令明，賞罰信，士卒用命，赴險而不顧，此所以能鬥也。」這段話說出了帶兵有方的重點：諸葛亮訓練出來的軍隊之所以「能鬥」，全在於「法令明」、「賞罰信」、「安靜」和「堅重」四個特質。「法令明」、「賞罰信」是指嚴格的軍紀，「安靜」、「堅重」是指嚴格的訓練，兩者相輔相成，缺一不可。

諸葛亮是公正的執法者，他認爲法無偏私，不論貴賤親疏都應一律對等。「陟罰臧否，不宜異同」，這是必須堅持的基本原則。當然，在執法的過程中，請託、官說的情況難以避免，但諸葛亮明確地說：「吾心如秤，不能爲人作輕重。」要求自己要像秤一樣公平無私，嚴格依照標準去衡量所有人的功過大小。不只要我心如秤，晉人習鑿齒在評論諸葛亮的執法時，甚至以水鏡爲喻：「水至平而邪者取法，鏡至明而醜者無怒，水鏡之所以能窮物而無怨者，以其無私也。水鏡無私，猶以免謗，況大人君子懷樂生之心，流矜恕之德，法行於不可不用，刑加乎自犯之罪，爵之而非私，誅之而不怒，天下有不服者乎！」能夠讓受賞的人高興，受罰的人無怨，執法者必須無私，不能「選擇性辦案」，即使「動搖國本」也不可退縮、黃牛。有功必賞，有錯必罰，軍中將士就會心服口服，這是打勝仗的關鍵。

諸葛亮第一次北伐時，《三國志》的作者陳壽這樣記載：「亮身率諸軍攻祁山，戎陳整齊，賞罰肅而號令明，南安、天水、安定三郡叛魏應亮，關中響震。」從「戎陳整齊，賞罰肅而號令明」兩句，可充分看出他對「信賞罰」這一信念的貫徹。他的愛徒馬謖要帥，丟了街亭，諸葛亮照殺不誤；將軍張休、李盛負有連帶責任，他照殺不誤；陳壽的老爸當時擔任馬謖的參軍，也受處罰；老將趙雲疏於戒備打了敗仗，被貶職；向朗對馬謖的事情知情不報，遭免官。只有王平，因在街亭之役表現突出，獲得升官，還榮膺蜀國精銳「無當飛軍」的統帥。諸葛亮主張「進有厚賞，退有嚴刑」，這話不是說說而已。他出駐漢中時，留守在後方的張裔常稱許他：「公賞不遺遠，罰不阿近，爵不可以無功取，刑不可以貴勢免，此賢愚之所以僉忘其身者也。」這種境界，用說的很簡單，眞正要做到則很難，諸葛亮的毅力決心、明察秋毫，令人佩服。

執法公正的關鍵，是執法者本身必須守法，不能「只有我例外」。有次魏國入侵蜀國，派遣大將司馬懿、張郃等人，率領雍州、涼州勁旅三十多萬，直趨劍閣。當時諸葛亮人在祁山，只有八萬士兵，而且按照蜀國法律規定，這些軍人可以輪流休假回家。諸葛亮的左右建議他放棄這個制度，暫停士兵休假一個月，以增加和魏軍車拼的本錢。諸葛亮拒絕了，他說：「吾統武行師，以大信爲本，得原失信，古人所惜；去者束裝以待期，妻子鶴望而計日，雖臨征難，義所不廢。」他堅持信守對屬下的承諾。蜀軍上下知道了這件事情，感動莫名，原本應該放假回家的，都自願留下來備戰；還沒放假的軍人則慷慨激昂，決意一心報國。部隊還彼此鼓勵：「我們要用一死來回報諸葛丞相的大恩大德。」與魏軍交戰之時，蜀軍個個奮勇殺敵，最後打出了北伐最漂亮的一仗。

民國初年，北洋政府發生了「羅文幹案」，國會的正副議長吳景濂、張伯烈，誣指財政總長羅文幹在簽訂「奧國借款展期合同」時A錢。兩人乃偷偷摸摸拿了國會大印，辦了公函，半夜親訪總統黎元洪，要求下手諭抓羅文幹。黎元洪照辦了。當時，梁啓超正在南京東南大學講學，有人問他：「政府抓羅文幹，用的是非法手續，可是時間太緊迫了，若用合法手續，手續辦好了，犯人也逃走了，該怎麼辦？」梁啓超不愧是有大見識的大學者，他一針見血地說：「寧可讓犯人逃掉。不然的話，犯人抓到了，可是法律卻逃走了。」當政府讓法律逃走了，政府的信用建立不起來，人民就不再相信政府和法律了。「信」對政府的重要性，實在不言可喻。「信」字凝聚而成的精神力量，是任何物質力量都比不上的。蜀軍人數雖少，卻是能征善戰的精銳之師，嚴格的軍紀是不二法門。

■嚴格的訓練

除了軍紀，一支優良的部隊還需要嚴格的訓練，才能達到前面所說的「安靜」、「堅重」兩項特質。因爲「安靜」，所以能醞釀極大的動能，《孫子兵法》說：「始如處女，敵人開戶；後如脫兔，敵不及拒」，就是這個道理。我們看到原野上的許多猛獸，如虎如豹，莫不如此。牠們平常看似慵懶無力，一旦相中獵物，也是以靜悄悄的方式，神不知鬼不覺地緩慢接近，待時機成熟，再兇猛一撲，故能屢試不爽。反之，如果整天躁動不停，必然徒然無功。猛獸獵食如此，帶兵行軍亦然。至於「堅重」，是指部隊堅固、穩重，面臨再大的危險或困境，也不至於慌亂失措，能夠處變不驚，從容進退，這樣一來，打勝仗是常有的事，縱使打敗仗，也能將損失降到最低。

要做到「安靜」與「堅重」，必須讓部隊接受嚴格的訓練。諸葛亮如何訓練蜀軍的？他的軍事著作如今大多已經散佚，據《三國志．諸葛亮傳》記載，當時曾有《諸葛氏集》行世，目錄如下：「開府作牧第一；權制第二；南征第三；北出第四；計算第五；訓厲第六；綜核上第七；綜核下第八；雜言上第九；雜言下第十；貴和第十一；兵要第十二；傳運第十三；與孫權書第十四；與諸葛瑾書第十五；與孟達書第十六；廢李平第十七；法檢上第十八；法檢下第十九；科令上第二十；科令下第二十一；軍令上第二十二；軍令中第二十三；軍令下第二十四。」共計二十四篇，有十萬四千一百一十二字。從這些目錄看來，〈兵要〉、〈軍令〉應該最能反映諸葛亮訓練部隊的方式。令人惋惜的是，《諸葛氏集》已佚，明人曾收集諸葛亮的文章，編爲《諸葛丞相集》和《諸葛忠武書》，但所收文章眞假混雜，參考價值不大，尤其是目前還流傳於世的《將苑》、《心書》、《六軍鏡》、《心訣》與《兵機法》等所謂「諸葛亮兵法」，根本都是假貨，不足採信，所以《四庫全書總目提要》說：「蓋宋以來兵家之書，多托於亮。」從正面的角度來看，這個現象也說明諸葛亮的軍事才能，征服了一代又一代的軍事理論家，這些人想宣揚自己的學說和見解，都不得不假借諸葛亮的大名。〈兵要〉、〈軍令〉兩篇，現在只留下隻言片語，乃是諸葛亮眞正的練兵之法，彌足珍貴，值得我們重視，以下試舉幾例。

諸葛亮提到，如果部隊已經接近敵軍，擔任偵察、巡邏的士兵，應該在天剛亮就出發，去搜索部隊前方十里之內的區域。另外，要派五人爲一組的士兵，到幾里路之外登高望遠，察看隱蔽地帶，如果發現敵情，該組須派一人回去向主將報告。凡是發現敵軍在一百人以內，只需舉起白旗指明敵軍方位；倘若敵軍超過百人，就要舉起白旗大聲吶喊，主將應立即派遣快馬前往查明。這些查探敵情的方法，眞是細膩！

諸葛亮又說，行軍途中準備紮營，必須先派親信和嚮導去弄清情況，再分別命令負責偵察的軍官先行出發。確定紮營的地方後，就按全軍的編制單位劃分營區，在營區四周設立標誌，並派人看守，然後再讓部隊入營。部隊要到營區的途中，要先派偵察騎兵前行，手執五種不同顏色的旗幟，遇到路口就舉白旗，遇到河流、山澗就舉黑旗，遇到樹林或沼澤就舉青旗，遇到野火就舉紅旗，部隊要用五種不同的鼓聲來回應各種旗幟。

如果要渡河或翻山越嶺，或者經過林深草密的地方，應先派遣精銳勇猛的騎兵搜索，保證數里內沒有敵人的蹤跡。還得派人登山爬樹，向遠處瞭望，再派出精兵在四周險要的地帶戒備，然後將部隊分成前後兩部分，分別擔任掩護和開路的任務。輜重部隊和老弱士兵先走，其次是步兵，最後是騎兵。要特別注意整齊肅靜，人馬不能發生聲響，不准擾亂行列，避免引來敵人。遇到險要地形或狹窄道路時，應按編制單位像魚鱗片一樣，一隊緊接一隊，魚貫而行，有時還必須變換隊形，環迴旋轉，將後衛改爲前導，將左翼變成右翼。行進時要依次行動，停留時要整齊有序。

總算到達新營地時，擔任戒備的騎兵和精銳部隊，必須要在四周警戒，其餘的部隊則依照規定的方位紮營，一人佔一步的面積，根據各隊人數的多少，以十二時辰爲標誌，豎起大旗。旗桿高二丈八尺，仔細辨明東西南北各方位，不能偏斜。將朱雀旗豎在營區南面，白虎旗豎立西面，玄武旗豎立北面，青龍旗豎立東面，招搖旗豎立在營地中央。部隊打柴、放牧、飲水等等，都不能超出營區範圍的標誌之外。看似簡單的紮營，就有這麼多的程序與規範，難怪蜀軍總是能以寡敵眾。

至於作戰，這是諸葛亮的看家本領，他是這樣訓練士兵：部隊進入備戰狀態時，一律不准喧嘩吵鬧，應該仔細聆聽鼓聲，小心注意旗幟的指揮。旗幟向前指，士兵就向前進攻，向後指就快後退，左指就向左，右指就向右。不聽命令而擅自行動者，殺無赦！如果是從左右兩翼進攻敵人，要看清旗幟所指方向，聽到三聲鑼響就停止進攻，聽見兩聲鑼響就撤退。如果是敵軍來攻，原本在設置障礙物的士兵，要全部退到連結在一起的衝車後面。當敵軍逼近障礙物時，我方步兵只准蹲著前進，用各種長兵器刺殺敵人，不准站著和停留，因爲這樣會妨礙身後的弩兵射箭。

有趣的是，以地形而論，蜀軍遇到水戰的機會不大，但爲了防範未然，諸葛亮還是在平常嚴加訓練。他會要求士兵，只要聽見打鼓聲，只要看見白旗紅旗高高舉起，大小船隻都要衝向前去作戰，不前進的一律殺頭；如果聽到敲鑼聲或看到青旗，大小船隻就要退出戰鬥。準備撤退時，如果距離敵軍很遠，應慢慢撤退，反之則迅速退去，不得延誤。在水中作戰時，必須將船上的布帆、布衣一律浸泡水裡，集中在一起，不但可用作水淹敵軍，而且遇到對方以火助攻時，這些東西還可拿來滅火。違反規定者，要剃光頭髮或剪掉耳朵。

以上這些，只是諸葛亮訓練士兵的內容舉例。他認爲，受過嚴格訓練後的軍隊，即使被一個笨蛋指揮，也很難被打敗；但如果軍隊未受嚴格訓練，縱使將領是神，也贏不了戰爭。

正因爲諸葛亮堅持這種觀念與做法，蜀軍所到的每個地方，凡舉營壘、井灶、圊溷、藩籬、障塞等各種設施，皆有既仔細又繁瑣的規矩，縱使只在該地待上一個月，離開時還是照樣把這些設施清理乾淨，有人質疑這根本是「勞費而徒爲飾好」，到底有什麼意義呢？晉朝人的解釋是：「蜀人輕脫，亮故堅用之。」意思是說，蜀人懶散慣了，諸葛亮才會這樣「操」他們。蜀軍在他長期的訓練下，「出入如賓，行不寇，芻蕘者不獵，如在國中」，不但有紀律，還動靜得宜，到了國外也像在自己國內一樣。這樣優良的部隊，指揮起來「止如山，進退如風，兵出之日，天下震動，而人心不憂」，敵人害怕，而百姓安心。這是帶兵的最高境界，不是嗎？

■慎選良將

雖然如此強調軍紀和訓練，但不代表諸葛亮不重視將領的選擇。他在〈兵要〉中，曾提到一個優秀將領的條件有四：第一要忠心耿耿，心存漢室。如果將領不忠，就好像魚兒離開水一樣。第二要能把握時機。一碰上良機，優秀的將領連休息的時間也會放棄，連鞋子掉了也沒空穿上，因爲他想緊握機會。第三要有白玉般的品德。良將在地位崇高時不驕傲，身負重任時不專斷，受到信任時不隱藏才能，被免職時不害怕。第四要會處理人際關係，讓別人推薦人才，用公正的標準衡量功過，使有能者不遭埋沒，徒有虛名者不受重用。

對於良將的選擇標準，諸葛亮不只是理論家，還是實行家。他在蜀國執政多年，拔擢或重用了許多武將。只是受限於當地的人口太少，良將有限，終諸葛亮之世，只出現趙雲和姜維兩位上將，其他的武將當然各有各的能力，但是說到獨當一面、統軍北伐，就差得遠了。

一、趙雲

趙雲就是「常山趙子龍」，是家喻戶曉的名字，《三國演義》對他有誇張的描寫。他本是劉備的老部屬，曾經在亂軍之中冒險救出劉禪，也曾受命壓制孫權妹妹的氣焰，更是驍勇善戰的猛將。劉備在博望坡打敗曹操大軍，抓到夏侯蘭。趙雲和夏侯蘭是小時候的鄰居，知道夏侯蘭很懂法律，要劉備別殺他，用爲軍正一職，劉備接受了，可見趙雲也重義氣。

劉備稱帝後，封他爲五虎將之一。他是五虎將中活最久的人，劉備死後，成爲諸葛亮北伐倚重的大將。諸葛亮第一次北伐時，兵分兩路，自己一路，而趙雲、鄧芝是另一路。諸葛亮這一路被馬謖搞飛機，損失慘重；趙雲、鄧芝這一路因士兵太少，又遇上魏國的主力部隊，吃了敗仗，幸好他「斂眾固守，不致大敗」。退兵後，諸葛亮很好奇，問鄧芝說：「我軍在街亭輸了，將士狼狽而逃，找都找不到人；你們吃了敗仗，還能井然有序地回來，這是什麼原因呢？」鄧芝說：「這是因爲趙雲親自斷後，所有物資和士兵都好好的，沒有任何遺漏。」諸葛亮是個賞罰分明的人，縱使吃了敗仗，也要搞清楚原因。他聽了鄧芝的說明後，只將趙雲稍稍貶官，仍舊送他許多獎品，要他犒賞將士。趙雲不肯，說：「打輸了，爲何還有賞賜？」便將這些獎品充公，以作爲下次戰爭的賞賜。諸葛亮知道後，很感佩服。

二、李恢

李恢本是劉璋的屬下，聽說劉備攻蜀，「知璋之必敗」，先投靠劉備去了。他幫劉備勸降馬超，算是大功一件，但只分到功曹書佐主簿之職。後來還被誣告說要造反，而被抓起來，還好劉備相信他的清白，讓他逃過一劫，並升任別駕從事。「大難不死，必有後福」，沒多久後，庲降都督鄧方病故，劉備問他繼任人選，他也老實不客氣地毛遂自薦，劉備笑說：「我的本意也是你。」

李恢眞正受到重用，要等到諸葛亮執政的時代。諸葛亮準備討平南蠻，知道李恢跟南蠻有地緣關係，於是給他一支部隊，目標建寧。

李恢的部隊人數少於南蠻數倍，在昆明被團團包圍，他急中生智，跟南蠻套交情：「官兵的糧食吃光了，很快就會撤退。我離開這裡很久，一直很想念，今天總算回來，你們放心吧，我再也不走了。」南蠻信以爲眞，鬆弛戒備，李恢「出擊，大破之，追奔逐北」，最後與諸葛亮合力討平南蠻。事後，南蠻又叛變，還殺死守將，李恢再度征討，把主謀者揪出，遷徙成都。說他是搞定南蠻的高手，一點也不爲過。諸葛亮能重用此人來解決境內少數民族的問題，眼光是很獨到的。

三、王平

王平有南蠻血統，有趣的是，他原本是追隨曹操的，曹操征討漢中時，他轉而投靠劉備，官拜牙門將和稗將軍。但他眞正受到重用，要等到諸葛亮執政的時代。

諸葛亮首次北伐時，馬謖當先鋒，自作聰明，「舍水上山，舉措煩擾」，又不聽王平的規勸，最後慘敗，只有王平的千人部隊故佈疑陣，嚇跑張郃，因而能「徐徐收合諸營」撤退，秋毫無損。回漢中後，諸葛亮大開殺戒，殺了馬謖以下的幾個將領，但對王平另眼相看，不但給予升官，還將當時蜀國最精銳的部隊授給他帶領。王平不負所託，在諸葛亮第四次北伐時，數度擊退魏國名將張郃。諸葛亮死後，魏延和楊儀內鬥，劉禪決定「棄魏保楊」，負責一戰幹掉魏延的也是王平。十年後，魏國大將軍曹爽率領十幾萬步兵騎兵來攻漢中，蜀國蜀軍不到三萬，很多人都嚷著要撤退，王平不肯，終於等到費禕的援軍到來，曹爽只好退走。

王平是個大文盲，「其所識不過十字」，大概只會寫自己的名字。他的「讀書」方法是叫人念給他聽，而他一聽就懂。照理說，一般人是不會重用他這種人的，但諸葛亮獨具慧眼，懂得欣賞他的優點，眞了不起。

四、廖化

廖化跟上述三人的情況不同，他的能力不高，在所有史料中，也沒看過諸葛亮跟他有何互動，當然不是諸葛亮眼中的良將。

有句話說：「蜀中無大將，廖化做先鋒。」用來說明「無魚，蝦也好」的窘境。熟讀三國演義或常玩三國志遊戲的人，通常會對廖化這個角色感到困惑。說他不是大將嘛，他在遊戲中的武力又滿高的，三國演義對他也有許多正面描寫。只是小說中的寫法很怪，關羽過五關斬六將時，他第一次出現，以黃巾賊餘孽的角色現身，雖然心地善良，但關羽只肯帶周倉走，不理他。接下來他出現時，關羽已經落難麥城了，廖化奉命去向劉封、孟達討救兵，人家又不理他！他在蜀國後期，曾陪諸葛亮、姜維北伐幾次，後來就不見了。

懂羅貫中的用意何在，眞叫人搞不懂。打開陳壽的《三國志》時，翻遍「蜀書」，居然找不到廖化的傳！這太奇怪了。只有細心的讀者才能「皇天不負苦心人」，終於在「蜀書」最後的宗預本傳篇末，發現了幾行廖化的記載。呵呵，原來他是被這樣處理的！宗預是誰，大概沒人知道，廖化又放在宗預屁股後，重要性可想而知。不過，這短短幾行，卻寫出了一些重點。

第一，他是襄陽人，關羽主管荊州時，用他當主簿。主簿是文官，看起來他也識字嘛，不像有黃巾賊的背景。第二，關羽被殺後，他被抓到東吳去，因爲想念劉備，詐死，連夜背老母逃走，剛好遇到氣呼呼、正要討伐孫權的劉備。劉備大喜，用他當太守。第三，蜀漢後期，他似乎成了「閒閒美代子」，一副沒事幹的樣子，除了養老，就是烏鴉嘴說姜維會打敗仗。他也曾跟去打過仗，聽說很「果烈」，但未聞有啥戰功。第四，他曾找宗預要去拜訪諸葛瞻，宗預說：「我們都是等死的老人，幹嘛去對年輕人拜碼頭？」廖化就沒去了。第五，蜀國亡國後，廖化投降，不久就死掉。這便是廖化的一生。

「蜀中無大將，廖化做先鋒」這句話，八成是受羅貫中小說的影響，否則從史實來看，廖化只是個小癟三（或老癟三）而已，連先鋒都排不上，諺語實在太抬舉他了。

從以上幾個例子，我們可看出諸葛亮在挑選將領上的謹慎與眼光。經他重用的，從結果論來看，無一不是良將；而受他冷落的，大致上也可證實是缺乏能力。

長於巧思

諸葛亮不但是個偉大的政治家、軍事家，有人還說，如果他沒被劉備三顧茅廬，一輩子隱居襄陽，以他在〈出師表〉等幾篇文章中表現出來的文采，也必然是個優秀的文學家。此外，他憑藉著聰明、創意與巧手，甚至還是個讓人驚嘆的發明家。《三國志》說他「工械技巧，物究其極」，指的便是他改良、研發各種器具的功力極深。這種功夫，不是尋常死讀書的書呆子能做到的。我們可以想見，他的生活一定十分忙碌而充實，除了讀書、思考，他還不時敲敲打打，做些有趣的實驗，發明些新奇的玩意兒。後人傳說他曾發明孔明燈、饅頭等等，雖然只是傳說，但這些傳說不找別人，而找到他身上，不正說明了他的發明天才？

諸葛亮是個發明家，又是個講究實用的人，他或許發明過某些純粹好玩或好看的東西，但在有意無意間，勢必對具有實用價值的發明更爲講究。尤其他的畢生事業都在政治和軍事上，想當然爾，發明的玩意兒也會偏重在這兩方面，因此《三國志》才說他「性長於巧思，損益連弩，木牛流馬，皆出其意；推演兵法，作八陣圖，咸得其要云」。從這段記載中可清楚看到，在諸葛亮充滿「巧思」的大腦與雙手下，至少共發明或改進了四樣東西，分別是連弩、木牛、流馬和八陣圖。另外，在中國古代一本重要的百科全書《太平御覽》中記載，諸葛亮曾「作匕首五百枚，以給騎兵」、「作五折剛鎧，十折矛」，根據大史學家陳寅恪的學生萬繩楠在《魏晉南北朝史論稿》一書表示：「剛鎧」、「十折矛」的確都是諸葛亮發明的。另外根據幾部描寫南北朝的史書，諸葛亮還發明「筒袖鎧」和「鐵帽」。種種證據看來，這些都是諸葛亮軍事上的發明，如果他不從政帶兵，應該可以發明更多其他方面的科技產品才對。但不論他發明什麼，由於中國向來不重視科技成果，這些東西目前多已不可尋，只能從一些相關的文字資料來推測。以下就以筒袖鎧、鐵帽、連弩、木牛、流馬和八陣圖爲例。

■筒袖鎧和鐵帽

很多人喜歡引用蘇東坡的「羽扇綸巾，談笑間強虜灰飛煙滅」，來說明諸葛亮的風度翩翩，並由此聯想他的造型裝扮應該如何如何。其實這是不對的，蘇東坡那兩句本用來描寫周瑜，跟諸葛亮何干呢？在羅貫中的渲染下，諸葛亮永遠都是那身打扮：「身長八尺，面如冠玉，頭戴綸巾，身披鶴氅，飄飄然有神仙之概。」初見劉備時如此，休閒時如此，如廁時如此，甚至連帶兵打仗也這樣穿，風險豈不是太大了？除非他的武功高強，有流箭射來時，一低頭、一揮扇就可化險爲夷。當然，這是玩笑話。

史書上記載，諸葛亮曾發明一套性能優越的裝備，可在戰場上防身。這套裝備一直流傳到南朝宋，當時的皇帝因王玄謨作戰有功，「賜以諸葛亮筩袖鎧」。後來，殷孝祖也作戰有功，「御仗先有諸葛亮筩袖鎧帽，二十五石弩射之不能入，上悉以賜孝祖」。在另一本史書上，說皇帝賞賜殷孝祖的是「諸葛亮筒袖鎧、鐵帽」。原來，這套裝備共有兩部分，一個是「筒袖鎧」，一個是「鐵帽」，兩者加起來，可讓「二十五石弩射之不能入」，簡直是刀槍不入嘛！這應該就是諸葛亮在戰場上的裝備，也可能蜀軍也人人配備一副，更能添作戰時的優勢。畢竟蜀軍人數不如魏國，除了訓練嚴格、戰術靈活、武器精銳，減低死傷人數更是當務之急。

從字面上來看，「鐵帽」應該類似今天的頭盔，只不過材質是鐵，可以用來預防刀箭的攻擊。至於「筒袖鎧」這種鎧甲，除了能保護身體正背兩面，應該也可套在手臂上，將全身密實地包裹起來，以防各種傷害。諸葛亮如果活在今天，以他的這種智慧，應該也能從事高科技武器的研發工作吧！

■損益連弩

有人讀不懂古文，誤將「損益連弩」看成是諸葛亮發明的一種發明，這是很可笑的。「損益」兩字是動詞，有改造、改良之意，「損益連弩」只是說諸葛亮將連弩加以改良，而不是說他發明了「損益連弩」這樣東西。

事實上，連弩出現得很早，有經過幾次演變，它的「前身」是弓。弓需要人力操作，有其使用上的限制，因此發明了弩。弩是一種用機械發射的弓，最早出現在戰國時期。發射時不必人力，而用機括，力道較強，射程較遠，獵人常將弩設置在草叢裡，不費吹灰之力，便可使虎豹等獵物誤踏而中箭，省事又安全。弩之大小不同，名稱也不一樣，小的可用手發射，大的必須用腳踏；名稱有的叫神臂弩，有的叫花裝弩，還有叫穿鐙弩的，都因用法不同而異名。戰國時期有四弩：夾弩、瘦弩、唐弩和大弩。夾弩、瘦弩較輕便，發射的速度很快，多用在攻守城壘；唐弩、大弩是強弩，射程雖遠，但是發射的速度較慢，大多用於車戰和野戰。漢代的弩，主要有兩種，分別是靠雙臂拉開的「擘張弩」，和用腳踩踏的「蹶張弩」兩種。

到了漢代，弩已經可以連續發射，所以稱爲「連弩」。連弩到了富於「巧思」的諸葛亮的手裡，又被改良得更具威力。裴松之註解《三國志》時引用《魏氏春秋》說，諸葛亮「損益連弩，謂之元戎，以鐵爲矢，矢長八寸，一弩十矢俱發」。可知改良後的連弩，又稱爲元戎，這在當時確實是一種殺傷力較大的勁弩，否則沒必要記載。

元戎的強大功能，歷來有兩種解釋，一說是可將十枝箭放在一個弩槽裏，每扣一次板機，就能由箭孔向外射出一枝，而弩槽中的箭隨即又落下一枝入箭膛上，再上弦，又可繼續射出，性能與今天的機關槍相似。如果此說成立，則跟漢朝的連弩有何差別？「損益」又在哪裡？因此應該是指能同時發射十枝箭，讓敵人無所遁逃，這樣才能顯出它的強大火力。加上諸葛亮將元戎所需的箭用改鐵製成，發射速度快，威力更加嚇人，宋朝王應麟說：「西蜀弩名尤多，大者莫逾連弩。十矢謂之群雅；矢，謂之飛槍通呼爲摧山弩，即孔明所作元戎也。」「摧山弩」意指這種連弩能把整座山都摧毀，其震撼效果可想而知。一九六四年，成都郫縣出土一個於後主劉禪景耀四年（即西元二六一年）二月三十日製造的銅弩機。這部機重約兩百六十七公斤，不可能用臂力張開，要用腳踏下發射。

諸葛亮改良了連弩，對蜀漢有顯而易見的影響。三國時代的總兵力最盛時約達八、九十萬，其中魏國約四、五十萬，最爲強大，東吳約二十幾萬，也足以自保，唯獨蜀國只有十萬出頭，最爲弱小。這樣少的兵力，別說北伐了，就連偏安一隅，照說也很困難，但蜀國居然「撐」了幾十年才垮掉，期間諸葛亮和姜維一共北伐魏國十多次，憑藉的武器之一，就是經過諸葛亮改良過的連弩。

三國軍隊有步兵、騎兵、弩兵和水軍等兵種，水軍以吳最強，步、騎以魏爲盛，至於蜀國，他們在步兵、騎兵、水軍方面都無法跟別人一較高低，但有陣容、威力都最強大的弩兵。《華陽國志・劉後主傳》記載：「後主延熙中，丞相亮發涪陵勁卒三千人，爲連弩士。」弩兵的來源必須是「勁卒」，素質優良，其基本配備即是諸葛亮損益過的連弩，優點在於能遠距離作戰，儘管行軍速度較慢，但用來防守時，對敵軍的傷害還是很大。諸葛亮北伐時，屢因糧食不繼而撤兵，有次名將張郃來追，便遭蜀國強大的弩軍射死。

面對可怕的蜀國弩軍，魏國積極反制，也引進這種技術。裴松之註解《三國志》時，曾提到魏國有位「巧思絕世」的發明家馬鈞，此人曾「見諸葛亮連弩，曰：『巧則巧矣，未盡善也。』言作之可令加五倍。」馬鈞這話很不公道。諸葛亮何許人也，每天日理萬機，哪有空把連弩改造得「盡善」？好笑的是，馬鈞自誇能將元戎的威力增強五倍，但不知是沒完成還是不實用，總之並沒有流傳下來，後人還是寧可使用諸葛亮改良的連弩，註解《資治通鑑》的胡三省說：「諸葛孔明治蜀，作木牛、連弩之法，自晉以下，倣而為下，倣而為之。」這種倣而為之，證明了諸葛亮損益的連弩所具有的實用價值，是光會吹牛的馬鈞比不上的。

有趣的是，《戰國策．韓策一》說：「天下強弓勁弩，皆自韓出，溪子、少府、時力、距來，皆射六百步外。」韓國是戰國時代最弱小的國家，卻是出產「強弓勁弩」最多的地方，足見弓弩是古代弱國自衛的保證，如戰國之韓、三國之蜀。只是蜀國除了能用「強弓勁弩」自保，還能用以主動出擊，要不是諸葛亮對連弩的精心改造，哪能這麼強悍？

■木牛與流馬

木牛和流馬是諸葛亮發明來運送物資的東西，寫《三國志》的陳壽既然以「巧思」稱之，這兩種玩意兒必然兼具創意和實用的價值。但奇怪的是，木牛、流馬到底長什麼樣子，該如何使用，從來沒人能說得清楚，大家只是一天到晚佩服、讚美而已。

諸葛亮自己曾留下一篇文字，說明木牛、流馬的製造方式，但他的文筆向來以艱深難懂聞名，加上沒有設計圖輔助，因此有講等於沒講，他那篇「有字天書」考倒了古今所有人。不信的話，請看：

木牛者，方腹曲頭，一腳四足，頭入領中，舌著於腹。載多而行少，宜可大用，不可小使；特行者數十里，群行者二十里也。曲者爲牛頭，雙者爲牛腳，橫者爲牛領，轉者爲牛足，覆者爲牛背，方者爲牛腹，垂者爲牛舌，曲者爲牛肋，刻者爲牛齒，立者爲牛角，細者爲牛鞅，攝者爲牛鞦軸，牛仰雙轅，人行六尺，牛行四步。載一歲糧，日行二十里，而人不大勞。流馬尺寸之數，肋長三尺五寸，廣三寸，厚二寸二分，左右同。前軸孔分墨去頭四寸，徑中二寸。前腳孔分墨二寸，去前軸孔四寸五分，廣一寸。前杠孔去前腳孔分墨二寸七分，孔長二寸，廣一寸。後軸孔去前杠分墨一尺五分，大小與前同。後腳孔分墨去後軸孔三寸五分，大小與前同。後杠孔去後腳孔分墨二寸七分，後載剋去後杠孔分墨四寸五分。前杠長一尺八寸，廣二寸，厚一寸五分。後杠與等版方囊二枚，厚八分，長二尺七寸，高一尺六寸五分，廣一尺六寸，每枚受米二斛三斗。從上杠孔去肋下七寸，前後同。上杠孔去下杠孔分墨一尺三寸，孔長一寸五分，廣七分，八孔同。前後四腳，廣二寸，厚一寸五分。形制如象，靬長四寸，徑面四寸三分。孔徑中三腳杠，長二尺一寸，廣一寸五分，厚一寸四分，同杠耳。

我們相信，諸葛亮已經很努力想表達清楚，但別說你我看不懂，古今中外還沒有人看懂過；縱使懂了幾分，也做不出來；縱使做得出來，也毫無實用效果。這不能怪諸葛亮，他也許太忙了，未曾留下圖樣，也許是圖樣弄丟了。

既然沒人看得懂，後人只好拼命猜測或瞎掰。不管要猜或掰，前提得先釐清木牛、流馬的相關史料。根據史書記載，西元二三一年，諸葛亮北伐，「復出軍圍祁山，始以木牛運」。三年後，諸葛亮再度北伐，「由斜谷出，始以流馬運」。由此可以推斷，木牛和流馬是不同的兩種運輸工具，流馬是由木牛改進而成，兩者主要是運送糧食、裝備等物資，因此主張木牛、流馬是同一種東西的說法，便不攻自破了。這一派的學者包括譚良嘯和王湔，前者認為木牛流馬是一種新的人力木製四輪車，後者並製造出一種具有牛的外形和馬的步態的模型，他們對史料的掌握並不確實。

釐清了這點，我們再問：諸葛亮為什麼要設計木牛、流馬？他是個實用主義者，如果原本運輸工具的功能不錯，他不會沒事找事，一定是物資運送出了問題。問題可能出現在運補的人身上，也可能出現在運輸的地形或工具上。

在人方面，李嚴運糧出了狀況，又企圖說謊卸責，被諸葛亮法辦，繼任的人選是蔣琬。蔣琬在這方面做得很好，《三國志》說「亮數外出，琬常足食足兵以相供給」。「人」的問題解決了，諸葛亮的北伐還屢屢出現「糧盡退兵」或「糧盡而還」的情況，這只能歸咎於地形或運輸工具。

諸葛亮北伐的路線，非得經過許多懸崖峭壁不可，這些危險的地方只能修棧道通行。棧道也叫閣道，崔浩的解釋最好：「險絕之處，傍鑿山巖，而施版梁為閣。」棧道的材料是木板，用久了會壞。《魏書》說棧道「下臨不測之淵，人行以繩索相持而度」，人走起來都很危險，何況是要運送龐大笨重的器具物資？古人用兵，多避開這種地方，少數例外如諸葛亮、鄧艾，則是因為沒有其他的路可走，才走棧道。

蜀漢末年，魏國派兵滅蜀，蜀國大將姜維守在劍閣頑抗，企圖擋住北邊的鍾會和西方的鄧艾。鄧艾部隊在陰平，南邊是群山峻嶺，本應往東邊進軍，但他為了避開姜維，居然「自陰平道行無人之地七百餘里，鑿山通道，造作橋閣。山高谷深，至為艱險，又糧運將匱，頻於危殆。艾以毯自裹，推轉而下。將士皆攀木緣崖，魚貫而進」。棧道之難行，並不是只有諸葛亮才會遇到，鄧艾也領教了。這樣看來，人力無法改變地形，只能從改變運送物資的器具著手，讓運補之旅便利些。爲了解在這「天梯石棧」道上人背畜馱的運輸困難，諸葛亮研究製造了木牛、流馬，以代運餉。

有了這樣的認識，我們回頭對照諸葛亮的說法：木牛每次只能載一歲糧（即一個人一年的口糧），約有六百公斤重，每人每天可以運送二十里路，雖不太辛苦，但速度的確稍慢了些。後來設計的流馬能載到四斛六斗（約四石多），不但載重量增加許多，速度也變快了。

只是，木牛和流馬到底長什麼樣子？如何運送？還是無解。中共建國後，先後成立七個「木牛流馬研究室」，延聘最優秀的專家學者，想讓這兩樣絕活復活，結果也告失敗，其難度之高可想而知。台灣這幾年曾在國父紀念館舉辦「三國演義博覽會」，其中展覽了根據諸葛亮說法而模擬再造的木牛，不過很多人都不相信這玩意兒能夠用於實際用途。以今人的知識和技術尚且如此，何況古人呢？因此，這給了後人許多想像的空間，如羅貫中在《三國演義》裡說：

> 忽一日，長史楊儀入告曰：「即今糧米皆在劍閣，人夫牛馬，搬運不便，如之奈何？」孔明笑曰：「吾已運謀多時也。前者所積木料，並西川收買下的大木，教人製造『木牛』、『流馬』，搬運糧米，甚是便利。牛馬皆不食水，可以晝夜轉運不絕也。」眾皆驚曰：「自古及今，未聞有『木牛』『流馬』之事。不知丞相有何妙法，造此奇物？」孔明曰：「吾已令人依法製造，尚未完備。吾今先將造木牛流馬之法，尺寸方圓，長短闊狹，開寫明白，汝等視之。」眾皆大喜。孔明即手書一紙，付眾觀看。眾將環繞而視。……眾將看了一遍，皆拜伏曰：「丞相眞神人也！」過了數日，木牛流馬皆造完備，宛然如活者一般；上山下嶺，皆盡其便。眾軍見之，無不欣喜。孔明令右將軍高翔，引一千

兵駕著木牛流馬，自劍閣直抵祁山大寨，往來搬運糧草，供給蜀兵之用。

這段描述最離譜的是，現場沒有實物或設計圖，將領也不見得識字，居然人人看過文字說明後就懂了，這不是笑話嗎？羅貫中，你也太扯了吧！

不只如此，緊接著羅貫中對木牛流馬又有神乎其技的描寫，說魏軍見木牛流馬很方便，便搶過來使用，沒想到發生意外狀況：

且說魏將岑威引軍驅木牛流馬，裝載糧米，正行之間，忽報前面有兵巡糧。岑威令人哨探，果是魏兵，遂放心前進。兩軍合在一處。忽然喊聲大震，蜀兵就本隊裏殺起，大呼：「蜀中大將王平在此！」魏兵措手不及，被蜀兵殺死大半。岑威引敗兵抵敵，被王平一刀斬了，餘皆潰散。王平引兵盡驅木牛流馬而回。敗兵飛奔入北原寨內。郭淮聞軍糧被劫，疾忙引軍來救。王平令兵扭轉木牛流馬舌頭，皆棄於道上，且戰且走。郭淮教且莫追，只驅回木牛流馬。為軍一齊驅趕，卻那裡驅得動？郭淮心中疑惑。

正無奈何，忽鼓角喧天，喊聲四起，兩路兵殺來，乃魏延、姜維也。王平復引兵殺回。三路夾攻，郭淮大敗而走。王平令軍士將牛馬舌頭，重復扭轉，驅趕而行。郭淮望見，方欲回兵再追，只見山後雲煙突起，一隊神兵擁出，一個個手執旗劍，怪異之狀，驅駕木牛流馬如風擁而去。郭淮大驚曰：「此必神助也！」眾軍見了，無不驚畏，不敢追趕。

照羅貫中所說，木牛、流馬是一種新穎的自動機械裝置，它們的舌頭上設有開關，只要扭動正確，就能自動運轉或停止。當然，這種說法並非無的放矢，最大的根據是來自於《南齊書》，說大發明家祖沖之「以諸葛亮有木牛流馬，乃造一器，不因風水，施機自運，不勞人力」。這是指祖沖之在木牛流馬的基礎上，造出更勝一籌的自動機械。以此推論，三國時利用齒輪製作機械已爲常見。令人納悶的是，如果木牛、流馬眞是自動機械裝置，便是跨時代的突破，何以後來就銷聲匿跡了呢？此說可疑，除非以後的出土文物能做出說明。

照諸葛亮自己的說法，木牛是一腳四足的載運工具，流馬則前後各兩腳。大陸學者范文瀾認爲，諸葛亮將獨輪車的木牛改進成四輪車的流馬，「腳」是車輪，「四足」是四條木柱，用來防止傾倒。換言之，木牛流馬並非是「牛」型或「馬」型的機器，而純粹是單輪和四輪的小木車。因此有人懷疑，現在四川廣元一帶還流行的雞公車，很可能就是木牛的「變種」。雞公車又名嘰咕車，結構簡單，形似雞頭，一般長四尺，前裝木製單輪，輪緣裹以鐵皮或硬質橡膠圈。輪上部裝有凸形護輪板，可坐人載物，車身後部有支架，便於停放。有燕尾形手柄，車夫以兩手持之前推。分寬架、窄架兩種。寬架載重量可達五百公斤，窄架能載兩百公斤左右，輕便靈活，製作簡便。懷疑雞公車是木牛的理由有兩個：

第一，廣元市區內有一百五十公里的古棧道，是諸葛亮北伐的必經主道。據清代文獻《昭化縣志》記載，今天廣元市中區三堆境內大高山，即是諸葛亮北伐製造木牛、流馬的場地之一。因此說流行於廣元的雞公車可能是木牛，這是合理的推斷。

第二，綜合《宋史．楊允恭傳》、《事務紀原．小車》、《陳後山集》、《河工器具圖說》等書的說法，所謂木牛或流馬，就是今日的雙輪架車和獨輪小車，而廣元人民乃至四川農村，都將獨輪小車叫雞公車。這種獨輪小車經過了一千七百多年，一直在廣元山區沿用下來。據一九五九年廣元縣農具改革辦公室的統計，全縣的雞公車將近兩千部。車的構造和使用方法，跟宋代張擇端所畫《清明上河圖》上的獨輪小車相似，都是一人在後面推，或加一人在前面拉，也有在前面用一頭驢拉的。因此說流行於廣元的雞公車可能是木牛，這又是合理的推斷。木牛就是雞公車，應該沒錯。

至於流馬，關鍵在「流」字，它可能是一種比用輪子奔跑更快的運輸工具。果眞如此，則流馬之「腳」就不是車輪，而是用於防滑的支柱。因爲棧道如同山路，忽高忽低，「腳」在停車時會接觸到地面，可防止車輛滑動。這種推測有其道理。至於許多專家都把流馬想成類似腳踏車，這就有些誇張。雖然腳踏車又稱孔明車、鐵馬，不僅是「孔明」和「馬」能和諸葛亮、流馬扯上關係，而且讓諸葛亮發明具有齒輪、鏈條和發條的交通工具，很能「揚我國威」。只是我們必須考慮到這種設計過於複雜，數個月才能生產一輛，未免太沒效率了。

換個角度看，由木牛改良後的流馬，如果還是陸上交通工具，它的好處、速度在哪裡？因此有人根據流馬的「流」字，推斷流馬是一種船，可以讓諸葛亮順流而下運糧。問題是蜀國北伐的路線地形山多河少，河川易下難上，出軍時容易讓敵人預測路線，回程時又變成逆流而上，反而困在當地，流馬絕不是船的原因在此。

流馬不是水、陸交通工具，難道會懸在空中？沒錯，正是如此。唯有運糧於空中，才能突破地形的阻礙，也是唯一又快又有效的糧運方法。以諸葛亮的智商與巧思，一定能想到這點，而不是在車上畫蛇添足，裝四個輪子。最合乎這種需求的，非流籠莫屬，我們可大膽推斷，諸葛亮發明的流馬即流籠。流籠的優點是：一、可快速運送糧食和各種物資，甚至運輸兵力。二、施工簡便，材料簡單，製作大型滑輪無須艱深的技術。滑輪本身不算重，在士兵的攜帶下，可搬到任何地形快速架設，隨裝隨拆。三、省時省力省人工。在滑輪的幫助下，士兵只要聚集在固定地方拖拉即可，不必花費大批人力和時間在狹窄的棧道推拉車子，棧道還可空出來讓軍士行軍。如果拖拉的工作是由馬匹來執行，不但更省人力，也許這也正是取名爲流馬的原因。流馬的「流」可以解釋爲「貨物藉由滑輪流下去」，往下時是藉由滑輪而「流」，往上則是由馬來拉，加起來不就是「流馬」嗎？四、不受地形限制。空中纜車的行走，不必管它下面是山谷、河流或森林。五、可以多點同時運送，兩山間同時有數十個流籠運送，可加快運糧速度。

《三國志》記魏延在諸葛亮死後作亂，「率所領徑先南歸，所過燒絕閣道」。楊儀率領爲數眾多的兵力和錙重，居然還能追得上魏延，豈不怪哉？史書上說，楊儀「槎山通道，晝夜兼行」，所以能趕得上。但是臨時要砍一條山路，讓兵馬通行，並且快速追上魏延，這是不合常理的。不過，如果流馬就是大型流籠，就算棧道被燒壞了，楊儀只要派人快速建立數十座流馬，不管是兵馬或錙重，都能快速翻山越嶺，楊儀能追上魏延，也就不足爲奇了。

如果流馬就是流籠，就可以完全取代棧道嗎？答案是否。棧道的「保存期限」較久，主要用途是供給大量士兵通行；而流馬的特點則適合數量少而笨重的糧草錙重，繩子因經常摩擦，久了容易斷裂。因此，棧道和流馬兩者各有特色，相輔相成。

很多人都疑惑，流馬既然如此實用，怎麼會失傳呢？這是因爲流馬（大型流籠）只適合在山間使用，需要有人拖著笨重的主繩，翻山越嶺到另外一座山架設固定。主繩如果是鐵鍊，滑輪根本無法轉動，必須使用粗繩。問題是粗繩經過風吹日曬，時間一久容易斷裂，保存不易，只適合短期行軍之用。如果老百姓運用於日常生活，長期來說不如棧道來得安全可靠。要是用來載人，乘客必須要有很大的膽量；要是用來載物，流馬的另一端必須要有人全副武裝，否則便是公然昭告土匪來搶。正因爲如此，木牛後來能流傳下來，成爲雞公車，而流馬的絕活便從此失傳。上述引胡三省的話說：「諸葛孔明治蜀，作木牛、連弩之法，自晉以下，倣而爲下，倣而爲之。」他只提及木牛而不說流馬，不是沒有原因的。

■八陣圖

《三國志》稱諸葛亮「推演兵法，作八陣圖，咸得其要」，已很明白指出，八陣圖並非諸葛亮發明，而是改進、改良。但由於後人對八陣圖所知不多，一直以爲那是諸葛亮的發明，特別是《三國演義》中對此又有許多神祕的描繪，如陸遜困陣不得出，幸賴孔明岳父黃承彥的指引才脫險；如諸葛亮擺八卦陣，挫敗司馬懿；如諸葛亮死後，姜維盡得密傳，用八卦陣勝過鄧艾。這些描寫，都爲八陣圖增添了不少煙霧。所謂八陣圖，並不像《三國演義》中所描寫的那樣神祕，能夠飛砂走石，遮天蔽日，如果拂去神祕的色彩，它是一種用於行軍、作戰和宿營等實戰的兵法陣圖，卻是毋庸置疑的事實。

諸葛亮會有改進八陣圖的念頭，源自於實際作戰的需要。蜀漢多山，蜀軍擅長山林戰，這是很自然的。但蜀軍的戰場通常不在自己國內，而在魏國。魏國關隴境內的地形、氣候和蜀漢大不相同，是以平地爲主，騎兵特強，蜀軍的步兵、弩兵一旦遭遇慓悍快速的魏騎，優勝劣敗，不言可喻。諸葛亮無法改變魏國地形，只好從戰術著手，設計一套可以因應這種局面的兵法，這便是諸葛亮改良八陣圖的歷史背景。此外，蜀漢領土狹小，兵力有限，在第一次北伐敗於街亭後，諸葛亮覺悟到需用靈活戰術以寡敵眾，於是開始運用八陣圖操練將士，王應鱗的《玉海》中稱：「諸葛武候治蜀，以八陣法校閱戰士。」便是此時的事。諸葛亮曾很自豪地說：「八陣既成，自今行師，庶不覆敗矣。」這話大抵不差。

從散見於四川各地及陝南漢中地區的八陣圖遺址來看，後世憑弔勝跡、寫詩著文稱頌諸葛亮功業的，不乏其人。除個別遺址是後人附會傳說的以外，大多數遺址都是諸葛亮當年練兵和作戰的歷史見證。根據文獻記載，諸葛亮以八陣圖練兵的確切遺址，可考者有五處：一在陝西勉縣定軍山麓。《水經注．沔水》說：「沔水東經武侯壘南，又東經沔陽縣故城內。南對定軍山，山東名高平，是亮宿營處，營東即八陣圖也。」二在四川新都縣彌牟鎮。李膺《益州記》指出，這裡的八陣圖有土城四門，中間六十四個小土丘，每個小土丘三尺高，用來「校閱戰士」之用。三在四川奉節縣。《水經注．江水》說，這裡的八陣圖「聚石成八行，行間相距兩丈」。此外，《興元縣志》說西縣亦有八陣圖，這是第四處。諸葛亮出斜谷，駐兵五丈原，以兵少，僅用六數，在陝西盩厔司竹園，唐朝杜牧曾見其遺壘，這是第五處。由於歲月流逝，風雨沖刷，這五處遺跡或蕩然無存，或僅存殘壘，唯一可以證實的是，這些地方曾是諸葛亮用八陣圖來操練、演習的地方。

諸葛亮改良八陣圖，但在諸葛亮之前，八陣的記載不多，因此晉朝的的李興說：「推子八陣，不在孫、吳。」既然在戰國時代的孫武、吳起兵書中找不到相關記載，因此就衍生出八陣是諸葛亮發明的誤傳。但歷史就是這麼奇妙，一九七二年，山東臨沂線銀雀山漢墓發現《孫臏兵法》殘本，裡頭赫然有〈八陣篇〉，雖然只有殘缺不全的兩百多字，但意義十分重大，不只說明八陣之法在戰國時期即已出現，也印證了陳壽所說諸葛亮「推演兵法，做八陣圖」的可信度，當然，李興說他在孫武、吳起兵書中找不到八陣，也是正確的。《三國演義》描寫的八陣圖很神奇，只是一堆亂石，就能迷惑敵人，但《孫臏兵法》所述的「八陣」，主要是用來部署進攻，克敵制勝，並沒有涉及堆石爲陣這回事。如果諸葛亮眞有堆石爲陣，也只是用來幫助士兵理解。

《孫臏兵法》裡的〈八陣篇〉說：

> 智，不足將兵，自恃也。勇，不足將兵，自廣也。不知道、數戰，不足將兵，幸也。夫安萬乘國，廣萬乘王，全萬乘之民命者，唯知道。知道者，上知天之道，下知地之理，內得其民之心，外知敵之情，陣則知八陣之經，見勝而戰，弗見而諍，此王者之將也。

這段話跟八陣的用法不太相干，只說身爲一個「王者之將」，必須明白天道、地理、民心、敵情和「八陣之經」，可見孫臏所說的八陣是一種作戰時的陣行。他接著又說：

> 用八陣戰者，因地之利，用八陣之宜。用陣三分，誨陣有鋒，誨鋒有後，皆待令而動。鬥一、守二。以一侵敵，以二收。敵弱以亂，先其選卒以乘之。敵強以治，先其下卒以誘之。車騎與戰者，分以爲三，一在於右，一在於左，一在於後。易則多其車，險則多其騎，厄則多其弩。險易必知生地、死地，居生擊死。

這段話很扼要地談到八陣的實際用法，有些用語雖不好懂，我們仍可勉強拼湊出大致的意思，孫臏認爲：要選擇最有利的地形，採用八陣中最合適的陣法，配合兵力來打擊敵人。使用八陣法時，部隊應分成三隊，一隊攻擊，兩隊防守。如果是用車騎作戰，則三隊分別在右、左、後。在平坦的地方要多用輜重車輛佈陣，在險要的地方要多用騎兵佈陣，在狹隘的地方則要多用弩兵佈陣。孫臏的意思大致如此。

東漢時，竇憲討伐北匈奴，在廣闊的沙漠中使用八陣法，輜重車輛一萬三千多部全數排開來，不只在氣勢上壯觀嚇人，也能遏阻匈奴騎兵的猛烈衝撞，這時漢兵再趁機射箭或用長武器攻擊，最後大獲全勝。這是八陣法用於戰場上的僅存記載，雖然是驚鴻一瞥，威力也足以讓人吃驚了。

諸葛亮改造後的八陣圖，是一種綜合各種功能的陣法，可以用來練兵、行軍、作戰、宿營，並讓步兵、騎兵和弩兵等各軍種能因地制宜，密切配合。它的基本陣行是縱八行，橫八行，可隨時變化成其他陣法。根據學者的研究，諸葛亮改良過的八陣圖，大概有幾個特點：

一，以防爲主，攻守皆宜。西元二六三年，蜀國滅亡，司馬炎要劉勰把諸葛亮的八陣圖學起來，其中包括堅守陣地、埋伏破敵的方法，以及運用各種旗幟靈活調度部隊的訣竅。至於詳細的方法和訣竅，史書沒寫，我們只能由此推斷八陣圖是富於變化的，或守或攻，或進或退，都有各種信號和方式。

二，八陣的應用多在平原。從諸葛亮殘留的八陣石壘遺跡來看，都是適合平原作戰的方陣形。

三，八陣圖部勒軍隊，反應快捷，配合密切。東晉時候的野心家桓溫，看到白帝城下的白帝城遺跡時，「以爲常山陣勢」。這裡所謂的「常山陣勢」，是指八陣圖在應用時，猶如常山之蛇，不但反應靈敏，而且還有以首、尾、中三部消滅敵人的奇效。

第四，八陣圖的陣法排列非常豐富複雜，可運用在各種地形，讓敵人產生困惑。唐朝詩人杜牧在《孫子注》上說：「諸葛武侯以石縱橫八行，布爲方陣，奇正之出，皆生於此。奇亦爲正之正，正亦爲奇之奇，彼此相用，循環無窮也。」所謂「正」和「奇」，是古代常用的軍事術語，「正」是正面攻擊，「奇」是側面襲擊。這裏是說諸葛亮的八行方陣，奇、正配合，變化多端。從變化上講，雖以天、地、風、雲、飛龍、翔鳥、虎翼、蛇蟠爲八陣之勢，但大陣包小陣，大營包小營，確如李靖指出的：八陣法「何止八而已乎！」正因爲以上四種特色，諸葛亮領導下的蜀軍戰鬥力很高，「止如山，進退如風」，「首尾如蛇」，前後相應，連軍事天才司馬懿也畏懼三分。

後世根據諸葛亮練兵的規模和實際用途，把八陣圖分爲幾類：在奉節的有六十四陣，是爲方陣法；在新都彌牟鎮的有一百二十八陣法，是爲當頭陣法；在成都附近和漢中的有二百五十六陣，是爲下營法。可見諸葛亮防禦的重心在北，東邊的陣圖就比較簡單，因和東吳是同盟關係。而新都在成都之北，有當先護衛成都之意，其勢相對要複雜些。由此不難看出，成都是蜀國大本營，其練兵的陣勢無疑又要複雜一些，規模自然要大得多，有直接拱衛腹心和威懾四方的作用。而地處國防前線的漢中，是諸葛亮出兵北伐的基地，這樣的陣圖直接用於實戰，與敵人爭鋒對壘，當然陣勢比較複雜，要求也比較嚴格。史稱諸葛亮所到之處，其營壘、井灶、圊溷（廁所）、藩籬、障塞，「皆應繩墨」，一點也馬虎不得。

再據學者研究，八陣圖的陣法可考者四。

一，車蒙陣法。以皮革製成的車衣將車輛包起來，縱橫成列，成爲屏障，以用來遏阻魏國騎兵的衝撞，而士兵則在車後伺機反擊。諸葛亮在〈軍令〉中說：如果是敵軍來攻，原本在設置障礙物的士兵，要全部退到連結在一起的衝車後面。當敵軍逼近障礙物時，我方步兵只准蹲著前進，用各種長兵器刺殺敵人，不准站著和停留，因爲這樣會妨礙身後的弩兵射箭。這裡描述的應該就是車蒙陣法。

二，連衡陣法。這種陣法，適合在開闊的平原使用，將部隊橫列成狹長形前進，可防止敵人衝擊，也可以大陣包小陣，層層圍困對手，同時還可與騎兵配合。諸葛亮在〈軍令〉中提到，連衡陣法看似單薄，實際上卻很堅實，是一種銳利無比的陣形，騎兵不得離開陣內，掩護兩翼的騎兵則要跟本陣保持距離。

三，鋸齒陣法。如果在深山或峽谷作戰，最適合這種陣法。利用地形做掩護，將部隊犬牙交錯，呈鋸齒狀，會使敵人多面受敵，進退失據，這時我方再用長兵器和弩箭射之，即可大勝。魏國大將張郃應該就是死在這種陣法中。

四，三面陣法。這種陣法是將部隊分為三部，然後用各種不同顏色的旗幟指揮調度，或三面夾攻敵軍，或與車蒙陣結合，抵禦敵人的騎兵攻勢。當然也能用來進攻，以兩面合攻對手時，另一面可出其不意，攻其不備。

諸葛亮改良後的八陣圖，後世曾用以克敵而見效，如晉朝馬隆依八陣圖作偏廂軍，攻克了涼州；後魏刁雍採諸葛亮八陣之法，抵禦了柔然族前來犯塞；傳聞唐朝的李靖有鑑於熟悉八陣法的人太多，加以改良後，創造了六花陣法。

像諸葛亮這樣多才多藝的發明家，留下來的實物見證少之又少，實在令人遺憾，還好有限的文字記載提供了些許線索，讓我們對他的貢獻有更多的瞭解，但願在科技日新月異的現在，他的發明能有出土或還原的一天，那眞是我們的眼福呢。

與司馬懿套招

■真假空城計

諸葛亮的各種故事流傳千古，眞假莫辨，其中以「空城計」最爲人知。羅貫中在《三國演義》中，將空城計寫得活靈活現，不但膾炙人口，空城計還因此成爲中國傳統「三十六計」中的一計，還搬上各種戲劇舞台。不過，這個故事太有名了，所謂「人怕出名豬怕肥」，太出名的故事理所當然會受到後人的嚴厲考驗，質疑它的眞假。空城計幾經「好事者」考證，遭拍板定案，認爲是羅貫中的虛構。

事實上，羅貫中寫空城計並非無的放矢、無中生有，他是根據一段似眞似假的歷史記載加以改編的。陳壽所著《三國志》雖沒有空城計的情節，但南朝宋的裴松之收集三國史料兩百多種，爲《三國志》做詳細註解時，其中就有空城計的原始史料。裴松之發現，晉朝有股風潮，認爲諸葛亮所托非人，勞民傷財，以小搏大，太不自量力。面對這股風潮，有個叫郭沖的人不以爲然，他覺得諸葛亮「權智英略」，比春秋時代齊國的宰相管仲、晏嬰還偉大，可惜一般人不懂，於是他寫了五則諸葛亮的軼事，來彰顯其功業、機智等等，史稱「郭沖五事」。空城計便是其中的第三則軼事，內容大致如下：

諸葛亮在陽平屯兵，派魏延等人率軍先行，自己只留一萬人守城。司馬懿帶了二十萬人馬與魏延錯道而過，直撲陽平，在還剩六十里之處，得知諸葛亮所留兵力不多，大喜過望。陽平守軍見司馬懿將至，若棄城而逃，時間上已經來不及；而魏延軍隊遠在天邊，也無法解燃眉之急。眼見陽平城內人心惶惶，諸葛亮卻意氣自若，下令將所有旗幟、鑼鼓、兵器通通收起來，全部士兵不可出來亂晃；又打開城門，叫人掃地澆花，做若無其事狀。司馬懿來到陽平城外，大吃一驚，認爲向來「持重」的諸葛亮必定設下埋伏等他，他才不輕易上當呢！於是撤兵返回。諸葛亮見空城計成功，拍手大笑，而司馬懿事後得知眞相，「深以爲恨」！

不過，這則故事有很大的破綻：陽平在漢中，諸葛亮駐紮漢中時的主要對手是曹眞、郭淮，當時的司馬懿是荊州都督，兩人有機會碰面是諸葛亮第四次北伐的時候，此其一。依照諸葛亮幾次北伐的經驗，他不管給其他將領多少兵力，主力部隊還是會留在自己身邊，斷無讓自己「兵少力弱」之理，此其二。單單這兩點，就足以證明空城計是虛構的。裴松之補充這段史料，原本是想駁斥其荒謬不實，想不到故事本身太精彩有趣，竟然成爲後來《三國演義》寫空城計的藍本，實在陰錯陽差！

爲了增加可讀性，羅貫中將時空背景改到二二八年，融入諸葛亮首次北伐的史實。當時劉備死去多年，魏國以爲「西線無戰事」，蜀國無力北伐，遂不加防備。沒想到諸葛亮出其不意，攻其不備，一路順利地挺進到祁山，而魏國西部邊界也有許多城市紛紛響應，震動了魏國朝廷，君臣上下頓時手忙腳亂，急忙調遣司馬懿前去抵抗。蜀軍由於諸葛亮不但在軍事上頗有斬獲，也得到了姜維等人的投效，蜀軍士氣一時大振。沒想到就在此時，蜀軍前鋒馬謖聰明反被聰明誤，敗於街亭，大出諸葛亮意料之外，蜀軍進退兩難之際，司馬懿趁虛來攻，諸葛亮急中生智，想出了空城計，順利化險爲夷。這段千古奇談，羅貫中並沒能對上述所說的兩個破綻做出合理解釋，只是極盡加油添醋之能事而已。儘管如此，空城計仍有其參考價值，如果不把故事當眞，而是將「諸葛亮」和「司馬懿」當成兩種人物典型的話，倒是能從中看出許多人生的智慧來。而諸葛亮以足智多謀、瞭解人性著稱，如果眞的遇上這種場面，以空城故佈疑陣、故作瀟灑，也是很有可能的。

先看羅貫中如何寫諸葛亮對馬謖失街亭的反應：

卻說孔明自令馬謖等守街亭去後，猶豫不定。忽報王平使人送圖本至。孔明喚入，左右呈上圖本。孔明就文幾上折開視之，拍案大驚曰：「馬謖無知，坑陷吾軍矣！」左右問曰：「丞相何故失驚？」孔明曰：「吾觀此圖本，失爲要路，占山爲寨。倘魏兵大至，四面圍合，斷汲水道路，不須二日，軍自亂矣。若街亭有失，吾等安歸？」長史楊儀進曰：「某雖不才，願替馬幼常回。」孔明將安營之法，一一吩咐與楊儀。正待要行，忽報馬到來，說：「街亭、列柳城，盡皆失了！」孔明跌足長嘆曰：「大事去矣！此吾之過也！」急喚關興、張苞分付曰：「汝二人各引三千精兵，投武功山小路而行。如遇魏兵，不可大擊，只鼓噪吶喊，爲疑兵驚之。彼當自走，亦不可追。待軍退盡，便投陽平關去。」又令張冀先引軍去修理劍閣，以備歸路。又密傳號令，教大軍暗暗收拾行裝，以備起程。又令馬岱、姜維斷後，先伏於山谷中，待諸軍退盡，方始收兵。又差心腹人，分路報與天水、南安、安定三郡官吏軍民，皆入漢中。又遣心腹人到冀縣搬取姜維老母，送入漢中。

馬謖自作聰明丟了街亭是事實，但諸葛亮不能一直把時間花在後悔上，他必須趕緊撤軍，將所有將士都安全送回蜀國。想不到這時候，司馬懿突然出現了：

孔明分撥已定，先引五千兵退去西城縣搬運糧草。忽然十餘次飛馬報到，說：「司馬懿引大軍十五萬，望西城蜂擁而來！」時孔明身邊別無大將，只有一班文官，所引五千兵，已分一半先運糧草去了，只剩二千五百軍在城中。爲官聽得這個消息，盡皆失色。孔明登城望之，果然塵土沖天，魏兵分兩路望西城縣殺來。孔明傳令，教「將旌旗盡皆隱匿；諸軍各守城鋪，如有妄行出入，及高言大語者，斬之！大開四門，每一門用二十軍士，扮作百姓，灑掃街道。如魏兵到時，不可擅動，吾自有計。」孔明乃披鶴氅，戴綸巾，引二小童攜琴一張，於城上敵樓前，憑欄而坐，焚香操琴。

諸葛亮在空城內故佈疑陣，故作瀟灑，這原是沒有辦法中的辦法，司馬懿見了，不禁傻眼：

卻說司馬懿前軍哨到城下，見了如此模樣，皆不敢進，急報與司馬懿。懿笑而不信，遂止住三軍，自飛馬遠遠望之。果見孔明坐於城樓之上，笑容可掬，焚香操琴。左有一童子，手捧寶劍；右有一童子，手執麈尾。城門內外，有二十餘百姓，低頭灑掃，旁若無人，懿看畢大疑，便到中軍，教後軍作前軍，前軍作後軍，望北山路而退。次子司馬昭曰：「莫非諸葛亮無軍，故作此態？父親何故便退兵？」懿曰：「亮平生謹愼，不曾弄險。今大開城門，必有埋伏。我兵若進，中其計也。汝輩豈知？宜速退。」於是兩路兵盡皆退去。孔明見魏軍遠去，撫掌而笑。眾官無不駭然，乃問孔明曰：「司馬懿乃魏之名將，今統十五萬精兵到此，見了丞相，便速退去，何也？」孔明曰：「此人料吾生平謹愼，必不弄險；見如此模樣，疑有伏兵，所以退去。吾非行險，蓋因不得已而用之。此人必引軍投山北小路去也。吾已令興、苞二人在彼等候。」眾皆驚服曰：「丞相之機，神鬼莫測。若某等之見，必棄城而走矣。」孔明曰：「吾兵止有二千五百，若棄城而走，必不能遠遁。得不爲司馬懿所擒乎？」後人有詩贊曰：「瑤琴三尺勝雄師，諸葛西城退敵時。十五萬人回馬處，土人指點到今疑。」言訖，拍手大笑，曰：「吾若爲司馬懿，必不便退也。」遂下令，教西城百姓，隨軍入漢中；司馬懿必將復來。於是孔明離西城望漢中而走。天水、安定、南安三郡官吏軍民，陸續而來。

卻說司馬懿望武功山小路而走。忽然山坡後喊殺連天，鼓聲震地。懿回顧二子曰：「吾若不走，必中諸葛亮之計矣。」只見大路上一軍殺來，旗上大書「右護衛使虎翼將軍張苞」。魏兵皆棄甲爲戈而走。行不到一程，山谷中喊聲震地，鼓角喧天，前面一杆大旗，上書「左護衛使龍驤將軍關興」。山谷應聲，不知蜀兵多少；更兼魏軍心疑，不敢久停，只得盡棄輜重而去。興、苞二人皆遵將令，不敢追襲，多得軍器糧草而歸。司馬懿見山谷中皆有蜀兵，不敢出大路，遂回街亭。

照文意看來，司馬懿原本想趁諸葛亮街亭之敗，活捉諸葛亮，大撈一筆，沒想到反被諸葛亮以空城設計，回途中又遭伏兵襲擊，損兵折將，偷雞不著蝕把米。事後司馬懿瞭解眞相了，做何反應呢？

卻說司馬懿分兵而進。此時蜀兵盡回漢中去了，懿引一軍復到西城，因問遺下居民及山僻隱者，皆言孔明止有二千五百軍在城中，又無武將，只有幾個文官，別無埋伏。武功山小民告曰：「關興、張苞，只各有三千軍，轉山吶喊，鼓噪驚追，又無別軍，並不敢廝殺。」懿悔之不及，仰天嘆曰：「吾不如孔明也！」

羅貫中往往借別人之口來讚美諸葛亮，司馬懿不過是其中一例。

■虛則虛之

照一般人對空城計的理解，會說這是一種「虛而虛之」的心理戰術，故意以空虛無兵之勢示敵，可能使敵人疑中生疑，怕中埋伏，從而達到排危解難的目的。沒錯，在戰爭的緊急關頭或力量虛弱的情況下，運用這種戰術，不失爲死馬當活馬醫。只是戲法人人會變，巧妙各有不同，效果好不好，端看敵我的智慧高低。諸葛亮猜司馬懿，司馬懿也猜諸葛亮，雙方爾虞我詐、高來高去而已。從司馬懿的立場思考，諸葛亮平生穩紮穩打，不打沒有把握的仗，更不會輕易冒險，若眞是空城，內無伏兵，鬼才相信！司馬懿會這樣想，完全合情合理。但對諸葛亮而言，他平常給人的印象是穩重謹愼，如果這次來個逆向操作呢？故意違反自己的人格特質，做些冒險的舉動，司馬懿一定會滿臉困惑、心生不安、懷疑有詐！嘿嘿，你自認瞭解我，我就換個方式玩你，讓你永遠抓不到我！果不其然，司馬懿幾經考量，自認爲知己知彼，決定全軍而退。他哪知道諸葛亮會來這一套！

在中國歷史上，這種例子很多。

南北朝時，王僧粲起兵造反，自稱湘州刺史，領兵進襲長沙，準備與城內的氐族族長鍾玄紹來個裡應外合。長沙太守劉坦素以多智著稱，調兵出城迎敵後，打聽出鍾玄紹的企圖。但城內守兵只剩下老弱病殘，不是對手，怎麼辦呢？劉坦一邊派人火速往前送信，抽調一批人馬回城，一邊讓手下老弱殘兵各處調防。如此折騰了一天，在傍晚時候，他吩咐手下一反常規，大開城門。

當晚夜深人靜，鍾玄紹等人果然偷偷來到城門外，準備偷襲守門兵，卻見城門大開，悄無人聲。鍾玄紹一下子疑惑起來，他先前探聽到城中在白天調動兵馬，自己原想偷襲，不成的話就改用硬攻的，哪料到會城門大開！莫非有埋伏？爲了愼重起見，他令手下退回，晚一天再起事。第二天，鍾玄紹若無其事，來到城中劉坦衙中，像往常那樣與劉坦攀談，準備探點口風。劉坦早看透了鍾玄紹的詭計，他一邊與鍾玄紹虛言周旋，一邊暗中派人去抄鍾玄紹的家，順利查出了鍾玄紹與王僧粲的來往信件。官兵呈上密信，劉坦臉色一變，公布了鍾玄紹通敵謀反之罪，殺了鍾玄紹和幾個幫兇，順利化解了這次的危機。這是空城計的翻版。

唐玄宗在位時，吐蕃侵襲瓜州，殺了唐軍的元帥，玄宗派張守桂前去接任。張守桂到任後，先指揮居民修復城牆，工作還未完成，吐蕃又來進犯。城裏的人，個個驚慌失措，根本無心應戰。張守桂說：「我寡敵眾，又缺乏防備，只得用計退敵。」他下令在城牆上舉行酒宴，有樂隊演奏，大聲喧鬧不已。兵臨城下的吐蕃軍目睹此景，懷疑城內必有伏兵，遂撤兵而去。這又是另外一次空城計。

但最絕的還是南宋抗金名將畢再遇，他以智謀聞名。有一次，他率軍與金兵對壘，久戰不決，金兵援軍趕到，兵力多宋軍十倍，宋軍戰必不勝，畢再遇準備退兵。然而強敵當前，若貿然撤退，必遭追殺。畢再遇苦思良久，想到了一計，首先傳令軍中，準備三天份的乾糧，士兵自帶身上，而營帳、旗幟一律不動。又傳令手下找來幾隻活羊縛好，後腿吊起，前腿放在更鼓上。夜深時候，畢再遇傳令，馬勒嚼鏈，兵士銜枚，不准點火，悄然集合，一隊隊趁著夜幕掩蔽，迅速向南撤退。

金兵主師不知宋軍已經撤走，還想活捉畢再遇，傳令附近兵馬速來增援。大軍一到，稍事休整後，馬上派出多路哨兵盯住宋營，若有宋軍撤退的跡象，須立刻前來報告，大軍則掩殺過去。哨兵接到命令後，一個個找好位置，向宋營瞭望，只見今夜的宋軍像往常一樣，入夜後即滅燈入睡，旗幟依舊，並不時傳來「咚咚」的更鼓聲。更鼓響了一夜，天亮後遠望宋營，旗幟、鼓聲仍在，金兵主帥傳令手下全線攻擊。令他們驚訝的是，宋營中居然不見人影，只有一些烏鴉落在營帳上。金兵靠近一看，才知道宋軍已神不知鬼不覺地撤走了，留下的是一座空營。原來畢再遇退兵前，已讓手下放開羊前腿，羊被吊疼了，便四蹄掙扎，前腿蹬得更鼓「咚咚」直響，蹬一陣子，羊累了，便停下來，過一會兒，羊一有勁就又掙扎，更鼓又響起來，遠遠聽了，活像是人打更一般。這根本是空城計的變形——空營計！

這種「詭計」，不只中國人會用，外國也有類似的例子。一九四一年十一月初，英國第八集團軍爲了進攻德軍在利比亞和埃及邊境的防線，於空曠無際的沙漠裡建立了一個大型鐵路終點站，準備裝卸和儲備大批的汽油、彈藥與輕重武器等作戰補給品。爲了迷惑德軍，減少德軍飛機對這個終點站的轟炸，英軍總司令部在該站前方不遠的地方，祕密設立了一個假補給基地，並且在其終點站與假補給基地之間，按正常的築路速度鋪設了一條假鐵路，鐵路上設有一輛輛機車、煤水車、棚車和油槽車，這些車輛時常重新組編，造成一種運輸繁忙、車隊流動不停的現象。基地的空地上，整齊地停放著大批卡車、裝甲車、坦克和其他補給品，這些作戰物資經常變換位置，給人一種貨物搬運頻繁、舊去新來之感。不過，基地內所有的車輛和作戰物資都是假的，機車只是個模型，上面生了一個火爐，晝夜冒焰、噴火。與此同時，英軍還特地安排卡車運輸隊不停在假基地內來往通行。假基地周圍還配置了幾個高炮連，既給假基地增強了眞實感，又有效地阻止了德軍偵察機的接近，以免看出破綻。英軍擺出這種迷魂陣，果然使德軍中計。假基地牽制了德軍大批轟炸機，不僅掩護了終點站的安全，也確保了英軍作戰行動的補給供應，還促使德軍對英軍的作戰行動判斷錯誤。

類似的心理鬥智，在棒球場上也常常可以看到。中華職棒十四年三月十一日的獅鯨之戰，就是這種典型。九局上半，鯨隊只以三比一領先時，推出常常製造緊張氣氛的王牌終結者郭李建夫上場救援。投打雙方不斷鬥智，互猜對方心理。據隔天聯合報的報導，郭李面對獅隊第一個打者王傳家時，「抱定不保送的原則，連著幾個低的直球都沒騙到，改投變化球反而被抓到」，被打成一壘安打。鬥智第一回合，郭李輸了。接著是第四棒強打者林鴻遠的打擊，郭李一個偏高的變化球又被抓到，又是安打，形成一、二壘有人。鬥智第二回合，郭李又輸了。接著上場打擊的，是當天狀況最好的陳連宏，前三次都是安打。郭李開始逆向思考：「陳連宏在想什麼？」他想，陳連宏一定也在猜他在想什麼。他判斷陳連宏一定以爲他會抓弱點投，也就是內角球，郭李偏偏選擇陳連宏最擅打的外角直球。陳連宏大吃一驚，雖打到球，卻沒打準，被接殺。鬥智第三回合，郭李贏了。郭李致勝的關鍵，顯然與諸葛亮設計空城的心態有異曲同工之妙：你以爲我會這樣做，我偏偏那樣做，讓你嚇一跳！

■誰吃誰的飯？

但這樣的理解只是對空城計的表面詮釋，既低估了司馬懿，也沒將諸葛亮的眞正高竿之處點出來。空城計最大的奧妙，全在吃飯兩字。也就是說，司馬懿不只吃魏國政府的飯，也吃敵人諸葛亮的飯。對諸葛亮來說，空城計是不得已而爲之的伎倆；但對司馬懿來說，他縱使知道那是空城，也必須配合諸葛亮的演出不可，才能保住飯碗。這就太奇妙了。

我們試想，如果司馬懿眞的那麼遜色，爲何諸葛亮多次北伐，總是無功而返？表面上司馬懿只守不攻，以逸待勞，以拖待變，有點黔驢技窮的意味。實際上，以當時司馬懿的處境，他眞有必要爲難諸葛亮嗎？

讓我們回到當日的歷史現場吧。

曹丕篡位，建立魏國後，司馬家族的權力越來越大，深爲曹家子弟所忌憚。司馬懿也知道自己「高處不勝寒」，越展露才華則越危險，能藏拙則藏，千萬別讓他人找到宰他的藉口。他也深知魏國之所以重用他，全在諸葛亮一人。當時魏國大司馬曹眞病重，諸葛亮又率軍來犯，魏明帝將司馬懿從荊州調回，親口對他說：「西方事重，非君莫可付者。」這句話的言外之意是：如果諸葛亮不來侵犯魏國，魏國可以高枕無憂，讓司馬懿投閒置散去。然而，只要諸葛亮來攻，舉魏國上下，除了司馬懿，還有其他人可以抗衡嗎？這便是司馬懿的生存之道：魏國政府和諸葛亮是他的「衣食父母」！唯有諸葛亮活得好好的，並且常來魏國鬧事，他的權位才能保住，也才有時間慢慢拓展勢力。拓展勢力需要時間，以時間換取牢不可破的地位，是他的當務之急，等到他大權在握，能挾天子以令諸侯時，諸葛亮活不活著，來不來鬧事，都無關緊要了。

這便是空城計發生前兩人的基本關係。對司馬懿來說，最壞的情況是，在他的勢力還未穩固之前，諸葛亮就死了，或被魏國抓起來了，他一定沒戲唱，一定得回家吃自己。爲了確保這齣戲能演下去，諸葛亮必須好好活著，能活多久算多久。諸葛亮會不會早死，不是他能掌握的，但要不要抓諸葛亮，這就能由他作主了。

以諸葛亮之智，當然知道以司馬懿之智，一定能夠判斷城是空的，但諸葛亮最厲害的是，就算你司馬懿知道城是空的，也必然不敢進來抓我。你司馬懿所以被老闆重用，正因爲有我諸葛亮，你老闆要對付我，非用你不可；一旦沒有我，也就沒有你了。爲了長保官位，你司馬懿非得將計就計，配合我演這齣假戲不可。

楊照的短篇小說集《紅顏》，收錄一篇〈別人的夢〉，內容很有趣，說有三個落榜生相約喝酒解悶，聊及自己落榜的原因，志雄和阿彬各講了自己的，最後換俊安講。俊安說，他自己平常很嗜睡，往往一睡十多鐘頭，因而誤了補習。後悔之餘，他認眞檢討了一下午，反而累得睡著了。在睡夢中，他看到好多人在街上活動，整個城市生氣勃勃，突然有個人發現：他們原來是活在俊安的夢裡！萬一俊安醒來了，他們不就不存在了？整個城市頓時陷入一片恐慌之中。俊安被這個怪夢嚇醒後，整天都在思索同樣的問題：我們會不會也只是活在某個人的夢裡？等他醒來一切就不存在了？這樣一想，俊安就再也提不起勁來用功了。

對司馬懿來說，他乃是活在諸葛亮的夢裡。在諸葛亮夢裡的他，可以活蹦亂跳，充滿朝氣。然而，只要諸葛亮醒來了，他司馬懿也就不存在了，不是嗎？他必須讓諸葛亮這個夢，永遠是現在進行式。諸葛亮若看不出司馬懿，也就不是諸葛亮了；司馬懿若眞的進了空城，他也不叫司馬懿了。不管事發時他如何猶豫不前，不管事後他如何大嘆「吾不如孔明」或「深以爲恨」，都只是演戲、套招而已。這是高手過招、套招，一般人看不出來。諸葛亮設計劇本，司馬懿配合演出，裝傻裝笨而已。

這種高手過招與套招，存在於各種時空環境下，最明顯的是官兵捉強盜、警察捉小偷的戲碼。經驗老道的官兵、警察，在路上用眼睛或鼻子就可判斷好人、壞人，可是他們不一定會馬上抓這些壞人。他們知道，萬一抓光了壞人，他們還有飯吃嗎？他們總要累積一些犯罪資料，等到上級交代要開始什麼專案了，或民怨已經累積到快不行了，他們才從口袋中找出一些名單，逮捕歸案，順便交差，製造「我們很認眞在辦案」的煙幕彈。下次觀察每年的「春風專案」時，千萬注意警察破案的績效：如果他們一天可抓那麼多人，平常爲什麼不抓？他們也怕失業啊！換言之，警察是吃壞蛋的飯。

同理，在《水滸傳》中，官兵爲何拿梁山泊一百零八條好漢沒輒？難道這些草寇流氓眞有那麼厲害？如果是的話，他們後來被招安，奉命去東征西討、南戰北伐，也不會落得死傷過半的下場。眞正的原因是，梁山泊好漢以前面對的是滷肉腳官兵。如果官兵能打敗他們，也不叫官兵了。官兵如果能消滅他們，馬上得面臨失業的問題，官兵會這麼笨嗎？既然如此，何必用心打？

我們也可用狼和兔子做比喻。狼追兔子，很少追得到的，爲什麼？對狼來說，兔子不過是一餐而已，追丟了再抓別的即可；但對兔子來說，這可是牠的一條命，被逮到就完了，沒有第二條命可活，所以牠會死命逃跑。梁山好漢是兔子，官兵是狼啊。換言之，官兵是吃強盜的飯。

美國有句俗諺說：「警察是穿制服的搶匪。」這話眞是不錯。台灣在白色恐怖時代，警察抓匪諜是講究績效的，如果「缺貨」，得想辦法栽贓好人，才好向上級交差。根據立法院公報七十八卷四十九期，國民黨在台灣戒嚴三十八年間，共辦了兩萬九千四百〇七件「匪案」，平均每年七百七十三件，每月六十四件，每天兩件，如果不是栽贓成性，台灣哪來這麼多匪諜？又爲什麼抓都抓不完？換言之，以前的台灣警察專吃匪諜、叛亂犯的飯。

同理，美國爲什麼三不五十就要去打打所謂的「邪惡軸心國家」？因爲他們是全世界最大的軍事武器供應國，爲了確保這種大買賣能不間斷地交易下去，他們必須不斷挑起戰爭，製造別的國家對立的關係，好來跟他們買武器。若天下眞有太平的可能時，他們會乾脆自己動手，上前線打別人，讓武器的買賣持續下去，反正出兵是不愁沒有理由的。換言之，美國是吃「邪惡軸心國家」的飯。

既然彼此是共生關係，是恐怖平衡，就會演變成諸葛亮和司馬懿這種知己知彼、心照不宣的把戲。例如台灣明明下令通緝污走拉法葉艦回扣的汪傳浦，汪卻可以從容不迫，先後從台灣駐瑞士和英國辦事處拿到兩次文書證明，如果不是官兵可從盜匪那裡分到好處，就是盜匪掌握了足以讓官兵「動搖國本」的關鍵證據。官兵與盜匪眉來眼去，內情太不單純，顯然是個共犯結構。我們以爲官兵會認眞辦案，錯了！當官兵和盜匪生死與共、眞假莫辨，只要一辦下去，不知道有多少粽子似的陳年舊案會被牽扯出來。辦了盜匪，也等於辦了官兵自己，官兵會這麼笨嗎？小老百姓別傻了。換言之，我們的「Mr.國本」是吃通緝犯汪傳浦的飯。

又如在摔角場上，所有的對打動作也都是套好招的，雙方看起來咬牙切齒、怒目金剛，彷彿有不共戴天之仇，其實都在演戲、套招。他們演得越逼眞，套得越精彩，觀眾的掌聲也越大，他們的荷包也越滿。他們的衣食父母不是別人，正是他們的對手。因此，我們從美國職業摔角WWE中，可看到許多極盡誇張、暴力的演出，令人血脈賁張。HBO曾播過一個特別節目，細數這些演出前需要多細膩、繁瑣的套招細節，連現場種種「突發性意外」，包括裁判「不小心」被揍，也是事先精心設計過的。至於觀眾，才不管是眞是假，他們花錢收看，正是爲了欣賞各種視覺享受，誰叫摔角是一種「運動娛樂事業」呢？

諸葛亮、司馬懿的這套「吃飯」戲碼，在中國古代也屢見不鮮，雖然沒人將話挑明了講，但將這些事例千古一線牽，足以證明絕非巧合。

三國時代後期，蜀國早被魏國消滅了，魏國也被司馬炎篡位，改國號爲晉，司馬懿的苦心果然有了回報。當時的中國。只剩下北方的晉和東南的吳互相對峙。所謂「合久必分，分久必合」，晉國想早日滅掉東吳，好實現統一中國的夢想，便派羊祜率軍南攻，而東吳這邊派出陸遜的兒子陸抗反擊。這兩人深得「套招」之妙，知道自己一旦擺平對手，便會功高震主，受到猜忌，小則丟官，大則喪命。因此兩人率軍僵持，既不開戰，也不撤退，陸抗總是告訴士兵說：「彼專爲德，我專爲暴，是不戰而自服也。各保分界，無求細益而已。」當時東吳皇帝殘暴無能，國力大不如前，能這樣過一天算一天，當然不錯啦。

最好玩的是，這兩人還交起朋友來，不但互相通信，還彼此送禮。陸抗送酒給羊祜喝，羊祜不疑有他，開心地喝了。陸抗生病，向羊祜求藥，羊祜二話不說，立刻送藥過去，還附帶說明：「這是上等藥材，本來是我自己要用的，因爲你病急，才先送你解燃眉之急。」陸抗的手下拼命阻止他吃下這

「毒藥」，他不聽。演變到最後，雙方超誇張：彼此的糧食可以共享；甲方牛羊不小心闖進乙方境內，可去要回來；晉人打獵，獵物被吳人撿去了，吳人還會雙手送還。雙方好到這種「你儂我儂」的程度，如果說沒有套招，其誰能信？

我們必須說，這種套招比諸葛亮的空城計更離譜。空城計發生時，諸葛亮和司馬懿只是心照不宣，面對手下的質問，還需要說些假話。而陸抗和羊祜簡直就是擺明了幹，搞得東吳皇帝也疑神疑鬼了，找陸抗來問：「爲什麼不打仗？」陸抗回答說：「是一邑一鄉不可以無信義，況大國乎？臣不如此，正是彰其德，於祜無傷也。」這話答得漂亮，說自己的所作所爲，正是爲了彰顯東吳的大國風範！雖然有點硬拗，勉強還說得過去。陸抗靠羊祜吃飯，羊祜靠陸抗吃飯，兩人的官位也因此做得長久。

這種「吃飯問題」，清末民初大學問家、大革命家章太炎也曾探討過。章太炎不但是「中華民國」四字的命名者、注音符號的發明者，對中國學問也有透徹瞭解，胡適曾讚美他是中國古文界的最後一顆明星。他在《廣論語駢枝》一書中，曾提到柳下惠的例子。

柳下惠是春秋時代魯國人，是孔子的老鄉。這人以三件事有名，一是「坐懷不亂」，美女坐在他懷裡，他也不會暈頭轉向；二是「不惡汙君，不辭小官」，不管誰當國君，他都可以當官，出淤泥而不染，所以孟子很稱讚他，說他「不以三公易其介」（不因爲當了幾次官就改變耿直的個性），稱得上是「聖人，百世之師也」、「聖之和者也」，「聞柳下惠之風者，薄夫敦，鄙夫寬」。孟子以愛罵人著稱，要被他美言，是很不容易的；第三，他有個土匪弟弟盜蹠。

盜蹠是中國上古時代最有名的民間土匪，他有多壞呢？《莊子》記他有手下九千人，「橫行天下，侵暴諸侯，穴室樞戶，驅人牛馬，取人婦女，貪得忘親，不顧父母兄弟，不祭先祖。所過之邑，大國守城，小國入保，萬民苦之」，是個人見人怕的大壞蛋。孔子看不過去，特地跑來跟柳下惠說：「當人家老爸的，要好好教小孩；當人家老哥的，要好好教弟弟。你本人這麼優秀，弟弟卻是天下一大敗類，我實在為你感到羞恥。你趕快去勸勸他吧。」柳下惠說：「你的話是沒錯，但萬一兒子不聽老爸的勸，弟弟不聽老哥的勸，又有什麼辦法呢？我弟弟盜蹠不但身強體壯，而且口若懸河，順其心意，他就高興；逆其心意，他就生氣，容易亂罵人。你還是別去吧。」孔子不信邪，硬拉著顏回和子貢前去「道德勸說」，最後被盜蹠罵得臉色鐵青，形容枯槁，狼狽而回。

章太炎在解釋《論語》「柳下惠為士師，三黜」這句話時，提出柳下惠之所以能夠「數黜而復起」，原因在於他是大土匪盜蹠的老哥。魯國人怕盜蹠，所以讓柳下惠當官來牽制盜蹠。他們擔心，萬一柳下惠離開魯國了，盜蹠又會來魯國鬧事，只好出此下策，用官位綁住柳下惠。說得不客氣點，柳下惠之所以有官做，有飯吃，乃在於有個土匪弟弟給他「撐腰」。他的人品雖好，卻是吃土匪弟弟的飯！

章太炎進一步認為，這種作法，「是即晉世王敦、王導之事也」。西晉被五胡一亂後，逃到江南避難，史稱東晉。江南自東漢末年以來，慢慢演變為軍閥割據的局面，這些軍閥以家族為單位，財大勢大，有獨立軍隊，可以自力更生、自立門戶，完全不甩皇帝。東晉皇帝偏安江南，首先要面對的就是這群難搞的「士族」。王導是北方士族，南下後極力輔佐東晉皇帝，調和鼎鼐，促進族群融合，讓東晉王朝能夠在江南落地生根，穩定下來。大史學家陳寅恪認為，這便是王導對中華民族的最大貢獻。王導的貢獻固然很大，他本身具備的士族資格對其地位也有推波助瀾之功。東晉時流行一句諺語：「王與馬，共天下。」姓王的和皇帝司馬家，一起共享天下。其勢力之大，可想而知。

照章太炎的看法，王導能權傾一時，跟他有個叛亂犯堂哥王敦不無關係。王敦從小就是個野心勃勃的人，當了大官後，氣憤皇帝一直防備他，於是起兵造反。王導急忙向皇帝請罪，皇帝哪敢怪罪他？不但沒罪，而且加封他許多官爵，想用他來牽制王敦。王導吃王敦的飯，不是很明顯嗎？王敦鬧了許多年後，東晉朝廷一直拿他沒輒，消滅不了，就用安撫的吧，不僅給王家更多恩寵，還赦免王敦的罪，讓他回來當官。

空城計的奧妙，與諸葛亮、司馬懿兩人的智慧，全在「吃飯」兩字。誰吃誰的飯？誰靠誰吃飯？一旦破解了這一人生眞相，人的智慧又會增長了幾分。不管是靜觀萬物，不管是運籌帷幄，我們都應該先想到這層：我靠誰吃飯？對方又是吃誰的飯？人生可以很複雜，也可以很簡單。看不懂時，會覺得複雜；看懂了，「吃飯」兩字，便可解釋人生百態了。「空城計」之所以能流傳千古，不是沒有原因的。

諸葛亮年表

年號	西元	年齡（虛歲）	生平及事蹟
光和四年	一八一	一歲	諸葛亮誕生于琅邪陽都（今山東沂南縣）。
中平六年	一八九	九歲	諸葛亮生母章氏去逝。
初平三年	一九二	十二歲	諸葛亮父親諸葛矽去世。
興平元年	一九四	十四歲	諸葛亮與弟諸葛均及妹妹由叔父諸葛玄收養，其兄諸葛謹同繼母赴江東。
興平二年	一九五	十五歲	諸葛亮叔父諸葛玄任豫章太守，他及弟妹隨叔父赴豫章（現南昌）。
建安二年	一九七	十七歲	諸葛玄病故。諸葛亮和弟妹移居南陽。
建安四年	一九九	十九歲	諸葛亮與友人徐庶等從師水鏡先生司馬徽。
建安十二年	二〇七	二十七歲	劉備三顧茅廬，諸葛亮對劉備陳説三分天下之計，即著名的「隆中對」。旋即出山輔助劉備。
建安十三年	二〇八	二十八歲	諸葛亮説服孫權與劉備結盟，參與赤壁之戰獲勝。
建安十四年	二〇九	二十九歲	諸葛亮任軍師中郎將。

建安十六年	二一一	三十一歲	諸葛亮與關羽、張飛、趙雲鎮守荊州。
建安十九年	二一四	三十四歲	諸葛亮留關羽守荊州，與張飛、趙雲率兵與劉備會師。劉備進成都，掌管巴蜀。諸葛亮任蜀軍軍師將軍，署左將軍，兼任大司馬府事。
建安二十年	二一五	三十五歲	諸葛亮整頓巴蜀內政。
建安二十三年	二一八	三十八歲	諸葛亮留守巴蜀，籌集軍糧，供應在漢中作戰的劉備。
蜀章武元年	二二一	四十一歲	劉備登基，建立蜀國。諸葛亮任丞相。
蜀建興元年	二二三	四十三歲	劉備白帝城托孤諸葛亮。劉禪封諸葛亮爲武鄉侯，領益州牧。
蜀建興二年	二二四	四十四歲	諸葛亮調整巴蜀內政，穩定因劉備戰敗而混亂的人心。
蜀建興三年	二二五	四十五歲	諸葛亮率軍南征，穩定南部四郡。
蜀建興四年	二二六	四十六歲	諸葛亮準備興師討魏。
蜀建興五年	二二七	四十七歲	諸葛亮向後主劉禪呈交《出師表》進行北伐。
蜀建興六年	二二八	四十八歲	北伐街亭失守，諸葛亮揮淚斬馬謖，自貶爲右將軍，行丞相事。
蜀建興七年	二二九	四十九歲	諸葛亮再次北伐奪取武都、陰平，恢復丞相職位。
蜀建興八年	二三〇	五十歲	諸葛亮再次北伐。
蜀建興九年	二三一	五十一歲	諸葛亮北伐攻祁山，破司馬仲達，大敗魏將張郃。
蜀建興十一年	二三三	五十三歲	諸葛亮在斜谷修造邸閣，屯集糧食。
蜀建興十二年	二三四	五十四歲	諸葛亮於再次北伐中病故於五丈原。

十九世紀英國大文豪——狄更斯
筆下最令人不寒而慄的神祕故事
收錄金凱瑞擔綱配音電影《聖誕夜怪譚》原作

狄更斯 鬼魅小說集
THE GHOST STORIES OF CHARLES DICKENS

查爾斯・狄更斯 Charles Dickens 著
余毓淳、楊瑞賓 譯

定價：280元

查爾斯・狄更斯一直都愛聽好的鬼故事。從其作品裡可以捕捉到他對神祕和恐怖話題的迷戀，尤其對催眠術、千里眼、預視力、招魂術以及一切超自然事物更是多有著筆。本書難得收錄狄更斯最受讚揚的佳作篇章，讀者可從中一窺狄氏風格的文筆鋪陳。儘管有些故事讀來讓人不寒而慄，但也不乏詭異喜劇情節，一代文壇大師所安排登場的人、鬼角色，讓這些故事躍然紙上成為一幅幅獨具詼諧風格的浮世繪。

十二篇鬼故事分別來自於狄更斯不同的著作，部分為專刊連載，部分則從其早期小說裡頭擷選最廣為傳誦的故事。其中除著名的〈聖誕夜怪譚〉（另譯：小氣財神）外，還收錄了〈詭異的椅子〉、〈瘋人手稿〉、〈偷了教堂執事的小妖精〉、〈郵車裡的鬼魂〉、〈喬治維格男爵〉、〈幽靈交易〉、〈黃昏軼事〉、〈新娘房間裡的鬼〉、〈鬼屋〉、〈謀殺案之審判〉、〈號誌員〉等精采故事。

國家圖書館出版品預行編目資料

智謀過人的大謀略家一諸葛亮／羅志仲編著
.—— 二版 . ——臺中市　：好讀 , 2010.07
面：　公分，——（九九方略；07）

ISBN 978-986-178-159-4（平裝）

1.（三國）諸葛亮 2. 傳記

782.823　　　　99010441

好讀出版

九九方略 07

智謀過人的大謀略家一諸葛亮

編　　著／羅志仲
總 編 輯／鄧茵茵
文字編輯／葉孟慈、莊銘桓
美術編輯／鄭年亨、王廷芬
發 行 所／好讀出版有限公司
台中市 407 西屯區何厝里 19 鄰大有街 13 號
TEL:04-23157795　FAX:04-23144188
http://howdo.morningstar.com.tw
（如對本書編輯或內容有意見，請來電或上網告訴我們）
法律顧問／甘龍強律師
承製／知己圖書股份有限公司　TEL:04-23581803

總經銷／知己圖書股份有限公司
http://www.morningstar.com.tw
e-mail:service@morningstar.com.tw
郵政劃撥：15060393 知己圖書股份有限公司
台北公司：台北市 106 羅斯福路二段 95 號 4 樓之 3
TEL:02-23672044　FAX:02-23635741
台中公司：台中市 407 工業區 30 路 1 號
TEL:04-23595820　FAX:04-23597123

初版／西元 2001 年 5 月 1 日
二版／西元 2010 年 7 月 15 日
定價：200 元
如有破損或裝訂錯誤，請寄回知己圖書更換

Published by How-Do Publishing Co., Ltd.
2010 Printed in Taiwan

ISBN 978-986-178-159-4

讀者回函

只要寄回本回函，就能不定時收到晨星出版集團最新電子報及相關優惠活動訊息，並有機會參加抽獎，獲得贈書。因此有電子信箱的讀者，千萬別吝於寫上你的信箱地址

書名：智謀過人的大謀略家—諸葛亮

姓名：____________ 性別：□男 □女 生日：____年____月____日

教育程度：____________________

職業：□學生 □教師 □一般職員 □企業主管

□家庭主婦 □自由業 □醫護 □軍警 □其他____________________

電子郵件信箱（e-mail）：____________________ 電話：______________

聯絡地址：□□□ ____

你怎麼發現這本書的？

□書店 □網路書店（哪一個？）________________ □朋友推薦 □學校選書

□報章雜誌報導 □其他____

買這本書的原因是：____

□內容題材深得我心 □價格便宜 □封面與內頁設計很優 □其他__________

你對這本書還有其他意見嗎？請通通告訴我們：

____

你買過幾本好讀的書？（不包括現在這一本）

□沒買過 □ 1 ～ 5 本 □ 6 ～ 10 本 □ 11 ～ 20 本 □太多了

你希望能如何得到更多好讀的出版訊息？

□常寄電子報 □網站常常更新 □常在報章雜誌上看到好讀新書消息

□我有更棒的想法____

最後請推薦五個閱讀同好的姓名與 E-mail，讓他們也能收到好讀的近期書訊：

1.____

2.____

3.____

4.____

5.____

我們確實接收到你對好讀的心意了，再次感謝你抽空填寫這份回函

請有空時上網或來信與我們交換意見，好讀出版有限公司編輯部同仁感謝你！

好讀的部落格：http://howdo.morningstar.com.tw/

請填妥後對折黏貼，直接投郵即可，無須貼郵票。

廣告回函
台灣中區郵政管理局
登記證第 3877 號
免貼郵票

好讀出版有限公司　編輯部收

407 台中市西屯區何厝里大有街 13 號

電話：04-23157795-6　傳眞：04-23144188

沿虛線對折